Gesellschaft für Didaktik des Sachunterrichts (GDSU)

Die Didaktik des Sachunterrichts und ihre Fachgesellschaft GDSU e.V.

Der Band wurde vom 10. Vorstand der GDSU (2009 bis 2011) initiiert und von den beiden folgenden Vorständen realisiert. Mit der Herausgebertätigkeit waren insbesondere befasst: Hans-Joachim Fischer (Koordination), Hartmut Giest, Eva Gläser und Claudia Schomaker.

Die in diesem Band enthaltenen Fotos zeigen unterschiedliche Ausbildungen von Calcit-Kristallen, Kalkgestein und Kalksinter im Weißen Jura. Wenn dem Sachunterricht ein Signet oder ein bildhaftes Emblem zuteil werden sollte, dürfte darin das Mineral Calcit nicht fehlen. Es ist Teil unserer Welt, nahezu in allem enthalten, was uns umgibt. Es ist Teil der Lithosphäre, die uns trägt, Bestandteil des Bodens, aus dem wir unseren Stoffwechsel organisieren, Stoff, aus dem alles Leben, auch wir selbst, gebildet wurden. Jeder erwachsene Mensch trägt alleine in seinen Knochen mehr als ein Kilogramm Calcium, vor undenklichen Zeiten in massiven stellaren Öfen aus Sauerstoff und Kohlenstoffen gebacken – jenen Elementen, mit denen es sich immer wieder verbindet, um das Mineral Calcit aufzubauen. Seit Urzeiten nutzen und bearbeiten die Menschen den Kalk. Er dient ihnen als Baumaterial. Sie brennen ihn und verwenden ihn als Mörtel oder brechen ihn, um Straßen zu fundamentieren. Auch in der Produktion von Stahlen, Kunststoffen oder Papieren ist Kalkstein unersetzlich. Fast die Hälfte eines guten Papiers kann aus Kalkstein bestehen. Von alledem zeigen die Bilder nichts. Sie zeigen eine andere Seite des Calcits, seine Schönheit. Sie zeigen die Schönheit der Welt und damit eines der wichtigsten Motive, sich ergründend und verstehend mit ihr zu befassen. Die Bilder wurden von Hans-Joachim Fischer fotografiert.
Das erste Bild auf Seite 8 zeigt näher und dichter, worum es auch in diesem Band letztlich geht. Es wurde von Bettina Kothe aufgenommen, einer Lehrerin aus Nürtingen am Rande des Weißen Jura, die sich mitten in ihrer Unterrichtstätigkeit von den Momenten faszinieren lässt, in denen sich kindlichem Verstehen eine neue Welt öffnet. Walter Köhnlein hat in diesem Zusammenhang, anknüpfend an Martin Wagenschein, von „Kristallen des Verstehens“ gesprochen, die – wie die Kristalle des Calcits – aus exemplarischen Keimen auswachsen, um dann mehr und mehr die Zwischenräume zu füllen.

Gesellschaft für Didaktik des Sachunterrichts (GDSU)

Die Didaktik des Sachunterrichts und ihre Fachgesellschaft GDSU e.V.

Verlag Julius Klinkhardt
Bad Heilbrunn • 2014

Gesellschaft für Didaktik des Sachunterrichts e.V.
Die Gesellschaft für Didaktik des Sachunterrichts (GDSU) e.V. ist ein Zusammenschluss von Lehrenden aus Hochschule, Lehrerfortbildung, Lehrerweiterbildung und Schule. Ihre Aufgabe ist die Förderung der Didaktik des Sachunterrichts als wissenschaftlicher Disziplin in Forschung und Lehre sowie die Vertretung der Belange des Schulfaches Sachunterricht.
www.gdsu.de

Bibliografische Information der Deutschen Nationalbibliothek
Die Deutsche Nationalbibliothek verzeichnet diese Publikation in der Deutschen Nationalbibliografie; detaillierte bibliografische Daten sind im Internet abrufbar über http://dnb.d-nb.de.

Druck und Bindung: Friedrich Pustet, Regensburg.
Printed in Germany 2014.
Gedruckt auf chlorfrei gebleichtem alterungsbeständigem Papier.

ISBN 978-3-7815-1993-0

Inhaltsverzeichnis

1. Kapitel: Der Sachunterricht und seine Didaktik in Geschichte und Gegenwart

2. Kapitel: Die Gesellschaft für Didaktik des Sachunterrichts (GDSU)

3. Kapitel: Der Perspektivrahmen Sachunterricht

Hans-Joachim Fischer, Hartmut Giest, Eva Gläser und Claudia Schomaker

Einführung: Hintergründe, Funktion und Zielsetzung des Bandes

Auf der Jahrestagung 2012 in Berlin konnte die Gesellschaft für Didaktik des Sachunterrichts (GDSU) ihren zwanzigsten Geburtstag feiern. Die Gründungstagung fand im März 1992 ebenfalls in Berlin statt. Seither hat sich die GDSU unter den fachdidaktischen Gesellschaften in Deutschland etablieren können. Sie ist eines von derzeit dreiundzwanzig Mitgliedern in der Dachgesellschaft GFD (Gesellschaft für Fachdidaktik). Ihre Mitgliederzahl ist in den beiden Dekaden ihres Bestehens beständig angewachsen und hat aktuell einen Höchststand von cirka 450 Mitgliedern erreicht. In ihrer Mitgliederstruktur repräsentiert sie die Standorte, an denen die Didaktik des Sachunterrichts in den sechzehn deutschen Bundesländern und auch darüber hinaus in der Schweiz und in Österreich wissenschaftlich vertreten und entwickelt wird. Dies kommt auch in der Einrichtung von Landesbeauftragten zum Ausdruck, die seit 2006 an länderspezifischen und länderübergreifenden Themen und Problemstellungen arbeiten.
Der Gesellschaft ist es gelungen, unterschiedliche fachliche und fachdidaktische Orientierungen und Schwerpunktsetzungen zusammenzubinden und eine Kultur des interdisziplinären wissenschaftlichen Dialogs im Blick auf die Aufgabenstellung des Sachunterrichts und seiner Didaktik zu begründen. Auf Jahrestagungen, in Jahresbänden, die in der GDSU-Reihe „Probleme und Perspektiven des Sachunterrichts" herausgegeben werden, in Arbeitsgruppen und Kommissionen und in den Bänden der GDSU-Reihe „Forschungen zur Didaktik des Sachunterrichts" werden theoretische, empirische und praktische Problemstellungen aufgegriffen sowie Forschungsergebnisse ausgetauscht und diskutiert. Dem wissenschaftlichen Nachwuchs gilt dabei besondere Aufmerksamkeit. Eine Arbeitsgemeinschaft zur Forschungsförderung und ein Doktorandenkolloquium bieten Beratung, Unterstützung und Diskussionsmöglichkeiten in forschungsmethodologischen Fragen und bei der Durchführung von Forschungsprojekten. Teil der Nachwuchsförderung ist darüber hinaus die jährliche Verleihung von Forschungspreisen.
Nicht nur die Entwicklung der Didaktik des Sachunterrichts als universitäre Disziplin, sondern auch die Förderung der Praxis des Sachunterrichts und das

wechselseitige Gespräch zwischen Theoretikern und Praktikern sind Anliegen der GDSU. Deshalb hat sie auch Mitglieder unter den Lehrenden des Sachunterrichts an Grundschulen und Seminaren für Didaktik und Lehrerbildung. Vor allem aber ist es der Gesellschaft gelungen, über die Erarbeitung eines „Perspektivrahmens Sachunterricht" wichtige Impulse für die Entwicklung der Bildungspläne in den Ländern und für die Praxis des Sachunterrichts zu geben. Der Perspektivrahmen Sachunterricht wurde erstmals 2002 publiziert und ist 2013 in einer grundlegend überarbeiteten Fassung erschienen. Auf diese Weise hat die Gesellschaft für die Didaktik des Sachunterrichts in den letzten zwanzig Jahren einen maßgeblichen Einfluss auf die Entwicklung des Sachunterrichts als wissenschaftliche Disziplin, als Studienfach und als unterrichtlicher Lernbereich an den Grundschulen genommen. Weil sie das zentrale Forum für die Generierung von Themen- und Fragestellungen, für die Beachtung und Interpretation von zeitgenössischen Herausforderungen an die Wissenschaften, für Präsentation, Kommunikation und wissenschaftlichen Diskurs im Bereich der Didaktik des Sachunterrichts und für die Profilierung dieser Didaktik als Wissenschaft geworden ist, erzielt sie auch Wirkungen über den Radius der Aktivitäten der Gesellschaft i.e.S. hinaus. Es gibt kaum eine fachbezogene Publikation, kaum eine Forschung, kaum ein theoretisches Werk, das nicht wesentliche Anregungen, Impulse und Begründungen aus dem Diskussions- und Forschungszusammenhang der durch die GDSU repräsentierten Scientific Community erfährt. Dies sind der Hintergrund und die Begründung für den vorliegenden Band, der ein Portrait der Didaktik des Sachunterrichts und ihrer Fachgesellschaft zeichnen will. Nach innen, für die Mitglieder der Gesellschaft, hat dieser Band die Funktion, eine Bilanz darüber zu geben, was erreicht wurde, um daraus Orientierung dahingehend zu gewinnen, was noch zu tun bleibt. Nach außen geht es um eine Darstellung der GDSU in der Bildungs- und Fachöffentlichkeit. Dazu gehört eine Artikulation des Selbstverständnisses und der leitenden Zielstellung der GDSU, eine Skizzierung des Aufgabenfeldes, wie es in der Satzung formuliert wurde: Entwicklung der Didaktik des Sachunterrichts in Schulen, Studiengängen und Wissenschaft. Dies kann nur im Blick auf die historischen Grundlagen und die gegenwärtigen Bedingungen und Herausforderungen der Didaktik des Sachunterrichts sinnvoll geleistet werden. Eine Dokumentation und Präsentation der geleisteten Beiträge zur Entwicklung des Sachunterrichts und eine Analyse der wichtigen Zukunftsaufgaben runden die Zielsetzung dieses Bandes ab.

Das Buch gliedert sich in drei Kapitel. Im ersten Kapitel werden der Sachunterricht und seine Didaktik vorgestellt, wobei es um das Schulfach Sachunterricht, um die sachunterrichtsbezogene Ausbildung für das Grundschullehramt und um die Wissenschaftsdisziplin „Didaktik des Sachunterrichts" geht. Historische und gegenwarts- und zukunftsbezogene Analysen ergänzen sich dabei. Auch der Zusammenhang von Praxis und Theorie, Lehre und Forschung soll dabei in theo-

retischen und wissenschaftstheoretischen Standortbestimmungen aufgeschlossen werden. Im zweiten Kapitel wird die Gesellschaft für Didaktik des Sachunterrichts (GDSU) vorgestellt. Ursprünge und Entwicklungen, Selbstverständnis und Aufgabenstellungen sowie wichtige Aktivitäten und bildungspolitische Dokumente werden dargestellt. Die Vorstände der Gesellschaft werden portraitiert. Im abschließenden dritten Kapitel wird ein wichtiges Arbeitsprodukt der Gesellschaft, der Perspektivrahmen Sachunterricht, vorgestellt – die Intentionen, die ihm zugrunde liegen, seine Rezeption in den Lehrplänen und in der Praxis, seine aktuelle Novellierung und daraus resultierende Pläne für die Zukunft.
Dieser Band wird vom aktuellen Vorstand der GDSU initiiert und verantwortet. Darüber hinaus haben wir uns bemüht, vor allem ehemalige Vorstandsmitglieder und Personen, die für die Gesellschaft viel geleistet haben, als Autoren zu gewinnen.

1. Kapitel: Der Sachunterricht und seine Didaktik in Geschichte und Gegenwart

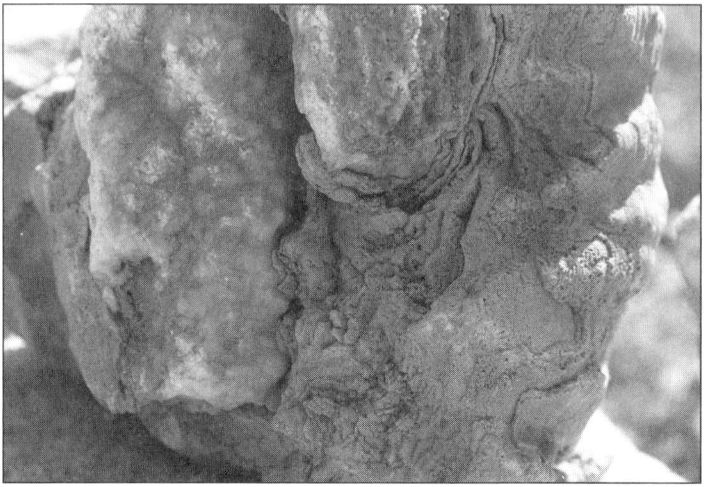

Bernd Thomas

Historische Entwicklungslinien des Schulfaches Sachunterricht

Sachunterricht ist ein recht junges Schulfach. Als Unterricht über Realien – *wirkliche Dinge, Tatsachen und Sachkenntnisse* – wird er als Nachfolgefach für Heimatkunde ab 1969/ 1970 in der Grundschule eingeführt. Vorangegangen war eine gesamtgesellschaftliche Diskussion zur Bildungsreform in der Bundesrepublik Deutschland.

1 Die Vorgeschichte

Im Jahre 1957 – mitten im sogenannten Kalten Krieg zwischen West und Ost – gelang es der Sowjetunion, erstmals einen künstlichen Satelliten auf eine stabile Erdumlaufbahn zu schießen. Dieser als Sputnik (Gefährte) bezeichnete Flugkörper löste in der westlichen Welt einen Schock aus, weil diese meinte, dem Osten nun technisch unterlegen zu sein. Auch befürchtete der Westen, allen voran die USA, dass es zu einer waffentechnischen Nutzung dieser Überlegenheit durch die Sowjetunion kommen werde. Die USA fühlten sich zum ersten Mal in ihrer Geschichte direkt durch äußere Waffengewalt bedroht. In der Folgezeit steigerte man dort die Bildungsbemühungen für naturwissenschaftlich-technische Inhalte und Verfahren von der Universität bis in den Kindergarten, um den vermeintlichen Rückstand aufzuholen.

In der Bundesrepublik war die Aufregung um das als Sputnik-Schock bezeichnete Ereignis bald verflogen. Dafür taten sich andere Probleme auf. Um der Abwanderung ihrer Bevölkerung Herr zu werden, riegelte die DDR-Führung das Ausfallstor zum Westen – die Grenze zwischen Ost- und West-Berlin – mit dem Bau der Mauer martialisch ab. Hatten bis 1961 nahezu 3 Millionen Menschen die DDR verlassen, kam dieser Zustrom nun fast völlig zum Erliegen. Unter den Menschen, die der DDR bis dahin den Rücken zugekehrt hatten, befanden sich natürlich auch viele Facharbeiter, Techniker, Ingenieure und andere Fachleute, die in der wirtschaftlich boomenden Bundesrepublik problemlos Arbeit fanden. Dieser Zulauf riss nun plötzlich ab und machte der Bundesrepublik den hierzulande

fehlenden Qualifikationsstand drastisch klar (vgl. Herrlitz/ Hopf/ Titze 2001). Spätestens als der weithin geschätzte Philosoph, Pädagoge und Theologe Georg Picht (1913-1982) im Jahre 1964 vor einer drohenden *Bildungskatastrophe* in der Bundesrepublik warnte, war der unbefriedigende Zustand des westdeutschen Bildungswesens Gegenstand des öffentlichen Bewusstseins geworden. Picht forderte eine Erhöhung der Abiturientenquote, eine Angleichung der Schulverhältnisse in Stadt und Land im Sinne einer allgemeinen Hebung, den Abbau von Bildungsbarrieren und die Ausschöpfung der Bildungsreserven. Die Bildungsreformdebatte war entscheidend angestoßen. Andere auf Modernität und Demokratisierung der Gesellschaft drängende Ereignisse kamen hinzu, etwa die Studentenbewegung in den ausgehenden 1960er Jahren (vgl. Thomas 2009a).
Im Jahre 1966 wurde der *Deutsche Bildungsrat* ins Leben gerufen, eine Expertenkommission, die sich der Mängel im Bildungswesen annehmen sollte. Mit dem „Strukturplan für das Bildungswesen", der 1970 erschien, beeinflusste dieses Gremium die Entwicklung des Schulfaches Sachunterricht maßgeblich.

2 Der wissenschaftsorientierte Sachunterricht

Die ausgehenden 1960er und die aufkommenden 1970er Jahre werden als „Zeiten des Wandels" (Borowsky 1998, Titel) charakterisiert. Eine maßgebliche Orientierungsgröße wurde dabei in den *Wissenschaften* gesehen, vor allem in Bezug auf die Reformen im Bildungswesen. Wissenschaft wurde zum Leitstern jener Zeit. Alltagsgeschichtlich lässt sich diese Wissenschaftseuphorie auch damit illustrieren, dass etwa das Apollo-Mondlandeprogramm im öffentlichen Bewusstsein allgegenwärtig war. Die verschiedenen Apollounternehmungen, die die zweite Hälfte der 1960er Jahre bis zu Beginn der 1970er Jahre bestimmten, wurden tagesprogrammfüllend im Fernsehen übertragen und fanden auch hierzulande ein Millionenpublikum. Wissenschaft, in Form von Naturwissenschaft und Technik, war allerorten. Ihr konnte sich die Schule nicht entziehen. Auch der Deutsche Bildungsrat sah in den Wissenschaften die hauptsächliche Bezugsgröße für die Bildungsreform und zwar ganz entschieden bis hinein in die Grundschule.
Die *Grundschule* entstand als Schule für alle Kinder der ersten vier Schuljahre im Rahmen der ersten Demokratie auf deutschem Boden mit der Weimarer Republik. 1919 wurde sie durch die Weimarer Verfassung als erste gemeinsame Schule eingeführt. Das zentrale Sachfach der Grundschule war die Heimatkunde. In der Bundesrepublik wurde nach dem Zweiten Weltkrieg für die ersten vier Schuljahre im Wesentlichen wieder an der Weimarer Grundschule angeknüpft. Dies traf auch für die inhaltliche Ausgestaltung zu. Lesen, Schreiben, Rechnen und Heimatkunde bildeten weiterhin den Kernbereich der Grundschule. Der Bildungszuschnitt der Weimarer Grundschule wurde ebenfalls übernommen. Dieser folgte im Zuge

eines sehr kindbezogenen und ganzheitlichen Gesamtunterrichts der sogenannten *volkstümlichen Bildung* mit einer gewissen Rückwärtsgewandtheit. Für die Heimatkunde bedeutete dies nicht selten eine Verklärung des ländlichen Lebens, die Beförderung einer sentimentalen Heimatliebe und eine insgesamt gemüt- und gefühlvolle Ausrichtung des Unterrichts (vgl. Götz 2003). Diese konnte der Bildungsreform in Zeiten der Wissenschaftsorientierung natürlich nicht standhalten! Mit dem „Strukturplan für das Bildungswesen" wurden Heimatkunde und mit ihr der Gesamtunterricht abgeschafft und die Grundschule generell modernisiert. Der Text führt dazu aus:

„Schon jetzt werden folgende Tendenzen zur Neugliederung der Lernbereiche in der Grundschule immer deutlicher:

- Neugliederung des bisherigen Gesamtunterrichts als Sachunterricht, in dem historisch-kulturelle Gehalte, sozial- und gesellschaftswissenschaftliche sowie naturwissenschaftlich-technische Inhalte und Verfahren angemessen berücksichtigt werden;
- Verstärkung und Neuordnung des Lernens von Sprache;
- Betonung der fachspezifischen Aufgaben im Kunst-, Musik- und Werkunterricht;
- Artikulation und Herauslösung der Kulturtechniken durch Lehrgänge;
- Einführung von neuen Lernbereichen, zum Beispiel einer ersten Fremdsprache" (Deutscher Bildungsrat 1970, S. 139).

Der *Wissenschaftsorientierung* fiel nun nicht nur die gute alte Heimatkunde zum Opfer, vielmehr erfasste sie die Grundschule in ihrer ganzen Breite. Aus Rechnen wurde Mathematik mit der für grundlegendes Lernen neuentwickelten Mengenlehre als Kernstück, Deutsch wurde mit linguistisch-grammatischen, sprachbetrachtenden Elementen wissenschaftlich aufgewertet, selbst die musischen Fächer sollten fachwissenschaftlich gestärkt werden, etwa durch die Betonung ihrer kommunikativen Aspekte. Die tiefgreifendsten Auswirkungen zeitigte die Wissenschaftsorientierung jedoch im Bereich des Sachlernens. Neben sozialwissenschaftlichen Bezügen wurde hier sehr nachdrücklich auf naturwissenschaftlich-technische Inhalte und Arbeitsweisen verwiesen. Damit betrat man hierzulande aber Neuland! Wonach sollte man sich richten, worauf sollte man sich beziehen? Der Bildungsrat lieferte die Antwort gleich mit: Im Zeichen der Sputnik-Ereignisse entstanden in den USA vielfältige, sorgsam ausgearbeitete Unterrichtsvorschläge zu naturwissenschaftlichen und technischen Themen für alle Altersgruppen – für Kinder im Vorschulalter bis hinauf in die Universität, also auch für Kinder im Grundschulalter. *Der Sputnik-Schock selbst war lange vergessen*; die seinerzeit aber ausgearbeiteten Curricula existierten noch – diese sollten nun ausdrücklich als Vorbild und Vorlage für die bundesdeutsche Entwicklung des wissenschaftsorientierten Sachunterrichts dienen (vgl. ebd.). Der frühe Sachunterricht verstand sich fachbezogen, so dass naturwissenschaftlich-technische und sozial- und gesellschaftswissenschaftliche Entwicklungen nicht selten eigene Wege gingen.

2.1 Sachunterricht im Zeichen der Naturwissenschaften

Zwei grundlegende Auffassungen kennzeichneten den konzeptionellen Start des Sachunterrichts im Zeichen der Wissenschaft – oder zugespitzter im Zeichen der Naturwissenschaften. Der eine Ansatz bemühte sich darum, *naturwissenschaftliche Strukturen* oder auch Basiskonzepte für die Kinder im Grundschulalter curricular aufzubereiten. Als diese wurden angesehen:

1. das Teilchenkonzept, das besagt, dass alle Materie (fest, flüssig, gasförmig) aus einzelnen Partikeln besteht und grundsätzlich in diese zerlegt werden kann
2. das Wechselwirkungskonzept, das besagt, dass bei allen chemischen und physikalischen Prozessen verschiedene Einflüsse („Interaktionspartner") aufeinander einwirken
3. das Erhaltungskonzept, das besagt, dass bei Veränderungen zwar Umwandlungsprozesse stattfinden, dass aber bestimmte Größen erhalten bleiben, dass also nichts verloren geht (vgl. Spreckelsen 1971, 2011)

Die andere Herangehensweise stellte *naturwissenschaftliche Verfahrens- und Arbeitsweisen* in den Mittelpunkt ihrer sachunterrichtlichen Ausarbeitungen. Die Kinder sollten über das Beobachten, Messen, Schlussfolgern, Hypothesen formulieren zum naturwissenschaftlichen Experimentieren gebracht werden. Ziel war unter anderem der Aufbau und Ausbau des Experimentierens als Fähigkeit eines entwickelten Problemlösens (vgl. Thomas 2009a). Schon bald begannen die Vertreter des naturwissenschaftlichen Sachunterrichts sich von den US-amerikanischen Vorlagen zu lösen und *eigenständige Curricula* zu entwickeln. Ab Mitte der 1970er Jahre verfiel der Einfluss der Wissenschaftsorientierung in der Grundschule und im Sachunterricht zusehends, so dass diese sorgsam ausgearbeiteten Neuentwicklungen kaum noch zur Kenntnis genommen wurden (vgl. Lauterbach 2011).

2.2 Sozial- und Gesellschaftswissenschaften im Sachunterricht

Mit etwas zeitlicher Verzögerung gegenüber den voranpreschenden Naturwissenschaften wurden auch sozial- und gesellschaftswissenschaftliche Bezüge für den Sachunterricht ausgearbeitet. Dabei standen diese am Beginn ebenfalls noch im Zeichen der Wissenschaftsorientierung. Darüber hinaus spiegelten sie die gesellschaftlichen Demokratisierungs- und Emanzipationstendenzen wider. Auf dem Lehrmittelsektor sorgte das „Arbeitsbuch zur politischen Bildung in der Grundschule" von Gertrud Beck u.a. (vgl. Beck/ Aust/ Hilligen 1974), das erstmals 1971 erschien, für Aufsehen. Dieses Unterrichtswerk bearbeitete politische Themen mit einer gesellschaftskritischen Grundhaltung eindeutig in emanzipatorisch-freisetzender Absicht (vgl. Beck 2011).

Wenn es um gesellschaftliches Lernen mit politisch-emanzipatorischer Ausrichtung geht, führt an dem *integrativ-mehrperspektivischen Unterricht*, der unter Federführung von Klaus Giel entwickelt worden ist, kein Weg vorbei. Übergeordnetes Ziel des integrativ-mehrperspektivischen Unterrichts war es, den Kindern eine allgemeine Handlungsfähigkeit zu vermitteln, indem die gesellschaftlichen und politischen Bedingungen für das Zustandekommen von Handlungsmustern, Sprachkonventionen, Werthaltungen durchschaubar gemacht werden und aufgezeigt wird, welche konkreten Macht- und Interessenskonstellationen dafür ausschlaggebend sind (vgl. Thomas 2011). Bearbeitet wurden dabei gesellschaftliche Handlungsfelder wie etwa Produktion, Wohnen, Kommunikation oder Politik. Der integrativ-mehrperspektivische Unterricht machte einen deutlichen Schritt weg von einer Fachorientierung, die den Sachunterricht von Beginn an in mindestens zwei Bereiche zu spalten drohte, nach der Lesart Naturwissenschaften hie und Gesellschaftswissenschaften da. Wurde etwa im integrativ-mehrperspektivischen Unterricht unter dem Handlungsfeld Kommunikation „Fernsehen" thematisiert, so wurden nicht nur die gesellschaftlichen Erscheinungen massenmedialer Kommunikation erarbeitet, sondern auch die technischen Voraussetzungen und Folgen. Damit wies dieser Ansatz in eine Richtung, der der Sachunterricht bis heute folgt: *Themen sind im Sachunterricht – mit begründeten Schwerpunktsetzungen – stets vielperspektivisch und multidimensional zu erschließen.*

2.3 Grundschule und Sachunterricht in den 1980er und 1990er Jahren

Nach der Euphorie um die Wissenschaften kam es in den Folgejahren zu einer Neubesinnung auf die Belange des Kindes. Begleitet und teilweise auch angestoßen wurden diese Entwicklungen u.a. durch die pädagogische und gesellschaftliche Diskussion um die sogenannte *veränderte Kindheit* (heute: Kindheit im Wandel). Diese wurde nicht selten mit einer kulturkritischen Grundhaltung als eine durch räumliche Verinselungen, zeitliche Verplanungen, institutionelle Überbehütungen, mediale Überflutungen und konsumtive Überreizungen bedrohte Kindheit aufgefasst. Die Grundschule habe auf diese nun eine pädagogische Antwort zu geben. In diesen Zeiten kam es zur Rückbesinnung auf reformpädagogische Ansichten (vgl. Neuhaus-Siemon 2000) oder zu Neuentwicklungen qualitativ beachtenswerter freier gestalteter Unterrichtsformen, wie etwa der des offenen Unterrichts (vgl. Wallrabenstein 1991) oder des Werkstattunterrichts (vgl. Reichen 1995).

Auch neue Themen, meist *interdisziplinären Zuschnitts,* strömten in den Sachunterricht. Zu den klassischen speziellen Aufgaben des Sachunterrichts gehörten von Beginn an Verkehrserziehung (heute: Mobilitätsbildung) und Sexualerziehung. Im Zuge der gesellschaftlichen Entwicklungen und Anfordernisse kamen neue Aufgaben auf den Sachunterricht zu. Diese waren beispielsweise: Umwelterziehung (heute: Bildung für Nachhaltige Entwicklung), Gesundheitserziehung, interkulturelle Bildung oder Medienerziehung (vgl. Thomas 2009 b).

3 Der Begriff Sachunterricht und seine Verankerung in den Lehrplänen

Der Begriff *Sachunterricht* ist wesentlich älter als seine Einführung als Sachfach in der Grundschule. Eine sehr frühe Verwendung des Begriffs Sachunterricht geht auf den Volksschulpädagogen und Lehrplantheoretiker Friedrich Wilhelm Dörpfeld zurück. In seinen „Schriften zur Theorie des Lehrplans" verwendet er den Ausdruck Sachunterricht für das Sachlernen in der gesamten Volksschule. Sachlernen bezieht sich dabei aber noch in einem sehr weiten Verständnis auf den Menschen im Allgemeinen, auf die Natur und ausdrücklich auch auf die Religion – salopp gesagt: auf Gott und die Welt (vgl. Dörpfeld [1873] 1962). Auch in die reformpädagogische Sprache zu Beginn des 20. Jahrhunderts findet der Terminus Sachunterricht Eingang – hier schon mit deutlichem Bezug zu den ersten Schulbesuchsjahren (vgl. Vogel 1920).
Wirkungsmächtig wird der Begriff Sachunterricht für das Sachlernen in der Grundschule anstelle des Begriffs Heimatkunde von der Pädagogin und Erziehungswissenschaftlerin Ilse Lichtenstein-Rother 1954 mit ihrem Pädagogikgeschichte machenden Werk „Schulanfang" eingeführt (vgl. 1954, 7. Auflage 1969). Auf der Ebene der Lehrpläne wird die Bezeichnung „Sachunterricht" für die Volksschule schon sehr früh in Niedersachsen eingeführt. In den „Richtlinien für die Volksschulen des Landes Niedersachsen" aus dem Jahre 1957 wird das Sachlernen konsequent als „Sachunterricht" benannt, allerdings als Oberbegriff vom Anfangsunterricht bis hin zur Naturlehre der oberen Volksschulklassen.
Der erste bildungspolitische Text, der bundesweit maßgeblich von „Sachunterricht" sprach, war der schon erwähnte Strukturplan des Deutschen Bildungsrates. Frühe Richtlinien, die im heutigen Verständnis das Sachlernen in der Grundschule als Sachunterricht bezeichneten, waren die Reformrichtlinien in Nordrhein-Westfalen (1969 und 1973), die Berliner Richtlinien (1970) und der Lehrplan in Bayern (1971) (vgl. Thomas 2009a). Nach und nach kam es in der kulturföderativen Bundesrepublik zur Vereinheitlichung des Sprachgebrauchs in Bezug auf den Sachunterricht, wobei immer wieder einzelne Ausnahmen zu verzeichnen waren und sind. Mit dem Beitritt der bisherigen DDR zum Geltungsbereich des Grundgesetzes im Jahre 1990 übernahmen auch die dann neuen Länder diesen Sprachgebrauch. In der DDR wurde das Sachlernen in den ersten vier Schuljahren „Heimatkunde" genannt.

4 Heimatkunde in der DDR

Heimatkunde in der Unterstufe (Klasse 1-3) und in der 4. Klasse der zehn Schuljahre umfassenden *Polytechnischen Oberschule* der DDR war eng verknüpft mit dem Deutschunterricht und in der Stundentafel gar nicht eigens ausgewiesen. Die Heimatkunde stand im Dienst einer kommunistischen Erziehung und bearbeitete im Wesentlichen: Einführung in das gesellschaftliche Leben, Kenntnisse über die Natur und Naturbeobachtungen (vgl. Thomas 2009a). Das Curriculum der *DDR-Heimatkunde* hatte im Grunde eine zweifache Ausrichtung, bestehend aus einer gesellschaftskundlichen einerseits und einer naturwissenschaftlichen andererseits. Letztere erstreckte sich im Wesentlichen auf geographische, biologische und meteorologische Aspekte, die vor allem unter Nützlichkeitserwägungen erarbeitet wurden. Die gesellschaftlichen Themen hingegen waren weltanschaulich durchbuchstabiert und standen in zunehmendem Maße voll und ganz unter dem Vorrang der *Haltungs- und Gesinnungserziehung* (vgl. Jung 2011). Ähnlich wie in der Bundesrepublik Deutschland setzte auch in der DDR ab Mitte der 1960er Jahre eine Verwissenschaftlichung des Unterrichts ein, die sich auch auf die Unterstufe und die 4. Klasse der Polytechnischen Oberschule auswirkte. Wissenschaftlichkeit und Parteilichkeit waren fortan die Zielhorizonte des Heimatkundeunterrichts. Im Jahre 1963 kam es zur Einführung des *Schulgartenunterrichts*, der dazu diente, die Kinder im Rahmen der polytechnischen Erziehung in sozialistische Produktionsweisen einzuweisen (vgl. Giest/ Wittkowske 2007).

5 Sachunterricht heute: vielperspektivische Erschließung der Welt

Die *Erschließung der Welt* mit und für Kinder im Grundschulalter ist ein grundlegendes Ziel des modernen Schulfachs Sachunterricht (vgl. Kahlert 2009). Diese Umwelterschließung hat unter dem Einbezug verschiedener Perspektiven zu geschehen, um Einseitigkeiten zu vermeiden und stattdessen die Inhalte des Sachunterrichts vielperspektivisch zu entfalten (vgl. Köhnlein 2012). Diesem Ansatz wird auch der Perspektivrahmen des Sachunterrichts gerecht, den die GDSU 2002 vorlegte (vgl. GDSU 2002) und der in der Zwischenzeit eine komplette Neubearbeitung erfahren hat (vgl. GDSU 2013). Seine vielperspektivische Struktur wurde dabei beibehalten. Als Perspektiven werden im Einzelnen präzisiert:

- Sozialwissenschaftliche Perspektive: Politik – Wirtschaft – Soziales
- Naturwissenschaftliche Perspektive: belebte und unbelebte Natur
- Geographische Perspektive: Räume – Naturgrundlagen – Lebenssituationen
- Historische Perspektive: Zeit – Wandel
- Technische Perspektive: Technik – Arbeit

Die Gegenstände des Sachunterrichts sind nun *nicht einzelfachlich* den Perspektiven zuzuordnen, sondern vielmehr *unter verschiedenen Perspektiven* zu bearbeiten, wobei es freilich zu Schwerpunktsetzungen kommen kann. Um eine einzelfachliche Sichtweise zu verhindern, führt der Perspektivrahmen exemplarisch *Unterrichtsbeispiele* aus. Als perspektivvernetzende Themenbereiche werden ausdrücklich benannt:

- Mobilität
- Nachhaltige Entwicklung
- Gesundheit und Gesundheitsprophylaxe
- Medien (vgl. GDSU 2013)

Bewirkt werden soll, dass die Kinder im schulischen Sachunterricht *Kompetenzen* im Bereich von Wissen und Verfahren aufbauen und dass sie erkennen, wie sie ihr Wissen erarbeitet haben und wie sie es anwenden können (deklaratives, prozedurales und metakognitives Wissen). Der vielperspektivische Zuschnitt und der Kompetenzbezug des Sachunterrichts, wie der Perspektivrahmen dies schon in seiner ersten Fassung formulierte, haben sich seitdem bei der Neukonzipierung von Lehrplänen, Richtlinien und Kerncurricula auf der Ebene der Bundesländer weitgehend durchgesetzt und bestimmen gegenwärtig die Erscheinungsform des Schulfachs Sachunterricht.

Literatur

Beck, G. (2011): Neue Inhalte für ein neues Fach. In: Hempel, M.; Wittkowske, St. (Hrsg.): Entwicklungslinien Sachunterricht. Einblicke in die Geschichte einer Fachdidaktik. Bad Heilbrunn, S. 121-137.

Beck, G.; Aust, S.; Hilligen, W. (1974): Arbeitsbuch zur politischen Bildung in der Grundschule. Frankfurt am Main.

Borowsky, P. (1998): Zeiten des Wandels. Deutschland 1961-1974. Informationen zur politischen Bildung. Heft 258.

Deutscher Bildungsrat (1970): Strukturplan für das Bildungswesen. Stuttgart.

Dörpfeld, F. W. ([1873] 1961): Schriften zur Theorie des Lehrplans.. Bad Heilbrunn (Klinkhardts Pädagogische Quellentexte).

GDSU (Gesellschaft für Didaktik des Sachunterrichts e. V.) (2002): Perspektivrahmen Sachunterricht. Bad Heilbrunn.

GDSU (Gesellschaft für Didaktik des Sachunterrichts e. V.) (2013): Perspektivrahmen Sachunterricht. Vollständig überarbeitete und erweiterte Ausgabe. Bad Heilbrunn.

Giest, H.; Wittkowske, St. (2007): Heimatkunde in der DDR. In: Kahlert, J.; Fölling-Albers, M.; Götz, M.; Hartinger, A.; Reeken, D. v.; Wittkowske, St. (Hrsg.): Handbuch Didaktik des Sachunterrichts. Bad Heilbrunn, S. 230-240.

Götz, M. (Hrsg.) (2003): Zwischen Sachbildung und Gesinnungsbildung. Historische Studien zum heimatkundlichen Unterricht. Bad Heilbrunn.

Herrlitz, H.-G.; Hopf, W.; Titze, H. (2001): Deutsche Schulgeschichte von 1800 bis zur Gegenwart. Weinheim, München.

Jung, J. (2011): Der Heimatkundeunterricht in der DDR. Die Entwicklung des Faches in den unteren vier Jahrgangsstufen der Polytechnischen Oberschule zwischen 1945 und 1989. Bad Heilbrunn.

Kahlert, J. (2009): Der Sachunterricht und seine Didaktik. Bad Heilbrunn.

Köhnlein, W. (2012): Sachunterricht und Bildung. Bad Heilbrunn.

Lauterbach, R. G. (2011): Vom Einzug der Wissenschaft in den Sachunterricht – Ein Beitrag zur unendlichen Geschichte grundlegender Bildung. In: Hempel, M.; Wittkowske, St. (Hrsg.): Entwicklungslinien Sachunterricht. Einblicke in die Geschichte einer Fachdidaktik. Bad Heilbrunn, S. 101-119.

Lichtenstein-Rother, I. (1964): Schulanfang. Ein Beitrag zur Arbeit in den ersten beiden Schuljahren. Frankfurt am Main, Berlin, Bonn (1. Auflage 1954, 7. und letzte Auflage 1969).

Neuhaus-Siemon, E. (2000): Reformpädagogik und Offener Unterricht – Reformpädagogische Modelle als Vorbilder für die heutige Grundschule? In: Hinrichs, W.; Bauer, H. F. (Hrsg.): Zur Konzeption des Sachunterrichts. Donauwörth, S. 192-207.

Reichen, J. (1995): Sachunterricht und Sachbegegnung. Zürich.

Richtlinien für die Volksschulen des Landes Niedersachsen (1957). Schriftenreihe des Niedersächsischen Kultusministeriums. Braunschweig.

Spreckelsen, K. (1971): Naturwissenschaftlicher Unterricht in der Grundschule. Stoffe und ihre Eigenschaften. Frankfurt am Main, Berlin, München.

Spreckelsen, K. (2011): Curriculumentwicklung für den Physikunterricht in der Grundschule. In: Hempel, M.; Wittkowske, St. (Hrsg.): Entwicklungslinien Sachunterricht. Einblicke in die Geschichte einer Fachdidaktik. Bad Heilbrunn, S. 139-152.

Thomas, B. (2009a): Der Sachunterricht und seine Konzeptionen. Bad Heilbrunn.

Thomas, B. (2009b): Fächerübergreifende Unterrichtsaufgaben. In: Arnold, K.-H.; Sandfuchs, U.; Wiechmann, J. (Hrsg.): Handbuch Unterricht. Bad Heilbrunn, S. 393-400.

Thomas, B. (2011): Sachunterricht – gesellschaftlich-politisches Lernen: In: Erziehung und Unterricht. Österreichische Pädagogische Zeitschrift.161. Jahrgang, Heft 7-8, S. 662-669.

Vogel, P. (1920): Die Stellung der „Fächer“ im Gesamtunterricht. In: Leipziger Lehrerverein: Gesamtunterricht im 1. und 2. Schuljahr. Zugleich ein Bericht über die Leipziger Reformklassen. Leipzig, S. 110-117.

Wallrabenstein, W. (1991): Offene Schule – Offener Unterricht. Reinbek bei Hamburg.

Beate Blaseio

Zur aktuellen Situation des Schulfaches Sachunterricht in den Bundesländern

Sachbezogenes Lernen steht in allen deutschen Bundesländern durchgängig in den ersten vier Schuljahren der Grundschule auf dem Stundenplan. Auch in der sechsjährigen Grundschule (Berlin und Brandenburg) findet Sachunterricht in den Klassenstufen 1 bis 4 statt. In den meisten Bundesländern gibt es dafür das eigenständige Unterrichtsfach „Sachunterricht"[1]. In diesem Fach werden natur- und sozialwissenschaftliche sowie ausgewählte fächerübergreifende Aspekte themen- und phänomenorientiert integrativ berücksichtigt, die bedeutsam für die Lebenswelt von Grundschulkindern sind und eine fachliche Anschlussfähigkeit an die Sachfächer in der Sekundarstufe I berücksichtigten (vgl. GDSU 2013).

1 Fachbezeichnungen

Die Bezeichnung für das Unterrichtsfach, in dem sachbezogenes Lernen im Zentrum steht, variiert in den Bundesländern. Die Tabelle gibt einen Überblick über die aktuellen Fachbezeichnungen in den einzelnen Bundesländern (Stand: August 2013).

Fachbezeichnung	Bundesländer
Sachunterricht	Brandenburg, Berlin, Bremen, Hessen, Hamburg, Mecklenburg-Vorpommern, Niedersachsen, Nordrhein-Westfalen, Rheinland-Pfalz, Saarland, Sachsen, Sachsen-Anhalt
Heimat- und Sachunterricht	Bayern (HUS)
Heimat- und Sachkunde	Thüringen (HSK)
Heimat-, Welt- und Sachunterricht	Schleswig-Holstein*
Mensch, Natur und Kultur	Baden-Württemberg (MeNuK)

* Die Umbenennung von „Heimat- und Sachunterricht" in „Heimat-, Welt- und Sachunterricht" erfolgte in Schleswig-Holstein zum 01.08.2013.

1 Zu Varianten des Begriffs siehe Abschnitt 1. Im Folgenden wird immer von „Sachunterricht" gesprochen, auch wenn diese Fachbezeichnung nur in 12 der 16 Bundesländer verwendet wird.

In 15 der 16 Bundesländer gibt es ein eigenständiges Sachfach, in dem naturwissenschaftliche, sozialwissenschaftliche und integrative Inhalte thematisiert werden.[2] In drei Bundesländern wird zusätzlich zur „Sache“ noch der Begriff „Heimat“ verwendet. Bei diesen Fachbezeichnungen wird der Bezug zum Vorgängerfach „Heimatkunde“ (bis Ende der 1960er Jahre) noch aufrechterhalten. Konzeptionell ist aber bei den Lehrplänen dieser Länder kein engerer heimatkundlicher Bezug erkennbar als in anderen Lehrplänen, die alleinig die Bezeichnung „Sachunterricht“ tragen. Die Regionalorientierung ist jedoch ein Unterrichtsprinzip, das in allen Bundesländern im Sachunterricht Berücksichtigung findet.

2 Lehrpläne/ Kompetenzorientierung

Es existieren gegenwärtig (Stand: August 2013) 14 verschiedene Lehrpläne für das Fach Sachunterricht. Die Bundesländer Berlin, Brandenburg und Mecklenburg-Vorpommern haben einen gemeinsamen Lehrplan.

Bundesland	Jahrgang	Titel	**Zusatzinformationen**
Baden-Württemberg	2004	Bildungsstandards Fächerverbund „Mensch, Natur und Kultur“	Überarbeitung läuft
Bayern	2000	Lehrplan Heimat- und Sachunterricht	Überarbeitung läuft
Berlin	2004	Rahmenlehrplan Sachunterricht (mit Brandenburg und Mecklenburg-Vorpommern)	Überarbeitung angekündigt
Brandenburg	2004	Rahmenlehrplan Sachunterricht (mit Berlin und Mecklenburg-Vorpommern)	Überarbeitung angekündigt
Bremen	2007	Sachunterricht – Rahmenplan für die Primarstufe	
Hamburg	2011	Rahmenplan Sachunterricht	
Hessen	2010	Rahmenplan Grundschule – Sachunterricht	
Mecklenburg-Vorpommern	2004	Rahmenlehrplan Sachunterricht (mit Berlin und Brandenburg)	
Niedersachsen	2006	Kerncurriculum Sachunterricht	

2 In Baden-Württemberg gibt es den Fächerverbund: „Mensch, Natur und Kultur“, der sachbezogenes Lernen mit dem ästhetischen Lernbereich verbindet.

Nordrhein-Westfalen	2009	Richtlinien und Lehrpläne für die Grundschule – Sachunterricht	
Rheinland-Pfalz	2006	Rahmenlehrplan Grundschule – Teilrahmenplan Sachunterricht	
Saarland	2008	Kernlehrplan Sachunterricht	
Sachsen	2004/ 2009	Lehrplan Sachunterricht	
Sachsen-Anhalt	2005	Lehrplan Grundschule – Sachunterricht	
Schleswig-Holstein	1997	Lehrplan Heimat-, Welt- und Sachunterricht	erste Planungen zur Überarbeitung laufen
Thüringen	2010	Lehrplan Grundschule – Heimat- und Sachkunde	

Die im Moment gültigen Lehrpläne sind überwiegend nach dem Jahr 2004 erschienen, berücksichtigen die Konzeption des Perspektivrahmens Sachunterricht (vgl. GDSU 2002) und verfügen über eine kompetenzorientierte Ausrichtung.[3] Durch den Perspektivrahmen Sachunterricht, der sich als Kerncurriculum bundesweit als Referenzfolie für die Erstellung der Lehrpläne durchgesetzt hat, ist eine deutliche Homogenisierung der einzelnen Lehrpläne in den letzten Jahren erkennbar.

In den meisten Lehrplänen werden Regelstandards favorisiert und formuliert. Es wird beschrieben, welche Kompetenzen am Ende der Grundschulzeit von den Schülerinnen und Schülern im Fach Sachunterricht erreicht sein sollten. Für die inklusive Beschulung entsteht durch die Formulierung von Regelstandards in den Lehrplänen jedoch ein Widerspruch, denn inklusive Schule muss, um allen Kindern gerecht werden zu können, richtungsweisende, wenngleich zieldifferenzierte Standards ausweisen.[4] Dieses Problem ergibt sich für alle Grundschulcurricula und ist nicht sachunterrichtsspezifisch.

Die Bundesländer verfügen über unterschiedlich detailliert formulierte Sachunterrichtslehrpläne. Die Lehrkraft bzw. die Fachkonferenz Sachunterricht hat, darauf basierend, die Aufgabe, aus den Lehrplanvorgaben ein schuleigenes Curriculum mit konkretem Stoffverteilungsplan zu entwerfen. Wichtige Prinzipien wie Aktualität, Regionalbezug, Nutzung erreichbarer außerschulischer Lernorte, Traditionen (z.B. Zusammenarbeit mit dem Zeitungsprojekt der Region) oder die Eingebundenheit in das Schulprofil (z.B. BNE-Schule) müssen individuell

3 Eine aktuelle Übersicht über die Lehrpläne inkl. deren Textverlinkung ist über die Homepage www.blaseio.de (Lehrpläne) möglich.

4 siehe Blaseio (2011)

für jeden Schulstandort und jede Lerngruppe ausgerichtet werden. Diese Situationspassung ist ein besonderes Kennzeichen des Sachunterrichts und zugleich eine hohe Herausforderung für die Lehrkräfte, denn es gilt, die allgemein formulierten Kompetenzen des Lehrplans mit Hilfe spezifischer Lernangebote umzusetzen.

3 Stundentafeln

In den verschiedenen Bundesländern sieht die Stundenverteilung im Fach Sachunterricht auf die vier Grundschuljahre unterschiedlich aus. Gerade in den unteren beiden Klassenstufen wird das Fach nicht immer mit eigenen Unterrichtsstunden ausgewiesen. Stattdessen werden diese innerhalb von Fächerverbünden in der Stundentafel berücksichtigt.[5] Hier wirkt noch die alte Heimatkundetradition nach, in der in der 1./2. Klasse „heimatkundlicher Anfangsunterricht" stattfand, der fächerübergreifend mit dem Fach Deutsch und anderen Fächern eng verbunden war – erst in Klasse 3 fing der eigenständige sachbezogene Unterricht an und wurde in der Stundentafel extra ausgewiesen.
Es gibt mehrere Modelle in den Bundesländern, wie der Sachunterricht in jedem Schuljahr unterrichtet wird: Z.B. gibt es eine gleichmäßige Verteilung der Stunden über die vier Grundschuljahre hinweg (z.B. Brandenburg mit 3+3+3+3 Stunden oder Sachsen-Anhalt 3/4+3/4+3/4+3/4). Die gleiche Verteilung gilt übrigens auch im Nachbarland Österreich für den Sachunterricht (3+3+3+3)[6]. Häufiger kann jedoch eine Steigerung des Stundenanteils im Verlauf der vier Grundschuljahre beobachtet werden (z.B.: 2+2+5+5 in Berlin oder 2+2+4+4 in Schleswig-Holstein und Hessen).
Die Addition der Fachstunden in allen Bundesländern in der gesamten Grundschulzeit beträgt mindestens 11 Stunden und maximal 16 Stunden[7]. D.h., dass bei 40 Schulwochen in einem Schuljahr die Kinder rechnerisch zwischen 440 und 640 Stunden Sachunterricht im Verlauf ihrer Grundschulzeit haben.
Mit dieser knapp bemessen Zeit muss sorgfältig umgegangen werden und die zur Verfügung stehende Lernzeit auch tatsächlich bildungswirksam genutzt werden (vgl. auch Kaiser 2006, S. 263-265). Schreier (2011, S. 8) bewertet die Stundenanteile als zu gering. Der Sachunterricht ist nach Schreiers Einschätzung heute weit davon entfernt, Kernlernbereich der Grundschule und tonangebend für den Gesamtunterricht dieser Schulstufe zu sein (vgl. ebenda).

5 siehe www.gdsu.de (Länderberichte)

6 URL: www.see-educoop.net/education_in/pdf/lehrplan-der-volksschule-oth-grm-t06.pdf (S. 27)

7 Für das erste und zweite Schuljahr werden hier rechnerisch 2 Wochenstunden veranschlagt, wenn die Stunden nur in Fächerverbünden ausgewiesen werden – dieses entspricht nach meinen Beobachtungen der Unterrichtswirklichkeit.

4 Aktuelle Probleme des Sachunterrichts in den Bundesländern

Die Situation des Sachunterrichts in der Schul- und Unterrichtspraxis gestaltet sich in den einzelnen Bundesländern aufgrund der Kulturhoheit unterschiedlich, da sich der Sachunterricht wie jedes Unterrichtsfach in die jeweiligen aktuellen und traditionellen Rahmenbedingungen des Bundeslandes einpasst. Dennoch können einige grundsätzliche Probleme skizziert werden, die bundeslandübergreifend für das Fach Sachunterricht festgestellt werden können.

4.1 Probleme des Schulfaches I: Sachunterricht wird fachfremd unterrichtet

Wie in der Grundschule beim Fachunterricht nicht unüblich, wird auch das Fach Sachunterricht von Lehrkräften erteilt, die keine spezielle Ausbildung für dieses Unterrichtfach absolviert haben. Häufig anzutreffen ist das Modell, dass die Klassenlehrerin mit den Hauptfächern Deutsch oder Mathematik zusätzlich noch Sachunterricht als zweites stundenstärkeres Unterrichtsfach in der eigenen Klasse unterrichtet, um ein angemessenes Stundenkontingent als Klassenlehrerin zur Verfügung zu haben. Diese Praxis ermöglicht u.a., dass auch das Aufsuchen außerschulischer Lernorte im Sachunterricht so organisatorisch durch die Klassenlehrerin einfacher übernommen werden kann. Auf die nur gering oder gar nicht fachausgebildeten Lehrkräfte, die Sachunterricht erteilen, wird immer wieder in der Literatur hingewiesen (u.a. Engelhardt 2008). Eine aktuelle Erfassung des fachfremd unterrichteten Sachunterrichts bundesweit liegt jedoch nicht vor. Einen Anhaltspunkt können die empirischen Daten von Peschel (2007) geben, der in NRW einen Anteil von 62% fachfremd erteiltem Sachunterricht durch eine Umfrage ermittelt hat. Folgt man der Argumentation Klafkis, so muss die Unterrichtsqualität fachfremd erteilten Sachunterrichts als problematisch eingestuft werden: „Denn es handelt sich … beim Sachunterricht der Grundschule um den Unterrichtsbereich, der, verglichen mit den anderen Feldern des Grundschulunterrichts und den Fächern oder fächerübergreifenden Unterrichtsdisziplinen aller anderen Schulstufen, den höchsten Grad an Komplexität aufweist“ (2005, S. 1).
Eine grundlegende Untersuchung zur Unterrichtsqualität des Sachunterrichts liegt bislang nicht vor. Erfahrungsberichte bezeugen jedoch eine enorme Bandbreite der Qualität des Sachunterrichts in den Grundschulen: Sie reicht von handlungsaktivem, herausforderndem und bildungswirksamem Unterricht bis hin zu Unterricht, der Alltagswissen wiederholt, bei dem die Kinder sich langweilen und in dem ihnen keine Interessensförderung geboten wird.
Das Ziel muss es sein, dass jede Lehrerin, die Sachunterricht in der Grundschule unterrichtet, auch eine fundierte Ausbildung in diesem Fach absolviert hat. Dieses ist aus meiner Sicht ein unerlässlicher Schritt zur Qualitätssteigerung des erteilten Sachunterrichts. Die KMK-Anforderungen (2010, S. 50) geben dazu einen Inhaltsrahmen.

4.2 Probleme des Schulfaches II: Die Materialausstattung des Sachunterrichts ist unzureichend

Guter Sachunterricht ist materialintensiv. U.a. findet man bei Reinhoffer (2000, S. 322) dazu einen Hinweis, wenn er schreibt: „Wer je Sachunterricht unterrichtet hat, weiß um die teilweise aufwendige Vorbereitung und materialintensive Unterrichtsdurchführung." Auch von Grundschullehrerinnen mit mehreren Fächern wird geäußert, dass gerade Sachunterricht besonders materialintensiv durchgeführt wird: „Da ich SU habe, was sehr vorbreitungs-, materialintensiv (sic!) ist."[8] Zudem beurteilen Lehrkräfte die „räumliche und sächliche Ausstattung ... als unbefriedigend" (Reinhoffer 2000, S. 301). Oft sind in den Schulen keine umfangreichen Materialsammlungen vorhanden, keine Lernwerkstätten für den Sachunterricht oder Fachräume mit anregungsreicher Lernumgebung. Den Schulen steht für den Sachunterricht in der Regel wenig Geld für Materialanschaffungen zur Verfügung. Für handlungsorientierten Sachunterricht im Sinne von Möller (2007), der Tun (Handeln) und Reflexion (Denken) verbindet, wird jedoch eine lernanregende materielle Umgebung benötigt. Diese wird mitunter auf finanzielle und zeitliche Kosten der Lehrkraft selbst hergestellt, durch zeitintensives Bemühen um Sponsoren, Schenkungen oder durch Spenden des Schulvereins. Wird dieses Engagement unterlassen, so wird nicht selten ein Sachunterricht praktiziert, der stark auf einfach zu besorgendes Text- und Bildmaterial zurückgreift. Guter Sachunterricht ist jedoch handlungsorientiert und rückt auch konkrete Sachen und Sachverhalte in das Zentrum. Materialangebote für den Sachunterricht stehen durch verschiedene Projekte den Grundschulen zur Verfügung, z.B.: SINUS-Kisten für den Bereich der Naturwissenschaften[9], RÖSA Unterrichtsmaterialien der Lernwerkstätten der Universität Oldenburg[10], KINT-Klassenkisten und Forscherboxen für Naturwissenschaft und Technik[11], thematische Sachunterrichtskoffer der Universität Flensburg[12] oder Materialangebote für konkrete Themen, z.B. im Bereich des Globalen Lernens[13].

4.3 Probleme des Schulfaches III: Sachunterricht findet nicht statt

In der Literatur finden sich Hinweise, dass das Fach Sachunterricht nicht entsprechend der vorgesehenen Stunden unterrichtet wird. Sachunterricht wird zur „Verfügungsmasse" und der Stundenausfall der übergangsrelevanten Fächer Deutsch und Mathematik mit dem Kontingent des Sachunterrichts bestritten (vgl. Ha-

---

8 URL:www.lehrerforen.de/board922-ausbildung-und-berufsanfang/board1-referendariat/5922-aus-interesse-anzahl-besuche-ablauf-examen

9 URL: www.sinus-an-grundschulen.de

10 URL: www.uni-oldenburg.de/roesa

11 URL: www.spectra-verlag.de/SID=1197520660/shopneu/erarbeitung/index4.php3

12 URL: www.eule-flensburg.de

13 URL: www.weltinderschule.uni-bremen.de

meyer/ Schreier 2002, S. 30). In der Untersuchung von Reinhoffer (2000, S. 272) wird deutlich, dass viele Lehrkräfte den Stellenwert des Sachunterrichts nachrangig gegenüber den Fächern Deutsch und Mathematik bewerten. „Es werden weniger Wochenstunden als vorgeschrieben für den Sachunterricht verwendet … Sachunterrichtsthemen werden nur spontan gestreift oder durch die Lehrgänge in den Kulturtechniken angetippt“ (Reinhoffer 2000, S. 301). Kaiser (2006, S. 263) weist zudem darauf hin, dass die zur Verfügung stehende Lernzeit nicht für organisatorische Dinge verschwendet werden sollte und eine gute Unterrichtsorganisation mehr „echte Lernzeit“ für die Kinder zur Verfügung stellt.
Zwar ist Sachunterricht in vielen Bundesländern übergangsrelevant und gilt neben Deutsch, Mathematik (und teilweise Englisch) zumindest konzeptionell als Kernfach der Grundschule, dennoch wird die Bedeutung des Faches von Lehrkräften nicht durchgängig entsprechend hoch eingeschätzt. Es ist davon auszugehen, dass fachausgebildete Lehrkräfte den Sachunterricht stärker gleichrangig oder sogar vorrangig gegenüber anderen Grundschulfächern gewichten (vgl. Reinhoffer 2000, S. 303). Umso wichtiger ist es, dass spezifisch für den Sachunterricht ausgebildetete Lehrkräfte dieses Fach unterrichten, die dann auch die für dieses Fach vorgesehenen Unterrichtsstunden von 480 bis 600 Stunden im Verlauf der Grundschulzeit garantieren und für die Kinder bildungswirksam gestalten können.

Literatur

Blaseio, B.: Inklusives Sachlernen in den Grundschullehrplänen Deutschlands. In: Giest, H.; Kaiser, A.; Schomaker, C. (2011): Sachunterricht – auf dem Weg zur Inklusion. Bad Heilbrunn, S. 89-96.
Blaseio, B. (2004): Entwicklungstendenzen der Inhalte des Sachunterrichts. Bad Heilbrunn.
Engelhardt, W.: SOS Sachunterricht! In: Widerstreit Sachunterricht, H. 10, 2008. URL: www.widerstreit-sachunterricht.de/ebeneI/didaktiker/engelhardt/sos.pdf [01.05.2013]
GDSU (Hrsg.) (2013): Perspektivrahmen Sachunterricht. Bad Heilbrunn.
GDSU (Hrsg.) (2002): Perspektivrahmen Sachunterricht. Bad Heilbrunn.
Hameyer, U.; Schreier, H. (2002): Die Lage des Sachunterrichts. In: Grundschule, H. 2, S. 30-32.
Kaiser, A. (2006): Neue Einführung in die Didaktik des Sachunterrichts. Baltmannsweiler.
Klafki, W. (2005): Allgemeinbildung in der Grundschule und der Bildungsauftrag des Sachunterrichts. In: Widerstreit Sachunterricht H. 4, 2005. URL: www.widerstreit-sachunterricht.de/ebeneII/arch/klafki/klafki.htm [01.05.2013]
KMK (2010): Ländergemeinsame inhaltliche Anforderungen für die Fachwissenschaften und Fachdidaktiken in der Lehrerbildung. URL: www.kmk.org/fileadmin/veroeffentlichungen_beschluesse/2008/2008_10_16-Fachprofile-Lehrerbildung.pdf [02.05.2013]
Möller, K. (2007): Handlungsorientierung im Sachunterricht. In: Kahlert, J.; Fölling-Albers, M.; Götz, M.; Hartinger, A.; Reeken, D. v.; Wittkowske, S.(Hrsg.): Handbuch Didaktik des Sachunterrichts. Bad Heilbrunn, S. 411-416.
Peschel, M. (2007): Wer unterrichtet unsere Kinder? SUN – Sachunterricht in Nordrhein-Westfalen. In: Möller, K.; Hanke, P.; Beinbrech, Ch.; Hein, A. K.; Kleickmann, Th.; Schages, R.. (Hrsg.): Qualität von Grundschulunterricht entwickeln, erfassen und bewerten. Bonn, S. 171-174.
Reinhoffer, B. (2000): Heimatkunde und Sachunterricht im Anfangsunterricht. Bad Heilbrunn.
Schreier, H. (2011): Sachunterricht können. Braunschweig.

Bernd Thomas

Historische Entwicklungslinien der sachunterrichtsbezogenen Ausbildung für das Grundschullehramt

Zur Rekonstruktion der sachunterrichtsbezogenen Ausbildung für das Lehramt an Grundschulen ist im Wesentlichen fünf Zusammenhängen nachzugehen:

- Herausbildung und allmähliche *Professionalisierung* des Volksschullehrerberufs vom 18. bis zum Beginn des 20. Jahrhunderts (als Vorgängerberuf des Grund- und Hauptschullehrers)
- *Akademisierung* des Lehrerberufs an Volksschulen in der 2. Hälfte des 20. Jahrhunderts in der Bundesrepublik Deutschland
- Entstehung der *Grundschulpädagogik als wissenschaftlicher Disziplin* an deutschen Universitäten
- *Studium* der Heimatkunde und des Sachunterrichts
- *Lehrerausbildung* in der DDR

Diese Aspekte sollen im Folgenden für einen Überblick entfaltet werden. Da der Beruf des Volksschullehrers bis ins 20. Jahrhundert hinein territorialen, regionalen, kirchlichen und konfessionellen Einflüssen im besonderen Maße ausgeliefert war, verallgemeinern die vorliegenden Ausführungen notwendigerweise. Das jeweils Typische der Entwicklungen wird gleichwohl erfasst.

1 Mühsame Anfänge: der Volksschullehrerberuf vom ausgehenden 18. bis ins beginnende 20. Jahrhundert

Erste Seminare zur Ausbildung für Volksschullehrer entstanden hierzulande ab etwa Mitte des 18. Jahrhunderts (z. B. Kloster Berge bei Magdeburg 1735, Braunschweig 1751, Wolfenbüttel 1753). Flächendeckend durchsetzen konnte sich diese Form der Ausbildung jedoch erst gegen Ende des 19. Jahrhunderts. Daneben war es über einen langen Zeitraum verbreitet, dass sich der Volksschullehrer vor Ort einen Schulgehilfen nahm und diesen über eine Art Meisterlehre zu seinem Nachfolger anlernte. Der seminaristisch ausgebildete Volksschullehrer blieb also lange die Ausnahme und setzte sich erst im Übergang vom 19. ins 20. Jahrhundert vollends durch. Der sogar studierte Volksschullehrer wurde erst in der zweiten Hälfte des 20. Jahrhunderts Wirklichkeit.

Der Beruf des *Gymnasiallehrers* hingegen professionalisierte sich deutlich früher. Ursprünglich rekrutierten sich viele Gymnasiallehrer aus dem Überhang an studierten Geistlichen, die zuvor oftmals als Hauslehrer ihren Unterhalt verdienten. Mit der zunehmenden Institutionalisierung des Gymnasiums wurde ein spezieller Berufszugang für Gymnasiallehrer von immer größerer Bedeutung. Schließlich wurde in der preußischen Reformzeit im Jahre 1810 das „Examen pro facultate docendi" eingeführt, womit die endgültige Professionalisierung des Gymnasiallehrerstandes entscheidend auf den Weg gebracht werden konnte.

Doch zurück zum *Volksschullehrer*. Auch dieser machte „Karriere", wenn auch vergleichsweise schleppend und auf einem materiell über lange Zeit geringen Niveau: vom unausgebildeten Schweinehirten, der im Winter „Schule hielt", über den auf Nebenerwerb angewiesenen Landschullehrer, der vielleicht schon mal für einige Zeit ein Lehrerseminar besucht hatte, führte diese Entwicklung schließlich zu dem seminaristisch ausgebildeten Volksschullehrer, der aber vor Ort noch lange unter geistlicher Bevormundung stand. Dieser widersetzte er sich jedoch zunehmend und erlangte nach und nach eine gewisse Selbstständigkeit. Der Volksschullehrer war auf seinem Weg zur Professionalisierung zwar schon ein ganzes Stück vorangekommen, aber doch noch meilenweit vom Gymnasiallehrer entfernt. Dies traf besonders für die Aspekte Akademisierung der Ausbildung, Autonomie der Berufsausübung und Sozialprestige zu.

Gleichwohl war der Volksschullehrerberuf im Übergang vom 19. ins 20. Jahrhundert immerhin schon gut genug dafür, dass er von Teilen der Bevölkerung als eine Möglichkeit des sozialen Aufstiegs bzw. der sozialen Absicherung angesehen wurde. Söhne kleinbürgerlicher Herkunft, z. B. Söhne unterer Post- oder Bahnbeamter, wurden aufs Seminar geschickt, weil der Volksschullehrerberuf in der Tat eine Besserstellung gegenüber der Herkunftsschicht darstellte. Hier war das Volksschullehramt zu einem klassischen *Aufstiegsberuf* für junge Männer geworden (vgl. Terhart 2011). Desgleichen taugte er zur Entschädigung für ein entgangenes Erbteil: während der erstgeborene Sohn die lukrative Gastwirtschaft, den ertragreichen Hof oder die gutgehende Herberge erbte, wurde der Nachgeborene nicht selten zum Volksschullehrer bestimmt, um ihm so ein sicheres Auskommen zu ermöglichen. Ein weiterer Gesichtspunkt kommt hinzu: der Lehrberuf – gleich für welche Schulform – ist derjenige, der am Beginn gesellschaftlich sanktionierter Berufstätigkeit der Frau steht. Über die Lehrtätigkeit an Schulen beginnt sich weibliche Berufsarbeit zu etablieren. Für den Volksschullehrerberuf am Beginn des 20. Jahrhunderts gilt festzuhalten: Er wird als Instrument intergenerativer sozialer Mobilität begriffen, er dient zur Subsistenzsicherung, und über den Lehrberuf vollzieht sich der erste Schritt der Emanzipation der Frau in Bezug auf berufliche

Erwerbsarbeit (vgl. Thomas 2012). Verwissenschaftlichung und Akademisierung der Ausbildung für das Volksschullehramt standen allerdings noch aus.
Erste Ansätze hierfür wurden noch zur Zeit der Weimarer Republik (1919-1933) vollzogen. Bereits in der Weimarer Verfassung wurde die Aufgabe formuliert, die Lehrerbildung nach den *Grundsätzen einer höheren Bildung* reichseinheitlich zu regeln. Die politischen Widerstände dagegen waren jedoch groß. Ebenso waren die wirtschaftlichen Schwierigkeiten nach dem Ersten Weltkrieg für die junge Weimarer Demokratie immens (z. B. Reparationszahlungen, Hyperinflation 1923), so dass die Einrichtung Pädagogischer Akademien für die Ausbildung der Volksschullehrer erst 1926 begann. Zugangsberechtigung war jetzt das Abitur. Die Ausbildung selber stellte jedoch einen Sonderweg abseits der Universität dar und war zudem oftmals noch konfessionell rückgebunden (vgl. Hesse 1995). In manchen Territorien des Deutschen Reiches kam es darüber hinaus sogar zu einer Einsetzung Pädagogischer Institute an Universitäten, etwa in Sachsen oder im seinerzeit territorial selbstverwalteten Braunschweig (vgl. Sandfuchs 1978). In der Zeit der Nazi-Diktatur (1933-1945) wurden diese zarten akademischen Blüten einer wissenschaftlichen Lehrerbildung jäh gekappt und ab 1941 wieder auf ein seminaristisches Niveau abgesenkt.

2 Die Ausbildung der Volksschullehrerschaft an Pädagogischen Hochschulen und an Universitäten

Die Akademisierung der Lehrerbildung setzte dann endlich nach 1945 ein, allerdings über die ersten Jahrzehnte hinweg außerhalb der Universität. Universitären Status hatte allein die Ausbildung zum Gymnasiallehrer, die sich fachwissenschaftlich verstand. Die wesentlich stärker pädagogisch und didaktisch akzentuierte Ausbildung zum Volksschullehrer wurde an den ab 1945 entstehenden *Pädagogischen Hochschulen* (PH) durchgeführt. Als eine sehr frühe Gründung gilt die PH Oldenburg, die bereits im Jahre 1945 ihre Pforten öffnete. Zunächst wiesen die Pädagogischen Hochschulen nur den Status einer Fachhochschule auf, da sie kein wissenschaftliches Vollstudium anboten – das Lehramtsstudium dauerte nur 6 Semester zuzüglich eines Prüfungssemesters – und kein Promotions- und schon gar kein Habilitationsrecht besaßen. Dies änderte sich jedoch im Laufe ihrer Entwicklung. In den späten 1960er Jahren wurde mit dem Studiengang „Diplom Erziehungswissenschaft" (Dipl.-Päd.) ein wissenschaftlich vollwertiger Studiengang eingerichtet. Mit der Zusprechung des Promotionsrechts und schließlich auch des Habilitationsrechts erreichten die Pädagogischen Hochschulen als Wissenschaftliche Hochschulen schließlich formal universitären Rang. Wie immer in der kulturföderativen Bundesrepublik verliefen auch diese Entwicklungen auf der Ebene der Bundesländer teilweise sehr unterschiedlich. So erfolgte in dem Stadtstaat Hamburg eine frühe Integration der Lehrerbildung in die Universität, Bremen folgte diesem Beispiel bei der Gründung seiner Universität. In Nordrhein-Westfalen und in Niedersachsen beispielsweise emanzipierten sich die Pädagogischen Hochschulen wissenschaftlich ebenfalls recht bald, blieben aber eigenständige Einrichtungen. In Bayern hingegen blieben die Pädagogischen Hochschulen noch konfessionell rückgebunden, und Baden-Württemberg überwand die seminaristische Lehrerausbildung erst deutlich nach 1945 (vgl. Stock 1964). In den 1990er Jahren erfolgte bundesweit eine Integration der Pädagogischen Hochschulen und damit der Lehrerbildung für das Grund- und Hauptschullehramt, für das Realschullehramt und für das Sonderschullehramt in die *Universitäten*. Auch hier gab es wieder kulturföderative Unterschiede. Im Bundesland Baden-Württemberg etwa hat diese Integration bis heute nicht stattgefunden. Allein die Ausbildung zum Lehramt an Gymnasien hat hier universitäre Weihe, alle andern Lehrämter des allgemeinbildenden Schulwesens sind nach wie vor an den Pädagogischen Hochschulen beheimatet, deren Standorte sich nicht immer im großstädtischen Bereich befinden (z. B. Schwäbisch Gmünd, Weingarten).

2.1 Grundschulpädagogik und Grundschuldidaktik an deutschen Universitäten

Ein weiterer Differenzierungsprozess fand mit der Herausbildung der *Grundschulpädagogik und Grundschuldidaktik als selbstständige wissenschaftliche Disziplin* statt. Die erste Professur für Grundschulpädagogik wurde an der Universität Frankfurt am Main im Jahre 1966 eingerichtet und mit Erwin Schwartz (1916-2003) besetzt, der vor allem bildungspolitisch aktiv war und auf dieser Ebene seine unhintergehbare Wirksamkeit entfaltete und wesentlich dafür sorgte, dass Grundschulpädagogik und Grundschuldidaktik heutzutage unverzichtbarer Bestandteil einer Universität sind, sofern diese Lehrerbildung betreibt. Mit Ilse Lichtenstein-Rother (1917-1991) kam es an der Universität Augsburg im Jahre 1973 zur Besetzung der zweiten Professur für Grundschulpädagogik und Grundschuldidaktik. Lichtenstein-Rother kommt das Verdienst einer wissenschaftlichen Profilgebung der Grundschulpädagogik zu (vgl. Einsiedler 2012). Mit der Einrichtung von Professuren für Grundschulpädagogik kam es auch zu einer konzeptionellen Stärkung der Didaktik des Sachunterrichts, auch wenn diese zunächst an den Universitäten überhaupt nicht vertreten war. Beide grundschulpädagogische Protagonisten der ersten Stunde – Schwartz und Lichtenstein-Rother – lieferten auch wichtige Beiträge zum Sachunterricht (vgl. z. B. Schwartz 1977 und Lichtenstein-Rother 1961). Dessen universitäre Verortung erfolgte jedoch erst ab 1980 mit der Einrichtung erster Professuren für Didaktik des Sachunterrichts.

2.2 Studium der Heimatkunde und des Sachunterrichts

Das Vorläuferfach des Sachunterrichts war Heimatkunde. Die Ausbildung zum Grund- und Hauptschullehramt erfolgte in den ersten Jahrzehnten der Bundesrepublik Deutschland an den Pädagogischen Hochschulen. Hier wurde dann auch für das Fach Heimatkunde vorbereitet. Heimatkunde war aber keine selbstständige Disziplin und wurde meist unter dem *Dach der Geographie* angesiedelt.
Der Hochschulstandort des Verfassers ist die Universität Hildesheim. Die Universität Hildesheim hat eine für die Entwicklung der Lehrerbildung klassische Genese hinter sich. Das Vorläuferinstitut, die Pädagogische Hochschule Alfeld, wurde 1946 an einem kleinstädtischen Standort gegründet, ganz nach dem gängigen Muster, Universitäten in Großstädten und Pädagogische Hochschulen in ländlichen Kleinstädten anzusiedeln. 1970 erfolgte die Verlegung an den neu gebauten Standort nach Hildesheim. Dort entwickelte sich die Pädagogische Hochschule zu einer Wissenschaftlichen Hochschule mit den entsprechenden Rechten und schließlich, einhergehend mit einem deutlichen Ausbau der Studienmöglichkeiten, erfolgte die Erweiterung zu einer Universität. Lehrerbildung blieb gleichwohl immer zentral.
In den Vorlesungsverzeichnissen (Vorlesungsverzeichnisse der Hochschulstandorte Alfeld und Hildesheim 1950 ff.) zu diesen verschiedenen Einrichtungen lässt sich nun exemplarisch die Ausbildung in der Heimatkunde und später im Sachunterricht nachzeichnen. Um es gleich vorweg zu sagen: die Ausbildung in der Heimatkunde war eine denkbar randständige gewesen. Das Angebot an Lehrveranstaltungen blieb während der ganzen PH-Zeit sehr schmal. Heimatkunde wurde von der Didaktik der Geographie gleichsam mitverwaltet. Eine eigenständige Stellung des Faches gab es nicht, *eine Professur für Heimatkunde schon gar nicht*. Typische Lehrangebote – meist nur im Umfang von einer Semesterwochenstunde – waren: „Die Unterrichtsgestaltung der Heimat- und Vaterlandskunde" (Wintersemester 1950/ 51), „Heimatkundliche Exkursionen" (Sommersemester 1951), „Heimat- und erdkundliches Schaffen (Methodische Einführung)" (Wintersemester 1951/ 52) oder „Heimatkunde und Heimatprinzip in der Volksschul-Erdkunde" (Wintersemester 1959/ 60). Leicht lassen sich zeittypische Zuordnungen aus den Titeln interpretieren: Raumerschließung in *konzentrischen Kreisen*, *Arbeitsschulpädagogik* als reformpädagogischer Anklang, Methodenorientierung im Sinne einer *Methodenlehre* und *volkstümliche Bildung*. Diese Zuschreibungen lassen sich auch für andere Regionen der damaligen Bundesrepublik nachweisen. Inhaltliche Schwerpunkte der Ausbildung an der PH Dortmund etwa waren desgleichen ein allmähliches Voranschreiten bei der Raumerkundung, arbeitsunterrichtliche Prinzipien, ein deutlicher Methodenbezug (Beobachten, Erwandern, Sammeln, Erfragen werden explizit genannt) und volkstümliche Bildungsarbeit (vgl. Dege 1964). Ebenso wird festgestellt, dass der Ausbildungsumfang in der

Heimatkunde viel zu gering sei und dass die Einrichtung einer eigenen Professur für Heimatkunde fehle (vgl. ebd.).

In der zweiten Hälfte der 1960er Jahre wuchs die Kritik an der Heimatkunde, da sie sich im Kern als unmodern, rückwärtsgewandt und unwissenschaftlich erwiesen hatte. Im Zuge der Bildungsreform der 1970er Jahre wurde sie dann auch abgeschafft und durch den neuen Sachunterricht ersetzt, der – erstmals in der Grundschule – ausdrücklich naturwissenschaftliche Bezüge aufzeigte. Offenkundig führte dieser Wandel zu einer Verunsicherung, die sich im Hochschulangebot darin ausformte, dass ab Ende der 1960er Jahre Lehrangebote zur Heimatkunde, die ja ohnehin spärlich genug waren, ganz verschwanden. Andererseits gab es aber auch keine Angebote zu dem neuen Sachunterricht. Es entstand eine *hochschulmäßige Anschlusslücke* von der Heimatkunde zum Sachunterricht, die bis zur Einrichtung der ersten Professuren für Didaktik des Sachunterrichts im Jahre 1980 andauerte.

Diese *hochschulmäßige Anschlusslücke* nahm demnach einen Zeitraum von gut 10 Jahren ein. Dann nahm die Didaktik des Sachunterrichts jedoch Fahrt auf. Seitdem kann sie als selbstständige Disziplin studiert werden. Dabei bleiben bestimmte Grundprobleme als ständige Entwicklungsaufgaben der Didaktik des Sachunterrichts bestehen. Diese sind vor allem die Frage nach der Bedeutung des Fachbezuges etwa in Hinblick auf den Sekundarbereich mit all seinen Realienfächern (z. B. Biologie, Physik, Geschichte usw.) und die Frage nach der angemessenen Bearbeitung interdisziplinärer Aufgaben im Sachunterricht, wie etwa Sexualerziehung, Bildung für nachhaltige Entwicklung, Mobilitätsbildung usw.

In der heutigen Bachelor- und Masterstruktur auch des Lehramtsstudiums ist die Situation für den Sachunterricht ambivalent. Im 6-semestrigen Bachelor-Studium hat er in Bezug auf das von den Studierenden zu wählende Sachfach aus dem Sekundarstufenprospekt eher eine dienstleistende Funktion. In dem im Aufbau befindlichen 4-semestrigen Master-Studium bekommt er hingegen eine deutlich stärkere Position und erhöhte Autonomie, da hier *Didaktik des Sachunterrichts als eigenständige wissenschaftliche Disziplin* zu belegen ist. Insgesamt wird das Studium des Grundschullehramts in seiner wissenschaftlichen Reputation durch den 10-semestrigen Studiengang (Bachelor und Master) deutlich aufgewertet und in den Rang voller Wissenschaftlichkeit gehoben. Damit hat das Lehramt an Grundschulen und mit ihm die Didaktik des Sachunterrichts einen Professionalisierungsgrad erreicht, der dem des Gymnasiallehramts, was das Studium betrifft, gleichkommt.

3 Lehrerbildung in der DDR

Nach der flächendeckenden Einführung der zehnklassigen Polytechnischen Oberschule (POS), die 1965 ihren Abschluss fand, wurde diese in Stufen strukturiert: Klasse 1-3 Unterstufe, Klasse 4-7 Mittelstufe, Klasse 8-10 Oberstufe. In der Lehrerausbildung kannte das System der DDR *zwei Arten von Lehrern*. Die *Lehrer für die Unterstufe* und Klasse 4 waren die sogenannten Unterstufenlehrer, die universitätsfern an *Instituten für Lehrerbildung* (IfL) ausgebildet wurden, zusammen mit den Erzieherinnen des Kindergartens und des Horts. Der Zugang erfolgte über den POS-Abschluss, also ohne Abitur. Die anderen Lehrer wurden an Pädagogischen Hochschulen, die rangmäßig universitär waren, nach dem Abitur, das den Besuch einer *Erweiterten Oberschule* (EOS) zur Voraussetzung hatte, zu sogenannten Diplom-Lehrern ausgebildet. Der Unterstufenlehrer, der in den meisten Fällen natürlich eine Unterstufenlehrerin war, war statusmäßig dadurch deutlich unterhalb der Mittel- und Oberstufenlehrer angesiedelt (vgl. Wiegmann 2012). Also eine klare Zweiklassigkeit in einer vorgeblich klassenlosen Gesellschaft.

Tendenziell hatte die Unterstufe den sich anschließenden Schulstufen der POS zuzuarbeiten. Im Mittelpunkt ihrer inhaltlichen Arbeit standen daher die üblichen Kulturtechniken Lesen, Schreiben und Rechnen. Heimatkunde – so die durchgängige Bezeichnung des Sachlernens in den ersten vier Schuljahren der POS – wurde eigens gar nicht ausgewiesen und dem Deutschunterricht zugeschlagen (vgl. Das Bildungswesen der DDR 1987). In der Schulpraxis hatte Heimatkunde de facto den Status eines Faches mit eigenständigen Lehrbüchern, Unterrichtsmaterialien und Unterrichtshilfen. In der Ausbildung der IfL-Lehrer war Heimatkunde als Wahlfach neben einer obligatorischen Ausbildung in Deutsch und Mathematik angesiedelt (vgl. Giest/ Wittkowske 2007). Die Regelung der Inhaltlichkeit des schulischen Lernens wurde in der DDR über die Lehrpläne, die einen sehr hohen Verbindlichkeitsanspruch hatten, bewerkstelligt (vgl. Wiegmann 2012). In der Heimatkunde dominierten die politische Erziehung, Themen aus der Arbeitswelt und naturkundliche Themen unter besonderer Berücksichtigung der Nützlichkeitserwägungen in Bezug auf gesellschaftrliche Erfordernisse. Die ideologische Erziehung überwog, wie insgesamt im Bildungswesen der DDR, so auch in der Heimatkunde, die in zwei Teillehrgänge aufgegliedert war (Einführung in das gesellschaftliche Leben/ Kenntnisse über die Natur und Naturbeobachtungen). In den Klassenstufen 3 und 4 hatte die Heimatkunde vor allem eine propädeutische Funktion (Geschichte, Geographie und Biologie) zu erfüllen.

Mit dem Ende der DDR und ihrem Beitritt zum Geltungsbereich des bundesdeutschen Grundgesetzes wurden für das Bildungswesen weitgehend die westdeutschen Strukturen übernommen. Dadurch kam es auch hier zur *Installierung des Sachunterrichts* in der Grundschule und zur Schaffung grundschulpädagogischer Institute oder Lehrstühle an den Universitäten, die – meist auf Mitarbeiterebene – auch das Studium der Didaktik des Sachunterrichts verantworten.

Literatur

Das Bildungswesen der DDR. Informationen über Ziele, Inhalte, Ergebnisse. Redaktion „Aus erster Hand". Berlin, Dresden 1987.

Dege, W. (1964): Heimat- und Weltkunde an der Pädagogischen Hochschule Dortmund – Möglichkeiten und Grenzen – In: Pädagogische Hochschule Dortmund (Hrsg.): Die Pädagogische Hochschule. Struktur und Aufgaben. Ratingen bei Düsseldorf, S. 345-355.

Einsiedler, W. (2012): Die Entwicklung der Grundschulpädagogik als wissenschaftliche Disziplin in der Nachkriegszeit. In: Einsiedler, W.; Götz, M.; Ritzi, Ch.; Wiegmann, U. (Hrsg.): Grundschule im historischen Prozess. Zur Entwicklung von Bildungsprogramm, Institution und Disziplin in Deutschland. Bad Heilbrunn, S. 73-95.

Giest, H.; Wittkowske, S. (2007): Heimatkunde in der DDR. In: Kahlert, J., Fölling-Albers, M.; Götz, M.; Hartinger, A.; v.Reeken, D.; Wittkowske, S. (Hrsg.): Handbuch Didaktik des Sachunterrichts. Bad Heilbrunn.

Hesse, A. (1995): Die Professoren und Dozenten der preußischen Pädagogischen Akademien (1926-1933) und Hochschulen für Lehrerbildung (1933-1941). Weinheim.

Lichtenstein-Rother, I. (1961[4]): Schulanfang. Ein Beitrag zur Arbeit in den ersten beiden Schuljahren. Frankfurt am Main, Berlin, Bonn.

Sandfuchs, U. (1978): Universitäre Lehrerausbildung in der Weimarer Republik und im Dritten Reich: eine historisch-systematische Untersuchung am Beispiel der Lehrerausbildung an der Technischen Hochschule Braunschweig (1918-1940). Bad Heilbrunn.

Schwartz, E. (Hrsg.) (1977): Von der Heimatkunde zum Sachunterricht. Prinzipien und Beispiele. Braunschweig.

Stock, H. (1964): Pädagogische Hochschule und Universität. Bedingungen und Möglichkeiten einer künftigen Lehrerbildung. Weinheim an der Bergstraße.

Terhart, E. (2011): Grundschularbeit als Beruf. In: Einsiedler, W.; Götz, M.; Hartinger, A.; Heinzel, F.; Kahlert, J.; Sandfuchs, U. (Hrsg.): Handbuch Grundschulpädagogik und Grundschuldidaktik. Bad Heilbrunn, S. 128-138.

Thomas, B. (2012): Der lange Weg der Frauen in den Lehrberuf – von der Exotik zur Dominanz. In: Hastedt, S.; Lange, S. (Hrsg.): Männer und Grundschullehramt. Diskurse, Erkenntnisse, Perspektiven. Wiesbaden, S. 31-43.

Vorlesungsverzeichnisse der Hochschulstandorte Alfeld und Hildesheim seit 1950. Standort: Bibliothek Universität Hildesheim. Signatur Z INF: P 14.

Wiegmann, U. (2012): Zur Geschichte der Unterstufenpädagogik in der DDR. Ein Aufriss ihrer Entwicklung bis 1989. In: Einsiedler, W.; Götz, M.; Ritzi, Ch.; Wiegmann, U. (Hrsg.): Grundschule im historischen Prozess. Zur Entwicklung von Bildungsprogramm, Institution und Disziplin in Deutschland. Bad Heilbrunn, S. 119-159.

Eva Gläser und Claudia Schomaker

Zur aktuellen Situation sachunterrichtsbezogener Studiengänge in den Bundesländern

Das Studium des Faches Sachunterricht wurde im Zuge der Bologna-Reform von 1999 an allen universitären Standorten der Bundesrepublik Deutschland neu strukturiert. Die unterschiedlichen Entwicklungen in den einzelnen Bundesländern zur Etablierung der Grundschulpädagogik und -didaktik in den vergangenen Jahren (vgl. hierzu den Beitrag von Thomas zur historischen Entwicklung der sachunterrichtsbezogenen Ausbildung für das Grundschullehramt in diesem Band) führten dazu, dass das Studium des Faches Sachunterrichts auf sehr unterschiedliche Weise ausgestaltet wurde. Ein Ziel des Bologna-Prozesses, Studierenden den Wechsel zwischen einzelnen Hochschulen zu erleichtern, indem Studienstrukturen vereinheitlicht werden sollten, trifft auch für dic Neustrukturierungsmaßnahmen des Faches Sachunterricht nur bedingt zu. Die aktuelle Situation sachunterrichtsbezogener Studiengänge in den Bundesländern der Bundesrepublik Deutschland ist in vielfacher Weise äußerst heterogen. Insgesamt kann für alle Standorte eine massive Umgestaltung der Studiensituation des Faches in den vergangenen Jahren festgestellt werden. Ein Beispiel hierfür ist die Einführung des viersemestrigen Masterstudiengangs für das Lehramt an Grundschulen (z.B. in Niedersachsen, Thüringen und Nordrhein-Westfalen), zudem ist in diesen Prozess die Etablierung eines so genannten neu konzipierten Praxissemesters integriert.

1 Unterschiedliche Studienorte und Studienprofile

In Deutschland gibt es zurzeit insgesamt 427 Hochschulen, davon sind 108 Universitäten und sechs Pädagogische Hochschulen (vgl. destatis 2013). Die Didaktik des Sachunterrichts wird in rund einem Drittel aller Universitäten bundesweit und in allen sechs Pädagogischen Hochschulen des Landes Baden-Württemberg gelehrt. Allein in Bayern und in Nordrhein-Westfalen gibt es acht Studienstandorte mit dem Fach Sachunterricht, in Niedersachsen sechs, in Baden-Württemberg sechs und in Hessen drei, in allen anderen Bundesländern sind maximal 1 oder

2 Standorte vertreten (beispielsweise Berlin und Sachsen je 2 Standorte; Bremen, Hamburg und Schleswig-Holstein je 1 Standort).
Da das Fach Sachunterricht als wissenschaftliche Disziplin keine dominante Bezugswissenschaft hat (Richter 2005, S. 16), die im Hinblick auf das Unterrichtsfach gewisse Orientierungen in Bezug auf Ziele und Inhalte gibt, ist die universitäre Anbindung des Faches an den Standorten der Bundesrepublik sehr verschieden. An vielen Standorten (unter anderem in Bayern) ist das Fach Sachunterricht Teil der Fachdisziplin Grundschulpädagogik und ist hier an die Professur für Grundschulpädagogik/-didaktik angebunden. Beispielsweise beinhaltet an der Universität Augsburg „der Bereich Grundschulpädagogik und -didaktik auch Schriftspracherwerb und Sachunterricht". In anderen Bundesländern hingegen ist die Didaktik des Sachunterrichts ein Bestandteil der Natur- oder Sozialwissenschaften. Beispielsweise gibt es in Nordrhein-Westfalen je eine Professur für Sachunterricht für die Natur-und die Gesellschaftswissenschaften. In anderen Bundesländern ist die Fachdidaktik teilweise auch in die Erziehungswissenschaften bzw. die Pädagogik/Sonderpädagogik eingegliedert. Keine inhaltliche Trennung erfährt dagegen das Fach beispielsweise an den Universitäten in Niedersachsen, denn hier sind innerhalb des Studienfaches sowohl die Natur- als auch die Gesellschaftswissenschaften integriert.
Die Neustrukturierung im Zuge des Bologna-Prozesses hat an einigen Studienstandorten auch zu weiteren inhaltlichen Veränderungen geführt. So sind beispielsweise gemeinsame Lehrveranstaltungen mit Studierenden des Elementarbereichs Bestandteil einzelner Module (z.B. an der Universität Bremen) und berücksichtigen damit die aktuelle Diskussion um elementares Sachlernen. Der Übergang vom Elementar- in den Primarbereich aus der Perspektive des Sachunterrichts wird durch Kooperationen mit Institutionen des Elementarbereichs und Grundschulen im Studium an zahlreichen Standorten thematisiert. Auch die aktuell diskutierte Perspektive der Inklusion führte dazu, dass inhaltliche Schwerpunkte wie heterogene Lernvoraussetzungen von Schülerinnen und Schülern vor allem in Bezug auf Alter, Geschlecht, Herkunft, kognitive und emotionale Voraussetzungen in die Modulstruktur aufgenommen wurden.

2 Unterschiedliche Studienstrukturen bundesweit

Nicht nur die unterschiedliche disziplinäre Zuordnung innerhalb der Universitäten bzw. Pädagogischen Hochschulen unterscheidet bzw. prägt das Studium der Fachdidaktik Sachunterricht. Auch der Umfang der sachunterrichtsspezifischen Anteile im Studium für das Lehramt an Grund- bzw. Förderschulen ist different und damit bedeutsam für die Ausbildungssituation. Der Studienanteil variiert

bundesweit zwischen 9 und 60 Leistungspunkte (LP) in den Studienordnungen. Hinzu kommt, dass das Fach Sachunterricht nicht in allen Bundesländern für das Lehramt an Förderschulen studiert werden kann (z.B. in Berlin, Thüringen). Sachunterricht wird dabei als eigenständiges Unterrichtsfach (z.B. Hessen, Niedersachsen, Nordrhein-Westfalen) mit u.a. Bezugsfächern (z.B. in Hessen, Niedersachsen, Nordrhein-Westfalen, Schleswig-Holstein) oder als Lernbereich (z.B. Hamburg, Bayern, Saarland) ausgewiesen, der an die Grundschulpädagogik angebunden ist. In sechs Bundesländern wird das Studium des Faches mit dem Ersten Staatsexamen abgeschlossen (Sachsen-Anhalt, Sachsen, Hessen, Saarland, Bayern und Baden-Württemberg) in den anderen neun Bundesländern mit dem BA- bzw. MA-Abschluss. Aufgrund des Umfangs der jeweiligen sachunterrichtsspezifischen Anteile im Studium ist an einigen Standorten bzw. Bundesländern die Einbindung von Praktika vorgesehen (u.a. Hessen/Kassel, Niedersachsen, Saarland, Hamburg), an vielen Standorten sind derartige unterrichtspraktische Elemente im Studium nicht implementiert.
Festzuhalten ist zudem, dass die überwiegende Mehrzahl der Standorte über besondere hochschuldidaktische Ausstattungsmerkmale wie Lernwerkstätten, Freilandlabore, Schulgärten u. ä. verfügt, um grundlegende Prinzipien sachunterrichtlichen Lernens auch im Rahmen des Studiums abbilden zu können.
Die Auseinandersetzung vor dem Hintergrund aktueller Entwicklungen verdeutlicht die heterogene Situation des Studienfaches Sachunterricht. Wenngleich aktuelle Entwicklungen in einigen Bundesländern dazu führen (u.a. Schleswig-Holstein, Niedersachsen, Nordrhein-Westfalen, Berlin), dass das Studium der Grundschulpädagogik und -didaktik durch die Ausweitung des Masterstudiums auf vier Semester aufgewertet wird, bleibt die Situation in anderen Bundesländern bedenklich. Denn aktuelle Studien heben deutlich den engen Zusammenhang zwischen einer fachwissenschaftlich und fachdidaktisch gut ausgebildeten Lehrkraft und erfolgreichem, gutem (Fach-)Unterricht hervor (Blömeke/ König 2011, Blömeke et al. 2011) und unterstreichen damit die Notwendigkeit, auch das Studium des Faches Sachunterricht in einem solchen Umfang zu gewährleisten, dass zukünftige Sachunterrichtslehrkräfte fachlich angemessen ausgebildet werden.

3 Exemplarischer Einblick in das Studium des Faches Sachunterricht im Bundesland Bayern

Das Studium des Faches Sachunterricht ist eingebunden in das Studium für das Lehramt an Grundschulen, das sich aus einem erziehungswissenschaftlichen Teil, dem Studium eines Unterrichtsfaches sowie dem Studium der Didaktik der Grundschule (das neben dem Studium der Grundschulpädagogik auch drei

Didaktikfächer umfasst wie Deutsch, Mathematik und ein musisches Fach) zusammensetzt. Das Fach Sachunterricht kann hier nicht als eigenständiges Unterrichtsfach studiert werden, sondern ist in das Studium des fächerübergreifenden Bereichs der Grundschuldidaktik eingebettet, zu dem auch die Didaktik des Schriftspracherwerbs zählt. Dieser Bereich wird von den Lehrstühlen für Grundschulpädagogik und -didaktik versorgt. Zu den Unterrichtsfächern, die für das Lehramt an Grundschulen studiert werden können, zählen Biologie, Chemie, Deutsch, Deutsch als Zweitsprache, Englisch, Erdkunde, Geschichte, Kunst, Mathematik, Musik, Physik, Evangelische und Katholische Religionslehre, Sozialkunde, Schulpsychologie und Sport (nicht an allen Hochschulstandorten können jedoch alle benannten Unterrichtsfächer studiert werden, hier unterscheiden sich die Standort in ihren jeweiligen Angeboten voneinander). Das Studium für das Lehramt an Grundschulen kann an acht Hochschulstandorten Bayerns absolviert werden (vgl. Darstellung zum Studium Lehramt an Grundschulen des Kultusministeriums in Bayern). An den Standorten München und Würzburg gibt es zudem die Möglichkeit, ein Studium für das Lehramt an Förderschulen zu absolvieren. Neben dem Studium einer sonderpädagogischen Fachrichtung und erziehungswissenschaftlichen Anteilen erfolgt auch das Studium der Didaktik der Grundschule (hier ist dann das Studium des Faches Sachunterricht möglich) bzw. einer Fächergruppe der Hauptschule und das eines Unterrichtsfaches.

Da das Studium des Faches Sachunterricht in den Lernbereich der Grundschuldidaktik eingebettet ist, sind alle zukünftigen Lehrkräfte an Grundschulen und an Förderschulen, die sich für den Bereich der Primarstufe entscheiden, dazu verpflichtet, übergreifende Sachunterrichtsveranstaltungen zu belegen. Neben den ebenfalls verbindlich zu absolvierenden weiteren Didaktikfächern wie u.a. Deutsch, Mathematik, Kunst, Sport bzw. Bezugsfächern des Sachunterrichts, wie u.a. Geschichte, Sozialkunde, Biologie, Chemie, Physik, Erdkunde, setzen sich daher alle Studierenden für das Lehramt an Grundschulen und an Förderschulen (Schwerpunkt Primarbereich) mit grundlegenden Einsichten in das Fach auseinander. Wird ein Bezugsfach des Sachunterrichts als Unterrichtsfach gewählt, erfolgt in Ergänzung zu den verpflichtenden Sachunterrichtsveranstaltungen aus dem Bereich der Grundschulpädagogik und -didaktik hier eine vertiefte Auseinandersetzung mit einer Perspektive des Sachunterrichts.

4 Exemplarischer Einblick in das Studium des Faches Sachunterricht im Bundesland Niedersachsen

Sachunterricht kann für den Abschluss Lehramt an Grundschulen bzw. Förderschulen als eines von zwei eigenständigen Studienfächern gewählt werden. Da für die Fächerkombination der beiden zu wählenden Studienfächer festgelegt ist, dass eines hiervon Mathematik, Deutsch oder Englisch sein muss, kann Sachunterricht zurzeit nur mit diesen drei Pflichtfächern kombiniert werden. Innerhalb des Studienfaches Sachunterricht ist ein Bezugsfach integriert, damit Studierende sich mit einer spezifischen Wissenschaftsdisziplin vertieft auseinander setzen. Die zu wählenden Bezugsfächer für das Studienfach Sachunterricht sind in den niedersächsischen Universitäten nicht einheitlich vertreten. Es kann je nach Standort Biologie, Chemie, Geschichte, Geografie, Politikwissenschaft, Physik, Arbeit und Wirtschaft, Technik oder Ökonomische Bildung gewählt werden. Die curriculare Gewichtung des Bezugsfaches innerhalb des Studienfaches Sachunterricht ist in Niedersachsen unterschiedlich. Das Bachelorstudium hat eine Regelstudienzeit von sechs Semestern mit insgesamt 180 Creditpoints bzw. Leistungspunkten. Ein CP bzw. LP entspricht rund 30 Arbeitsstunden. Der sich an das Bachelorstudium anschließende weitere Studiengang Master of Education Grund- und Hauptschule (Schwerpunkt Grundschule) und Sonderpädagogik wird ab dem Wintersemester 14/15 erstmals vier Semester umfassen. Darin eingebunden wird ein 5-monatiger Praxisblock (Beginn jeweils im Februar) sein. Der Master hat insgesamt 120 CP bzw. LP, insgesamt umfasst das Bachelor- und Masterstudium somit 300 CP bzw. LP. Das Studium für das Lehramt an Grundschulen wird an fünf Hochschulstandorten in Niedersachsen angeboten (Hildesheim, Lüneburg, Oldenburg, Osnabrück, Vechta). Lediglich an den Standorten Oldenburg und Hannover gibt es die Möglichkeit, ein Studium für das Lehramt an Förderschulen zu absolvieren.

5 Landesübergreifende Kooperationen und Kommunikation

Die GDSU-Landesbeauftragten, die sich als Gruppe im Jahr 2006 konstituierten, treffen sich jährlich im Rahmen der jeweiligen Jahrestagung, um die aktuellen und zukünftigen Entwicklungen an den unterschiedlichen Standorten auch bundesweit kontinuierlich in den Blick zu nehmen und diese zu diskutieren. Die GDSU versteht die Aufgabe der Landesbeauftragten als „Intensivierung und Verstetigung der länderübergreifenden Kommunikation und Kooperation mit Blick auf die Entwicklung des Sachunterrichts in Schule, Aus-, Fortbildung und Wissenschaft, die Schaffung von Bedingungen für eine Einflussnahme auf Entwicklungen in den einzelnen Bundesländern im Vorfeld von ministeriellen Entscheidungen und die Entwicklung eines Serviceangebots bezogen auf das Verfügbarmachen von Informationen über (positive wie negative) Entwicklungstendenzen des Sachunterrichts in den einzelnen Bundesländern für die Mitglieder der GDSU sowie insgesamt die interessierte Öffentlichkeit“ (vgl. Darstellung auf Homepage der GDSU). Die Bedingungen zur Studiensituation des Faches Sachunterricht an den Pädagogischen Hochschulen und Universitäten sowie die Ausbildungssituation in der zweiten Phase werden in diesem Zusammenhang dokumentiert und z. T. auf der Homepage der GDSU veröffentlicht.

Die nachstehenden Schwerpunkte werden daher die Diskussion um die zukünftige Situation der sachunterrichtsbezogenen Studiengänge in der Bundesrepublik in den nächsten Jahren bestimmen:

- Entwicklung von Mindeststandards für die Lehrerbildung Sachunterricht
- Entwicklung eines auf das Fach bezogenen Professionsverständnisses
- Möglichkeiten der Förderung des wissenschaftlichen Nachwuchses
- Einführung des Praxissemesters und Ausweitung des Masterstudienganges auf 4 Semester für das Lehramt an Grundschulen
- Frage nach der gegenseitigen Anerkennung von Studienleistungen im Hinblick auf das Referendariat

Im Sinne der Zielsetzungen des Arbeitsgremiums der Landesbeauftragten der GDSU ist somit auch als zentrale Aufgabe die Erarbeitung eines grundlegenden Fachverständnisses mit dem Ziel der Formulierung von Mindeststandards für die Lehrerbildung Sachunterricht in den Blick genommen worden. Die Etablierung des Studienfaches Sachunterricht sowohl an den Universitäten als auch an den Pädagogischen Hochschulen soll dadurch verstetigt und sichergestellt und somit die Ausbildung zu vergleichbaren Qualifikationen geführt werden.

Literatur

Blömeke, S.; König, J. (2011): Zum Zusammenhang von Ausbildungsformen, -inhalten und -methoden mit dem erworbenen pädagogischen Professionswissen von Grundschullehrkräften. In: Zeitschrift für Grundschulforschung, 4 (2011) 1, S. 33-46.

Blömeke, S.; Bremerich-Vos, A.; Haudeck, H.; Kaiser, G.; Nold, G.; Schwippert, K.; Willenberg, H. (Hrsg.) (2011): Kompetenzen von Lehramtsstudierenden in gering strukturierten Domänen. Erste Ergebnisse aus TEDS-LT. Münster u.a.

Richter, D. (2005): Sachunterricht – Ziele und Inhalte. Ein Lehr- und Studienbuch zur Didaktik. Baltmannsweiler.

DESTATIS. Statistisches Bundesamt. URL: www.destatis.de/DE/ZahlenFakten/GesellschaftStaat/BildungForschungKultur/Hochschulen/Tabellen/HochschulenHochschularten.html [01.05.2013]

Darstellung zum Studium Lehramt an Grundschulen des Kultusministeriums in Bayern. URL: www.km.bayern.de/lehrer/lehrerausbildung/grundschule/studium.html [27.10.2013]

Bernd Thomas

Zur Geschichte der Wissenschaftsdisziplin Didaktik des Sachunterrichts

Didaktik des Sachunterrichts ist eine sehr junge universitäre Disziplin. Selbst das Schulfach Sachunterricht weist noch keine besonders lange Tradition auf, wenn dessen Beginn mit den Jahren 1969 und 1970 angesetzt wird. Der *Frankfurter Grundschulkongress 1969* zur Feier des 50jährigen Jubiläums der Grundschule und der *Strukturplan für das Bildungswesen*, den der Deutsche Bildungsrat 1970 vorlegte, sind dabei als die entsprechenden Ereignisse zu nennen (vgl. Thomas 2009). Damit war das Schulfach Sachunterricht in Ablösung der überkommenen Heimatkunde als das Fach an der Grundschule eingerichtet, dem von nun an die Zentrierung des Realienwissens zukam und bis heute zukommt. Darüber hinaus war es das Schulfach, an dem die Bildungsreform der 1970er Jahre für den Bereich der Grundschule am stärksten abzulesen war. Die Reformchiffre *Wissenschafts-orientierung* formte sich in diesem neuen Grundschulfach am deutlichsten aus, indem etwa die Naturwissenschaften unhintergehbar Eingang in das schulische Lernangebot bereits für Kinder im Grundschulalter fanden.
Die Lehrerschaft, die dieses neue Grundschulfach unterrichten sollte, hatte darin jedoch keine Ausbildung. Die Lehrerinnen und Lehrer hatten bisher Heimatkunde gegeben und mussten nun nolens volens diesen neuen Sachunterricht erteilen und sehen, wie sie damit zurecht kamen. Hilfestellung boten dabei nur die Lehrpläne, Fachliteratur und Fortbildungsangebote. Universitäre Zurüstung in Form geregelter Studiengänge im Rahmen der Lehrerbildung gab es noch nicht. Dieser Schwebezustand hielt nun eine ganze Weile an, denn es dauerte immerhin gut 10 Jahre, bevor es zur Einrichtung des Sachunterrichts als universitäre Disziplin kam. Sachunterricht ist damit ein weiteres Beispiel dafür, dass es immer wieder Schulfächer – beispielsweise die Geographie – gab, die keine universitären Entsprechungen hatten bzw. deren universitäre Bezugsdisziplin erst mit nicht geringer Verzögerung zur Einsetzung kam (vgl. Glöckel 2003).

1 Erste Professuren für Didaktik des Sachunterrichts

Endlich – mit gut zehnjähriger Verspätung – kam es 1980 zur Schaffung von Professuren für Didaktik des Sachunterrichts in der Bundesrepublik Deutschland. Vorreiter dabei war das Bundesland Niedersachsen, das die ersten Professuren mit der Denomination *Didaktik des Sachunterrichts* installierte. Im August 1980 wurde mit Walter Köhnlein bundesweit der *erste Professor für Didaktik des Sachunterrichts* berufen. Köhnlein erhielt den Ruf an die Wissenschaftliche Hochschule Hildesheim, der heutigen Universität Hildesheim. An dieser stellte und stellt die Lehrerbildung einen profilgebenden Schwerpunkt dar. Köhnlein kam von Bayern nach Niedersachsen. Vor seinem Ruf nach Hildesheim wirkte er an der Universität Bayreuth im Bereich Didaktik der Physik. Nach Köhnleins Berufung kam es in rascher Folge zu weiteren Besetzungen von Professuren für Didaktik des Sachunterrichts. In Hannover wurde Dietmar Bolscho berufen, in Lüneburg Wolf Engelhardt und Diethard Cech folgte in Vechta (vgl. Köhnlein 2011). Damit ist die Pioniergeneration von Professoren für Didaktik des Sachunterrichts des Premierenjahres 1980 genannt. Niedersachsen setzte sich, was die universitäre Entfaltung der Didaktik des Sachunterrichts angeht, mit dieser bildungspolitischen Offensive an die Spitze der damaligen Bundesrepublik. Es trug damit maßgeblich dazu bei, dass sich Didaktik des Sachunterrichts als wissenschaftliche Disziplin herausbilden konnte. Dieser bis heute progressiv andauernde Prozess fand in jenen Jahren seinen Anfang.

2 Zur Struktur der Didaktik des Sachunterrichts als wissenschaftliche Disziplin

Auch in weiterer Hinsicht waren diese niedersächsischen Professuren richtungsweisend. Ihr Zuschnitt war so angelegt, dass sie von Beginn an die ganze Breite des Sachunterrichts repräsentierten. Sachunterricht als Integrationsfach für die gesamte Palette der sich im Sekundarbereich entfaltenden einzelnen Sachfächer, wie Geschichte, Politik, Biologie oder Physik – um nur einige zu nennen – droht anlagegemäß ein Zerfall in mindestens zwei Lager: eines mit sozial- und gesellschaftswissenschaftlichen Bezügen auf der einen und eines mit naturwissenschaftlichen Bezügen auf der anderen Seite.
Dieser Sichtweise der „zwei Kulturen", wie sie Charles Percy Snow (1905-1980) vorgetragen hatte (vgl. Snow 1967), stellt sich die Sachunterrichtsdidaktik ihrem Selbstverständnis nach ausdrücklich entgegen. Im Sachunterricht geht es immer darum, die *Vielperspektivität* der zu bearbeitenden Gegenstände deutlich zu machen und nicht darum, irgendwelche Fachgrenzen nachzuzeichnen. Sachunter-

richt ist demzufolge integrativ zu denken, wobei sachgemäße Arbeits- und Deutungsweisen grundgelegt, angebahnt und entwickelt werden, die dann durchaus auch fachlichen Bezügen zugeordnet werden könnten. Auf diese Weise erhalten Kinder im Grundschulalter operative Mittel, um das Verständnis von Welt und Lebenswelt auf den Weg zu bringen. Sachunterricht kann daher als ein integrativ zugeschnittener „Quellbereich" (Köhnlein 1990, S. 117) für den späteren Fachunterricht bezeichnet werden, eine vorschnelle Zerlegung dieser Disziplin ist daher kontraproduktiv. Mit der Einrichtung von Professuren, die von vornherein die ganze Breite des Sachunterrichts zu vertreten hatten, wurde dieser Zerfall in „zwei Kulturen" hier glücklich vermieden.

3 Föderatives Durcheinander

Der bundesdeutsche Kulturföderalismus bringt es jedoch mit sich, dass von Einheitlichkeit hierzulande nicht die Rede sein kann. Was in Niedersachsen gedeihlich gelaufen ist, muss noch lange nicht überall so sein. Unterschiedliche Ausprägungen bestimmen bis heute das Bild, wenn es darum geht, wie Didaktik des Sachunterrichts universitär installiert worden ist. An einigen Beispielen soll diese Disparatheit im Folgenden aufgezeigt werden. In Nordrhein-Westfalen etwa zerfällt das Studium des Sachunterrichts von vornherein in die oben gekennzeichneten Bereiche der „zwei Kulturen". Die Studierenden wählen sich innerhalb ihres Studiums einen entsprechenden Schwerpunkt. Für Didaktik des Sachunterrichts zuständig sind dann Professuren, die einem dieser Schwerpunkte in ihrer Denomination zugeordnet werden oder Professuren aus den Fachdidaktiken. In Bayern ist die Konstruktion wieder eine andere; denn hier sind die zuständigen Lehrstühle mit der Denomination *Grundschulpädagogik und Grundschuldidaktik* versehen. Diesen Lehrstühlen zugeordnet ist dann oftmals eine subsidiäre Professur für *Grundschuldidaktik und Sachunterricht.* In Sachsen, das hier eine ähnliche Struktur wie Bayern aufweist, wird für den Sachunterricht nicht unbedingt eine eigene Professur vorgesehen, und der Aufgabenbereich ist einer wissenschaftlichen Mitarbeiterstelle zugeordnet.

Nochmals anders gelagert ist die Situation in Baden-Württemberg. Zum einen, weil in diesem Bundesland die Lehrerausbildung für das Lehramt an Grund- und Hauptschulen immer noch im Reservat der Pädagogischen Hochschulen stattfindet. Zum anderen ist die Lage hier insofern speziell, als es das Unterrichtsfach Sachunterricht in der Grundschule gar nicht gibt. Im Jahre 2004 wurde das Fach Sachunterricht abgeschafft und durch einen „Fächerverbund" ersetzt, der unter der Bezeichnung „Mensch, Natur und Kultur" teilweise von der Sache her auseinanderstrebende Bezüge gezwungenermaßen zusammenführt (vgl. Ministerium für

Kultus, Jugend und Sport Baden-Württemberg 2004, bes. S. 95-110). Lehramtsstudierende können Sachunterricht zwar studieren, auch bei Hochschullehrerinnen und -lehrern mit entsprechender Denomination. Die so ausgebildeten angehenden Lehrerinnen und Lehrer sollen dann in der Grundschule jedoch nicht nur den Schachunterricht in seiner ganzen Breite, sondern darüber hinaus auch die weiteren Aspekte des Fächerverbunds unterrichten.

4 Die wissenschaftliche Community

Angesichts dieser Heterogenität, die hier nur skizziert werden sollte, ist das einende Band einer wissenschaftlichen Gesellschaft von umso größerer Bedeutung. Für den Sachunterricht stellt dieses Band die *Gesellschaft für Didaktik des Sachunterrichts* (GDSU) dar, der es seit ihrer Gründung 1992 prosperierend gelingt, das wissenschaftliche Profil unserer jungen Disziplin zu entwickeln, auszubauen und zu schärfen. Vor allem die wissenschaftlichen Publikationsreihen „Probleme und Perspektiven des Sachunterrichts" und „Forschungen zur Didaktik des Sachunterrichts" haben daran großen Anteil. Auch der 2002 veröffentlichte „Perspektivrahmen Sachunterricht" gehört dazu. Diese Publikationsaktivitäten stehen in reger Wechselbeziehung zu Einzelpublikationen verschiedener GDSU-Mitglieder, die ihrerseits die Entwicklung der Didaktik des Sachunterrichts als wissenschaftliche Disziplin vorantreiben. Als ein Beispiel sei in diesem Zusammenhang das 2007 erschienene Werk „Handbuch Didaktik des Sachunterrichts" genannt, das vorläufig den „state of the art" erfasst und somit seinen disziplinbildenden Beitrag geleistet hat. Auch die Theoriebildung zur Didaktik des Sachunterrichts ist mit dem Buch „Sachunterricht und Bildung", das von Walter Köhnlein 2012 publiziert worden ist, ein erhebliches Stück voran gebracht worden. Und schließlich finden sich aktuelle Forschungsprojekte zur Didaktik des Sachunterrichts auch in dem grundschulpädagogischen Wissenschaftsperiodikum „Zeitschrift für Grundschulforschung" wieder, das seit 2008 erfolgreich von einem ambitionierten Kreis universitärer Grundschulpädagoginnen und -pädagogen herausgegeben wird. Unsere im akademischen Sinne noch junge Wissenschaft „Didaktik des Sachunterrichts" ist auf gutem, nicht leichtem Wege, sich in der heterogenen deutschen Hochschullandschaft einen gebührenden Platz zu verschaffen.

Literatur

Ministerium für Kultus, Jugend und Sport Baden-Württemberg (Hrsg.) (2004): Bildungsplan 2004. Grundschule. Stuttgart.

Glöckel, H. (2003[4]): Vom Unterricht. Lehrbuch der Allgemeinen Didaktik. Bad Heilbrunn.

Kahlert, J.; Fölling-Albers, M.; Götz, M. Hartinger, A.; Reeken, D. v.; Wittkowske, St. (Hrsg.) (2007): Handbuch Didaktik des Sachunterrichts. Bad Heilbrunn.

Köhnlein, W. (1990): Grundlegende Bildung und Curriculum des Sachunterrichts. In: Wittenbruch, W.; Sorger, P.: (Hrsg.): Allgemeinbildung in der Grundschule. Münster, S. 107-125.
Köhnlein, W. (2011): Sachunterricht als herausfordernde Aufgabe. In: Hempel, M.; Wittkowske, St. (Hrsg.): Entwicklungslinien Sachunterricht. Einblicke in die Geschichte einer Fachdidaktik. Bad Heilbrunn, S. 13-28.
Köhnlein, W. (2012): Sachunterricht und Bildung. Bad Heilbrunn.
Snow, Ch. P. (1967): Die zwei Kulturen. Literarische und naturwissenschaftliche Intelligenz. Stuttgart.
Thomas, B. (2009[3]): Der Sachunterricht und seine Konzeptionen. Bad Heilbrunn.

Sandra Tänzer

Konzeptionen und Positionen der Didaktik des Sachunterrichts in der Gegenwart[1]

1 Einleitung

Wenn Lehrerinnen und Lehrer Sachunterricht planen, stehen sie vor der Aufgabe, über konkrete Unterrichtssituationen nachzudenken, die einen Beitrag dazu leisten, Kinder bei der Erschließung der sie umgebenden natürlichen, technischen, sozialen und kulturellen Lebenswelt zu unterstützen. Um ihre Aufgabe professionell zu erfüllen, treffen sie – ob allein, gemeinsam mit Kolleginnen und Kollegen oder in Zusammenarbeit mit den Schülerinnen und Schülern – eine Reihe konkreter Planungsentscheidungen. Inwieweit ihr professionelles Planungshandeln dabei von einer aktuellen fachdidaktischen Konzeption über „guten Sachunterricht" beeinflusst wird, ist u.a. davon abhängig, wo und in welcher Form der jeweilige Ansatz einer breiten pädagogischen Öffentlichkeit zugänglich gemacht wurde. Denn empirische Befunde weisen dezidiert darauf hin, dass Lehrkräfte im Rahmen ihrer Unterrichtsplanung vor allem auf ihre eigene Materialsammlung zurückgreifen, ergänzt um Schul- und Lehrerhandbücher, fachdidaktische Zeitschriften, Kinder- und Jugendsachbücher, Lexika und Hinweise von Kolleginnen und Kollegen (vgl. zus. Tänzer/ Lauterbach 2010, S. 8f.). Eine Konzeption, die vor dem Hintergrund ihrer theoretisch fundierten und empirisch plausiblen Absicherung zugleich (in unterrichtsnahen Publikationsorganen) handlungspraktische Empfehlungen für die konkrete Planung, Gestaltung und Reflexion des Unterrichts gibt (vgl. Kahlert 2009, S. 196), hat damit eher die Chance, als „Orientierungsrahmen für praktisches Handeln" (Kahlert 2007, S. 218) von Lehrerinnen und Lehrern in die Realität des Sachunterrichts an Grundschulen hineinzuwirken.
Joachim Kahlert definiert eine Konzeption als „theorieorientierten Verständigungsrahmen mittlerer Reichweite [...], der die für Unterricht wichtigen Entscheidungsfelder umfasst und sie zueinander in Beziehung setzt" (2007, S. 216). An anderer Stelle spricht er von einem „vom Anspruch her systematische(n) Entwurf [...], der grundlegende Prinzipien für die Auswahl von Zielen, Inhalten und Methoden des Sachunterrichts entwickelt, begründet und stimmig Schlussfolgerungen für die Planung, Gestaltung und ggf. auch Analyse von Sachunterricht

1 Für die Darstellung wurden Positionen und Konzeptionen ausgewählt, die sich auf den Sachunterricht als *integratives Unterrichtsfach* beziehen. Damit bleiben konzeptionelle Überlegungen für den vor- und außerschulischen Bereich sowie für einzelne Domänen außen vor.

zieht oder zumindest nahe legt" (2009, S. 197). Dieser Entwurf trägt in seiner Ausformung dem Bildungswert des Faches ebenso Rechnung wie vorliegenden Erkenntnissen über Lernvoraussetzungen von Grundschulkindern, über Ansprüche an die Fachinhalte des Sachunterrichts sowie Aspekte der methodischen und organisatorischen Gestaltung des Lehr-Lern-Prozesses (vgl. 2007, S. 218f.).

Mit konkreten Unterrichtsentwürfen eint Konzeptionen ihre normative Orientierung: Sie „wollen Unterricht nicht nur beschreiben, sondern eine bestimmte Art von Unterricht als »gut« empfehlen" (Glöckel 1990, S. 312) und beruhen ebenso auf Wertentscheidungen, wie Unterrichtsentwürfe für konkrete sachunterrichtliche Lehr-Lern-Prozesse beeinflusst werden von unterrichtsrelevanten Wertvorstellungen, Überzeugungen und Einstellungen der sie konzipierenden Lehrerinnen und Lehrer. Dennoch bzw. gerade deshalb gehört die theoretische Anschlussfähigkeit an den vorliegenden Erkenntnisstand einer Wissenschaftsdisziplin zu den grundlegenden Kennzeichen einer Konzeption (vgl. Kahlert 2007, S. 216).

Nicht alle der im Folgenden skizzierten Ansätze können vor dem Hintergrund des hier gewählten Konzeptionsbegriffs als fachdidaktische Konzeptionen bezeichnet werden, wie der Titel des Artikels „*Konzeptionen* und *Positionen* der Didaktik des Sachunterrichts in der Gegenwart" bereits verdeutlicht. Der *Vielperspektivische Sachunterricht* ist die in Umfang, Reichweite und Geltungskraft bedeutsamste fachdidaktische Konzeption – richtungsweisend und grundlegend für das in Wissenschaft und Schulsystem anerkannte Verständnis des Sachunterrichts als integratives Unterrichtsfach, wie der Perspektivrahmen und die Lehrpläne der Länder unterstreichen. In ihrer inneren Systematik und Geschlossenheit stellt diese Konzeption das gegenwärtige Ergebnis langjähriger konzeptioneller Entwicklung dar. Jüngere konzeptionelle Überlegungen wie der von seinen Vertretern als „Entwurf" bezeichnete Ansatz der „*Umgangsweisen als Ausgangspunkt einer Strukturierung des Sachunterrichts*" (Pech/Rauterberg 2008) sind das vorläufige Ergebnis einer Konstruktion, die möglicherweise zu einer in sich geschlossenen Konzeption des Sachlernens unter Beachtung aller den Unterricht konstituierenden Entscheidungsfelder führen wird. Wieder andere Ansätze hegen diesen Anspruch nicht (zumindest nicht erkennbar) und fokussieren auf bestimmte profilbildende Elemente des Lehrens und Lernens im Sachunterricht – mit der zwangsläufigen Folge, konstitutive Aspekte der Unterrichtsgestaltung auszuklammern, vor allem Fragen der Inhaltlichkeit des Faches.

Insofern leisten die hier vorgestellten Ansätze differierender Komplexität und theoretischer Fundierung jeder für sich genommen Unterschiedliches für die Gestaltung eines anspruchsvollen und bildungswirksamen Sachunterrichts, in dem die Inhalte nicht beliebig sind und Grundschulkinder in der Auseinandersetzung mit diesen Inhalten Interesse für Phänomene und Zusammenhänge in ihrer Lebenswelt entwickeln und lernen, diese Phänomene und Zusammenhänge zu verstehen, eigene Urteile zu fällen und handlungsfähig in ihrer Lebenswelt zu sein.

Gemeinsam ist den hier beschriebenen Ansätzen gleichsam das Bewusstsein des bildungstheoretischen Anspruches des Faches, der fachspezifische Lernprozesse als Beitrag zu grundlegender Bildung von Kindern versteht und nach der Relevanz und dem Sinn dieser fachdidaktischen Bemühungen für das Verhältnis fragt, das Kinder zur Welt und zu sich selbst aufbauen und das sie in einer bestimmten Art und Weise befähigt, in dieser Welt zu sein.

2 Zielsetzung und Gliederung des Beitrages

Mit diesem Beitrag werden Konzeptionen und Positionen der Didaktik des Sachunterrichts in der Gegenwart vorgestellt. Die hinter diesen Ansätzen stehenden Fachvertreterinnen und Fachvertreter haben sich dem disziplinären Diskurs gestellt und ihre Überlegungen auf den Jahrestagungen der 1992 gegründeten Gesellschaft für Didaktik des Sachunterrichts (GDSU) und anderen Fachforen der Diskussion und kritischen Kommentierung zugänglich gemacht. Sie signalisieren auf diese Weise und mit ihren Veröffentlichungen in fachdisziplinären und fachübergreifenden Publikationsorganen das Interesse und das Bemühen, Einfluss auf den Sachunterricht als Schulfach und Wissenschaftsdisziplin zu nehmen. Dass darüber hinaus der gegenwärtige wissenschaftliche Diskurs über Fragen des Lehrens und Lernens im Sachunterricht auch immer wieder durch Rekurse auf bedeutsame historische Konzeptionen der Sachunterrichtsdidaktik (wie den struktur- bzw. verfahrensorientierten Curriculumansatz oder den Mehrperspektivischen Unterricht) gekennzeichnet ist, kann an dieser Stelle nur erwähnt werden. Vertiefende Einsichten in deren rezeptionsgeschichtliche Bedeutung liefert vor allem die Publikation von Bernd Thomas (2009).
Der vorliegende Beitrag trägt – der übergeordneten Zielsetzung des Buches gemäß – keinen analytischen Charakter. Er wird die Stärken und Schwächen, die Potentiale und Grenzen der jeweiligen Konzeptionen und Positionen nicht diskutieren und verweist dafür auf systematische Darstellungen einzelner Konzeptionen bei Joachim Kahlert (2009) und Walter Köhnlein (2012) sowie die differenzierte wissenschaftliche Analyse historischer und gegenwärtiger Konzeptionen in der bereits erwähnten Veröffentlichung von Bernd Thomas (2009). Das Anliegen dieses Beitrages ist es stattdessen, einer Draufsicht gleich Konzeptionen und Positionen der Didaktik des Sachunterrichts in der Gegenwart anhand ausgewählter Texte derer Vertreter für eine breite „Bildungs- und Fachöffentlichkeit" (Fischer et al. in diesem Band) – auch und gerade außerhalb der Sachunterrichtsdidaktik – zu umreißen und damit die *Vielfalt* und *Vielgestaltigkeit* aktueller programmatischer Überlegungen zur Gestaltung des Sachunterrichts darzustellen.

Mit dieser Intention stellt sich das Problem der Darstellung: Wie lässt sich eine Ordnung in die Fülle der verschiedenen Ansätze bringen? Als Ordnungsrahmen eignet sich die Modellvorstellung des didaktischen Dreiecks: Jede Unterrichtssituation konstituiert sich als Zusammenspiel zwischen Kind(ern), Sachen und Lehrperson(en), die in einem wechselseitigen Interaktionszusammenhang miteinander verbunden sind. Schülerhandlungen sind in dieser Modellsituation auf die Auseinandersetzung mit der Sache gerichtet; sie führen gleichzeitig zu Veränderungen in den Persönlichkeiten der Kinder. Lehrerhandlungen richten sich auf diesen Prozess der Auseinandersetzung zwischen Kind und Sache und wirken auf die persönlichen Bedingungen und Voraussetzungen der Lehrperson wiederum zurück. Die geordnete Darstellung der Konzeptionen und Positionen folgt vor diesem Hintergrund der Frage, welche Strukturelemente/ -beziehungen besonders im Zentrum einer Konzeption oder Position stehen – wohl wissend, dass dies eine verkürzte und generalisierte Zuordnung ist, da Konzeptionen den Anspruch in sich tragen, allen Faktoren des Unterrichts gerecht zu werden bzw. qualitative Bestimmungen einzelner Faktoren stets Rückschlüsse auf die gesamte Struktur zulassen. Und dennoch lassen sich in den einzelnen Ansätzen Schwerpunktsetzungen erkennen, welche die Gliederung dieses Beitrages determinieren:

- Stehen besonders die Sachen des Sachunterrichts und damit die Frage der Inhaltlichkeit des Faches im Zentrum eines Ansatzes?
- Ist es die Art der Sachbegegnung und Sacherschließung durch die Schülerinnen und Schüler?
- Liegt der Fokus stärker auf der Lehrperson und deren Art der Unterstützung dieser Sachbegegnung und Sacherschließung?
- Oder fragt ein Ansatz danach, wie Bildungsangebote in einem Sachunterricht für alle Kinder in mit ihren je individuellen Fähigkeiten und Fertigkeiten gestaltet werden können?

3 Die Sachen des Sachunterrichts[2]

3.1 Vielperspektivischer Sachunterricht

Sachunterricht ist ein integratives Fach. Walter Köhnlein, ein Vertreter des Vielperspektivischen Sachunterrichts, wählt in seinen Schriften wiederholt den Ter-

---

2 Der hier verwendete Sachbegriff orientiert sich an der Kennzeichnung Köhnleins (2010, S. 166): „Sachunterricht ist eine Lehre von den Sachen. Seine Inhalte sind auf die bildende Aufgabe bezogen, nämlich den Kindern richtungsgebende Einblicke in den Bereich der Sachen zu eröffnen, ‚Sache' im weiten Sinne lebensweltlicher und wissenschaftlicher Kontextualität verstanden". Damit sind die „Sachen des Sachunterrichts" immer schon als bildungsrelevant deklarierte Sachen; sie sind Lerngegenstände des Unterrichts.

minus der „*Einheit des Sachunterrichts*" (2012, S. 65; Herv. i. O.), die einer „Trennung des Menschlichen von der Natur, der Moralität von der Biologie, der Kunst von der Physik, also der Zerteilung unseres Lebensgefüges in unverbundene Teile" (ebd., S. 69) entgegensteht und in ihrem Wissenschaftsverständnis Natur- und Geisteswissenschaften als „unauflösliche Einheit" (ebd., S. 68) betrachtet. Wenn auch „Quellbereich der späteren Sachfächer" (ebd.,Fußnote 61), so wird die fachliche Differenzierung im Sachunterricht nicht vorausgesetzt, sondern entsteht in der und durch die Auseinandersetzung mit inhaltlich bedeutsamen Sachen (vgl. ebd.). Dass der Vielperspektivische Sachunterricht nicht ausschließlich inhaltsbezogen ausgelegt ist, spiegeln Verweise auf handlungsleitende Prinzipien der Gestaltung von Lehr-Lern-Prozessen wider. Enge Korrespondenzen werden insbesondere zum ästhetischen Lernen, dem Philosophieren mit Kindern und – wie später noch näher ausgeführt – zum exemplarisch-genetisch-sokratischen Sachunterricht hergestellt. Dass er gleichsam in Bezug auf die „Sachen des Sachunterrichts" seine vordergründige Wirkung entfaltet, unterstreicht auch Bernd Thomas im Kontext seiner systematischen Analyse: „Der Vielperspektivische Sachunterricht ist [...] entschlossen mit dem Ziel angetreten, besonders die inhaltliche Seite des Sachunterrichts zu stärken" (2009, S. 132). Zwei der vier Anregungsfelder des Vielperspektivischen Sachunterrichts im konzeptionellen Verständnis Köhnleins (vgl. genauer Thomas 2009, S. 112ff.) sind entsprechend inhaltlich akzentuiert: zum einen die Bedeutung der epochaltypischen Schlüsselprobleme Klafkis für einen bildungswirksamen Sachunterricht – Köhnlein empfiehlt deren Bearbeitung in projektartigen Vorhaben (vgl. 2012, S. 280); des Weiteren das „Herzstück" der Konzeption: neun sich wechselseitig durchdringende *Dimensionen des Sachunterrichts,* mit deren Hilfe ein komplexer Inhaltsbereich didaktisch erschlossen wird. In ihrer Struktur „bündeln [sie] die wesentlichen, von einem zeitgemäßen Schulsystem aufzunehmenden Erfahrungs- und Wissenschaftsfelder" (Köhnlein 1996, S. 64), so dass die Analyse potentieller Bildungsinhalte „*aus der Sicht der Kinder* (sie haben Vorkenntnisse, Fragen und Intentionen) und nach etablierten *Sachgebieten,* in denen objektivierte Kenntnisse bereitstehen" (ebd., S. 51; Herv. i. O.), erfolgt. Beide Sichtweisen fließen im Rahmen der Konstituierung sachunterrichtlicher Bildungsinhalte ineinander, was anhand der Bezeichnung der neun Dimensionen symbolisiert wird.[3] Beispiele finden sich bei Köhnlein (1996, S. 53) und Thomas (2009, S. 115).

---

3 Dimensionen des Sachunterrichts: (*Kinder und Lebenswelt*), historische Dimension (*Kinder und Geschichte*), geographische Dimension (*Kinder und Raum*), ökonomische Dimension (*Kinder und Wirtschaft*), gesellschaftliche und politische Dimension (*Kinder und soziales Umfeld*), physikalische und chemische Dimension (*Kinder und physische Welt*), technische Dimension (*Kinder und konstruierte Welt*), biologische Dimension (*Kinder und lebendige Welt*) und ökologische Dimension (*Kinder und Umwelt*) (vgl. 2012, S. 344ff.)

Die Konzeption des Vielperspektivischen Sachunterrichts findet des Weiteren eine anwendungsorientierte Form im Planungsinstrument der „*Didaktischen Netze*“ von Joachim Kahlert, dessen Aufgabe darin besteht, an einem Inhaltsbereich „fachlich-gehaltvolle und erfahrungsbezogene Teilinhalte“ (Kahlert 2009, S. 241) aufzuspüren. Ein „Didaktisches Netz“ zeichnet sich durch das Zusammenspiel lebensweltlich orientierter Dimensionen und fachlich orientierter Perspektiven in Form neun „polarer Paare“ aus.[4] Als Dimensionen der Lebenswelt will Kahlert im Anschluss an Langeveld „gemeinsam geteilte Deutungen und Erfahrungen“ (ebd., S. 219) von Grundschulkindern innerhalb unseres Kulturkreises verstanden wissen, die zu reflektieren und in Inhaltsentscheidungen einzubeziehen der Gefahr vorbeugt, über die Köpfe und Herzen der Kinder hinweg zu unterrichten. Den mit diesen Dimensionen kongruenten fachlichen Perspektiven liegt die Orientierung an etablierten wissenschaftlichen Fachkulturen zugrunde (vgl. ebd., S. 220), um Inhaltsentscheidungen an fachlich gesicherten Wissensbeständen und Verfahren auszurichten und damit der Trivialität des Sachunterrichts vorzubeugen.

3.2 Die Sachen des Sachunterrichts als „Streitsache“/ Umgangsweisen als Gegenstände des Sachunterrichts

Während Walter Köhnlein und Joachim Kahlert die Vielperspektivität des Sachunterrichts auf der Basis einer bestimmten bezugswissenschaftlichen Systematik konstruieren, stellen Detlef Pech, Marcus Rauterberg und Gerold Scholz diese Eindeutigkeit in Frage: Sachunterricht verfügt „anders als Deutsch oder Mathematik nicht über ein wissenschaftliches Bezugsfach [...], sondern über eine große, nicht bestimmbare Anzahl von Fachwissenschaften“ (Scholz 2003, o. S.), die – so Pech und Rauterberg an anderer Stelle (2008, S. 17) – „im tradierten Bezugsfachsystem nicht abgedeckt sind (also z.B. [...] Philosophie, Medizin oder Informatik)“. Sinnvoller scheint es, sich an der Erkenntnistheorie als Bezugswissenschaft und an kindlichen Erkenntnisbildungsprozessen im Umgang mit ihrer natürlichen und sozialen Umwelt zu orientieren (vgl. Scholz 2003, o. S.). Aus diesen Umgangsweisen entwickeln Kinder Theorien mit eigener Dignität; keine durch Unterricht zu ermittelnden und verändernden Präkonzepte, sondern gleichwertige Deutungs- und Erklärungsmuster einer „Sache“, die „dann im Sinne der juristischen Bedeutung des Wortes zu verstehen (ist): Als das, worüber man streitet“ (Rauterberg/ Scholz 2003, o. S.). Einem solchen diskursiv angelegten

4 Polare Paare eines didaktischen Netzes: natürliche Phänomene und Gegebenheiten ↔ naturwissenschaftliche Perspektive, bebaute und technisch gestaltete Umwelt ↔ technische Perspektive, mit anderen zusammenleben ↔ soziologische Perspektive, kaufen, tauschen, herstellen ↔ wirtschaftliche Perspektive, wahrnehmen und empfinden, darstellen und gestalten ↔ ästhetische Perspektive, Wandel im Zusammenleben ↔ geschichtliche Perspektive, Räume hier und anderswo ↔ geographische Perspektive, Was ist erlaubt? Was ist gut und richtig? ↔ ethische Perspektive, sich mit anderen verständigen ↔ sprachliche Perspektive

Sachunterricht geht es nicht darum, wissenschaftlich anerkannte Fachkonzepte (z.B. Wechselwirkung, Stoffe, Staat, Gerechtigkeit) – vermittelt durch die Lehrperson – durchzusetzen, sondern wissenschaftliche (z.T. miteinander konkurrierende) Theorien als eine Möglichkeit der Ordnung von und Orientierung in der Welt durchschaubar und verhandelbar zu machen: „Dieser Unterricht kennt keine Vermittlung im Sinne einer Lehre über die richtigen Deutungen, die zu lernen sind. Zu lernen ist in diesem Unterricht einerseits die Vielfalt an Deutungsmöglichkeiten und andererseits die Zulässigkeit von Argumenten; zum Beispiel die Möglichkeiten, Aussagen durch empirische Überprüfung zu falsifizieren oder zu verifizieren. Damit löst sich der Sachunterricht von den Wissenschaften, auf die er in einem anderen Verständnis propädeutisch vorbereiten müsste und öffnet sich für alle Formen der Erkenntnis, die die Menschen im Umgang mit sich und ihrer Welt entwickelt haben" (ebd.). Curricular ziehen Pech und Rauterberg (2008) aus dieser sachunterrichtsdidaktischen Position den Schluss, die Gegenstände des Sachlernens über Umgangsweisen mit Welt(en) und deren Reflexion zu definieren, z.B.: das „Beobachten, um etwas heraus zu finden"; das „Recherchieren, um etwas heraus zu finden"; das „Gestalten, um etwas kommunikabel zu machen"; das „Sich-Positionieren, um sich zu orientieren" (S. 9 u. S. 39ff.). Was beobachtet, recherchiert oder gestaltet wird, ist dabei (bis auf lebensgefährliche Sachen) „nicht die zentrale Frage" (ebd., S. 55); entscheidend sind die aus den Umgangsweisen im pädagogischen Kontext resultierenden didaktischen Bedeutungen in ihrer Bildungswirksamkeit für das eigene Selbst- und Weltverhältnis (vgl. ebd., S. 57). In ihrem Entwurf eines „Bildungsrahmens Sachlernen" (2008) entfalten sie konkrete Handlungsanregungen zur Gestaltung des Unterrichts.

3.3 Der Sachunterricht des eigenen Lebens

Im Zentrum des Ansatzes von Egbert Daum steht sein Plädoyer, das *„eigene Leben"* der Kinder stärker in den Unterricht einzubeziehen. Sein Motiv für diese Forderung erwächst einerseits aus der Feststellung, dass die Verwirklichung eines selbstbestimmten Lebens (als Chance und als Aufgabe) von jedem Einzelnen – auch bereits von Kindern – erfordert, „sein Ich aus(zu)loten, um seine äußere Lage mit seinem Inneren in Einklang zu bringen. Wir alle – auch Kinder – sind notgedrungen zu existentiellen Lebenskünstlern geworden, die das eigene Leben selbst in die Hand nehmen" (2006, S. 2). Einer soziologisch fundierten Analyse individuell-biographischer Anforderungen in einer durch vielfältige Lebensstile gekennzeichneten globalisierten Gesellschaft setzt Daum den kritischen Befund gegenüber, dass die Unterrichtspraxis von einer „Entfaltung und Reflexion des ‚eigenen Lebens' […] noch meilenweit entfernt" (ebd., S. 4) ist und Schule und Unterricht „so gut wie nichts mit dem ‚eigenen Leben' zu tun haben" (ebd.). Vor diesem Hintergrund fordert er eine „Neuakzentuierung des Sachunterrichts" (ebd., S. 7), in dem die Gedanken und Entwürfe der Kinder über ihre eigene

Zukunft, über Arbeit und Beruf, Leben in der Zukunft und Erfindungen für die Zukunft im Mittelpunkt von Gesprächen, Zeichnungen sowie Reflexionen von biografischen Texten und Bildern stehen. Entlang von Fragen wie *„Wie kommt das Neue in die Welt? Was geht mich das an? Was könnte mich das angehen?"* (ebd., S. 5; Herv. i.O.) sensibilisiert ein solcher Sachunterricht für einen bewussten Umgang mit dem eigenen Leben und dem Leben anderer in einer gemeinsam verantworteten und gestaltbaren Welt.

3.4 Konzeptionen zur Bildung für nachhaltige Entwicklung

Es scheint auf den ersten Blick zu verkürzt, Konzeptionen zu BNE unter die Frage der Lerngegenstände einzuordnen, gibt es doch keinen Bildungsbereich, dessen Nähe zum Sachunterricht insgesamt so deutlich hervorgehoben wird wie dieser: Die Vertreterinnen und Vertreter dieser Konzeption heben die Kompatibilität bildungstheoretischer und didaktisch-methodischer Überlegungen zwischen beiden Bildungsbereichen hervor (vgl. u.a. Bolscho/ Hauenschild/ Rode 2008, S. 303), sprechen von BNE als orientierendem Prinzip für interdisziplinäre Sachbildung (vgl. Wulfmeyer/ Mahnken 2010, S. 200) oder gleich vom „Sachunterricht als Bildung für nachhaltige Entwicklung" (Stoltenberg 2004, S. 63). Und doch scheint es mir in besonderer Weise die Frage der als bildungsrelevant geltenden Sachen zu sein, die einen eigenen Akzent auf die hier vorliegenden Konzeptionen wirft: Im Zentrum stehen komplexe Problemstellungen gegenwärtiger und zukünftiger Entwicklungen in ihrer Vernetzung der ökologischen, ökonomischen und soziokulturellen Dimension gesellschaftlichen Zusammenlebens, zu deren Lösung interdisziplinäres Wissen erforderlich ist (vernetzendes Denken und Handeln). Der Unterricht zielt auf den Erwerb von Gestaltungskompetenz; er richtet sich an einem Entwurf einer erwünschten Zukunft aus (Visionsorientierung) und räumt Schülerinnen und Schülern Mitbestimmungsmöglichkeiten ein (Partizipationsorientierung). Wie dieses Ziel erreicht werden kann, wurde und wird konzeptionell unterschiedlich gedacht und erprobt. Die Konzeption nachhaltig wirtschaftender Schülerläden (Hauenschild/ von Monschaw 2009) sowie das Schweizer Konzept der „Bildung für nachhaltige Entwicklung" (BINEU) von Künzli und Bertschy (2008) sind m.E. hier besonders hervorzuheben. Die Problemstellungen zur Förderung von Gestaltungskompetenz, und damit komme ich zur Frage der Lerngegenstände zurück, sind nicht beliebig; sie beziehen sich auf menschliche – für nachhaltige Entwicklung – bedeutsame Aktivitäten und Herausforderungen: wovon leben wir (Wasser, Boden, Luft, Energie), wie leben wir (Mobilität und Verkehr, Wohnen, Konsum, Gesundheit) und mit wem leben wir (Zusammenleben der Kulturen, Globalisierung)?[5] Im Sachunterricht jedoch stehen nicht nur

5 Im Mittelpunkt der Konzeption Künzlis und Bertschys (2008) stehen als Bildungsinhalte Konsumgüter.

gesellschaftlich relevante Probleme im Mittelpunkt, denn – hier schließe ich mich Kerstin Michalik an – „[d]ie Welt hat nicht nur Probleme zu bieten [...] Sachunterricht muss auch Raum für Fragen nach der Gefühlswelt von Pflanzen, dem Hörvermögen von Miesmuscheln, nach möglichen Gründen für das Aussterben der Dinosaurier oder dem Ursprung des Weltalls bieten“ (Michalik 2005, S. 2) – offene Fragen, denen man sich z.B. in philosophischen Gesprächen nähern kann.

4 Die Art der Sachbegegnung und Sacherschließung[6]

4.1 Philosophieren mit Kindern

Das Philosophieren mit Kindern wird von Kerstin Michalik und Helmut Schreier (2006) als Unterrichtsprinzip verstanden, das die Annäherung an und die Auseinandersetzung mit den Sachen des Sachunterrichts um eine Art und Weise der Bearbeitung bereichert, die das Autorenteam als Integration des gemeinsamen Nachdenkens und der Nachdenklichkeit in den Sachunterricht charakterisiert (vgl. ebd., S. 62). Damit betonen sie „*das* Unterscheidungsmerkmal“ (Gansen 2012, S. 20; Herv. i.O.) zu anderen Konzeptionen schlechthin: „die Kultivierung von Nachdenklichkeit bzw. Denk- und Argumentationsfähigkeiten“ im und durch Unterricht. Und doch scheint mir das Philosophieren mehr als nur Prinzip zu sein. Es ist gebunden an einen *ganz bestimmten* Sachunterricht, in dem die „drei Dimensionen des Philosophierens – Haltung, Methode und Inhalt“ (Duncker et al. 2012, S. 8) – besondere Gestalt und Gestaltung erfahren. Gansen spricht auch von einer „haltungsorientierten Konzeption (2012, S. 15); sie kultiviert eine Fragehaltung und zielt auf die Entwicklung einer Gesprächskultur entlang offener Fragen, die als ‚echte Fragen‘ vielfältige Reflexionen, Deutungen und Urteile in einem gleichberechtigten Austausch aller am philosophischen Gespräch Beteiligten möglich werden lassen (vgl. u.a. Michalik/ Schreier 2006, Gansen 2012, Nießeler 2012) und vor diesem Hintergrund neben ihrer Bedeutung als „Kristallisationskern für die Integration der verschiedenen Perspektiven und Fachbezüge“ (Mich-

6 Joachim Kahlert unterscheidet in seinem Werk „Der Sachunterricht und seine Didaktik“ anhand der Art der Aneignung von Unterrichtsinhalten drei aneignungsorientierte Konzeptionen des Sachunterrichts: handlungsorientierter, erfahrungsorientierter und problemorientierter Sachunterricht (vgl. 2009, S. 183). Dieser verallgemeinernden Systematik wird hier nicht gefolgt, um die Vielfalt konzeptioneller Überlegungen zur Gestaltung von Sachlernprozessen im Unterricht deutlicher hervorzuheben. Gleichsam sind die von Kahlert genannten Konzeptionen im Sinne übergeordneter Kategorien in hier skizzierten Ansätzen erkennbar und ließen sich als Instrument der Analyse und Systematisierung nutzen: Die Konzeption eines politisch-ästhetischen Lernens lässt sich eher dem erfahrungsorientierten Sachunterricht zuordnen, während der fächerübergreifende Kontextunterricht oder auch das Philosophieren im Sachunterricht als Spielarten eines problemorientierten Sachunterrichts charakterisiert werden können.

alik/ Schreier 2006, S. 71) die Förderung eines Wissenschaftsverständnisses im Sinne von „scientific literacy“ unterstützen (Gansen 2012, S. 24f.).

4.2 Kommunikativer Sachunterricht

Astrid Kaiser plädiert für einen Sachunterricht, der „Kommunikation als zentrale Aufgabe“ (2000, S. 97) begreift. Sie begründet diese Programmatik v.a. pädagogisch und politisch: Kommunikation, so Kaiser, scheint „das Verbindungsglied zwischen Erfahrung und Bildung zu sein“ (2004, S. 48), so dass in der „kommunikativen Auseinandersetzung mit der Sache der eigentliche Bildungswert“ (ebd.) liegt. Kommunikativer Austausch ist zudem eine elementare Fähigkeit demokratisch denkender und handelnder Menschen und Voraussetzung für die Teilhabe an demokratischen Aushandlungsprozessen, so dass Sachunterricht als „Vorschule der Demokratie“ (ebd., S. 51) den Umgang mit der Vielfalt unterschiedlicher Wahrnehmungs- und Erfahrungsweisen, Deutungen und Lösungswege intendiert. Der Ausgangspunkt kommunikativen Sachunterrichts sind mehrdeutige, offene Probleme, „über deren Klärung Menschen sich zu verständigen haben“ (ebd., S. 54). Die Annäherung an solcherart Probleme erfolgt durch verschiedene Zugangsweisen, wobei Kaiser besonders das Selbermachen, Gestalten und Verändern in einem handelnden und entdeckenden Unterricht betont. Sie hebt die Bedeutung des differenzierten Zugangs zu Gegenständen des Sachunterrichts und den Einsatz kommunikationsfördernder Sozialformen (arbeitsteilige Gruppenarbeit) und Handlungsmuster hervor – ob Gesprächskreise, Pro-Contra-Diskussionen, Wandzeitungen, Klassenbriefkästen oder „Außenkontakte“ in Form von Plakaten, Ausstellungstischen oder durch Schriftverkehr (vgl. ebd., S. 55 f.).

4.3 Ästhetische Zugangsweisen im Sachunterricht

Dass Kinder bildhaft-metaphorische Umschreibungen und/ oder leiblich-körperbezogene Ausdrucksformen verwenden, um intuitiven und impliziten Deutungs- und Erklärungsmustern von Phänomenen in ihrer Lebenswelt Ausdruck zu verleihen, wenn explizite Begriffe zur Erklärung fehlen bzw. den Kern der Sache nicht zu treffen vermögen, haben sachunterrichtsdidaktische Forschungen, u.a. die Studie von Schomaker (vgl. 2005, S. 3), offengelegt. Schomaker plädiert für ästhetisches Lernen in einem Sachunterricht, in dem sinnlich-leibliche Wahrnehmung, Emotion und kognitive Reflexion Hand in Hand gehen (vgl. ebd., S. 4). Entlang dieser Wechselbeziehung spielen dabei in zwei Konzeptionen ästhetischen Lernens bildhaft-ästhetische Zugänge eine besondere Rolle:

(1) Dagmar Richter (2002) empfiehlt, den Zugang und die Erschließung bestimmter politisch bedeutsamer Lerngegenstände (z.B. Heimat) anhand deren medialer und/ oder kultureller Ästhetisierungen zu entfalten und in ihrer Vieldeutigkeit offenzulegen: „Statt sich dem Begriff ‚Heimat‘ allein sprachlich zu nä-

hern, können seine ästhetischen Dimensionen in seinen *Materialisierungen* in der Region thematisch werden. Sie zeigen sich konkret in Geschichten, Liedern, Bildern, Riten, Bauwerken, Denkmälern, Städten oder Landschaften, (Spiel-)Filmen [...]", (S. 165; Herv. i.O.), und sie formen sich aus in den Köpfen (und Herzen) der Kinder, in deren „*Vorstellungsbilder(n)*" (ebd.), die ebenso vielperspektivisch und auslegungsbedürftig sind wie Gemälde, Grafiken oder Fotografien. Der gemeinsame Diskurs über Bilder – jene in den Köpfen und in den materialisierten Ästhetisierungen der Wirklichkeit – markiert nicht nur das „Spannungsfeld von Gleichheit und Differenz" (ebd., S. 166) und lässt die eigenen Sichtweisen und Deutungen durch die Konfrontation mit Kenntnissen, Meinungen und Gefühlen der anderen Kinder deutlicher bewusst werden; er lotet auch den sachlichen (politischen) Gehalt der Lerngegenstände differenzierter aus: „Kunst vermittelt selbstredend keine ‚Wahrheit' bzw. nicht mehr oder weniger als andere Medien wie Texte oder Bilder auch. Aber in der Auseinandersetzung mit Kunst liegt ein besonderes *Freiheitsmoment*: Durch die Übersetzung des Gesehenen in Sprache werden Klärungen von Begriffen nötig, die das Gesehene beschreiben. Es werden Zusammenhänge zwischen verschiedenen Details gesucht, die gesehene Beziehungen wiedergeben können. Beim Übersetzen des Gesehenen, also der bildlichen Dimension in eine sprachliche Dimension, die diskutiert werden kann (prinzipiell auch mit sich selbst im Auto-Dialog), finden Reflexionen statt. Damit ist die Chance eines selbständigen Urteils gegeben" (ebd., S. 166f.; Herv. i.O.).

(2) Während in Richters Konzeption politisch-ästhetischen Lernens die Vielfalt der Bilder und die Mannigfaltigkeit ihrer Deutungen gegenstandskonstitutiv sind, nutzt Doris Freeß (2002) Fotografien, die den Blick des Betrachters gezielt auf *jene bestimmte* „grundlegende Qualität des Sichtbaren" eines komplexen Naturphänomens (Form/ Gestalt *oder* Farbe *oder* Bewegung *oder* Oberflächenbeschaffenheit) lenken, die als das „anschaulich Wesentliche" dessen Funktion im „stofflichen und prozessualen Bedingungsgefüge" der Natur (ebd., S. 50) erkennbar werden lässt. Der Zoom der Kamera einer mit offenen Augen die Natur betrachtenden und beobachtenden Lehrerin ist entsprechend auf jene Qualität gerichtet, die – auf Farbfotos festgehalten und im Unterricht eingesetzt – in einem Prozess ästhetischer Kontemplation (ggf. verstärkt durch mimetisches Handeln) Erstaunen und Bewunderung bei den Kindern hervorzurufen vermag, „Wundernsfragen" stimuliert und einen offenen, diskursiven Interpretations- und Verstehensprozess in Gang setzt. Die künstlerische Umformung des anschaulich Wesentlichen des Naturphänomens ist wichtiger Bestandteil der Konzeption des „fächerübergreifenden Kontextunterrichts" von Doris Freeß.

4.4 Handlungsorientierter Sachunterricht

Der Begriff der Handlungsorientierung wird in schulnahen Publikationen vielfältig und zum Teil – wie im sachunterrichtsdidaktischen Diskurs wiederholt kritisiert (vgl. Giest 2004, S. 90f.; Möller/ Tenberge 1997, S. 135ff.) – ohne wissenschaftliche Anschlussfähigkeit gebraucht. Zentral für Konzeptionen handlungsorientierten Sachunterrichts ist das eigenständige, zielgerichtete „Handeln in authentischen, das heißt Handeln erzeugenden, erfordernden Situationen, in denen die Handlungen sinnvoll angewendet werden" (Giest 2004, S. 95). Hartmut Giest vertritt dabei einen Ansatz, der aufgrund seiner theoretischen Anbindung an die Tätigkeitstheorie der kulturhistorischen Schule respektive Galperins „Theorie der etappenweisen Ausbildung geistiger Handlungen" handlungsorientierten Sachunterricht als Prozess der etappenweisen Interiorisation konzeptualisiert. Die praktisch-gegenständliche oder materialisierte Handlung (auf der Basis einer angemessenen Orientierungsgrundlage) steht am Beginn eines Lernprozesses, in dem über die Sprache – zunächst als handlungsbegleitende Kommunikation über Inhalt, Wege, Sinn und Bedeutung der Handlung in der Lerngruppe, später als intraindividuelles, inneres Sprechen – Denkstrukturen ausgebildet werden (vgl. Giest 2004, S. 96f.). Kornelia Möller entwickelte mit dem *Konzept handlungsintensiven Lernens* einen fachdidaktisch akzentuierten Ansatz der vielseitigen Persönlichkeitsentwicklung von Grundschulkindern in und durch handlungsintensive Lernsituationen, denen bei aller Vielfalt der Handlungsformen praktisches Tun und Selbststeuerung gemeinsam sind (Möller/ Tenberge 1997). Zur Ausdifferenzierung entwicklungsfördernder Handlungsformen bezieht Möller weitere sachunterrichtsdidaktische Ansätze der Handlungsorientierung (Popp, Soostmeyer) ein; ihr eigenes Konzept unterscheidet transformative Handlungen („das Sammeln, das Beobachten und Untersuchen, das Herstellen und Konstruieren, das Anwenden und Gebrauchen") von repräsentativen Handlungen („Theaterspiele, Gebärden, Zeichnungen") (ebd., S. 141). Den *Projektunterricht* – vgl. zu seiner konzeptionellen Schärfung die aufschlussreichen, pointierten „Etüden des Projektlernens" nach Duncker (1994) – kennzeichnet Möller dabei als *„eine* mögliche, sicher auch wichtige Form eines handlungsintensiven Unterrichts" (a.a.O., S. 14).

5 Die Art der Unterstützung der Sachbegegnung und Sacherschließung

5.1 Exemplarisch-genetisch-sokratischer Sachunterricht (Genetischer Sachunterricht)

Im wissenschaftlichen Diskurs vor allem mit den Namen Walter Köhnlein, Michael Soostmeyer und Siegfried Thiel verbunden, greift der exemplarisch-genetisch-sokratische Sachunterricht in seinen konzeptionellen Überlegungen unmittelbar den theoretischen Ansatz Martin Wagenscheins auf, für den sich im genetischen

Unterricht ein pädagogisches Selbstverständnis ausdrückt: „Pädagogik hat mit dem Werdenden zu tun: Mit dem werdenden Menschen und mit dem Werden des Wissens in ihm. Die sokratische Methode gehört dazu, weil das Werden, das Erwachen geistiger Kräfte, sich am wirksamsten im Gespräch vollzieht. Das exemplarische Prinzip gehört dazu, weil ein genetisch-sokratisches Verfahren sich auf exemplarische Themenkreise beschränken muss und auch kann“ (Wagenschein 1997, S. 75). Exemplarisch-genetisch-sokratischer Sachunterricht, so Köhnlein (2012), knüpft an Vorstellungen, Deutungen und Erklärungsmuster von Kindern an, die in der Auseinandersetzung mit Phänomenen als „ursprüngliche Ansätze des Verstehens“ (ebd., S. 26) herausgefordert werden, und führt sie entlang ausgewählter geeigneter Beispiele, an denen allgemeine (naturwissenschaftliche) Strukturen und Zusammenhänge erkennbar werden, und im gemeinsamen Gespräch zu neuen Erkenntnissen. „*Mit* dem Kind von *der* Sache aus, die *für* das Kind die Sache *ist*“, so drückt es die bekannte Formulierung Wagenscheins (2010, S. 11) aus. Verstehen ist dabei Ziel und Kriterium genetischen Lehrens und Lernens zugleich (vgl. Köhnlein 2012, S. 99) – ein Prozess, für den Michael Soostmeyer (2002, S. 9) forderte, „dass wir uns als Lehrpersonen in die Ursprungssituation des Problemlösens und Problemfindens hineinversetzen müssen, in der sich unsere Kinder befinden“. Soostmeyer beschreibt in zahlreichen Unterrichtsbeispielen diese Herausforderung (u.a. 2002). Auch Siegfried Thiel hat Unterricht im exemplarisch-genetisch-sokratischen Sinne mit Grundschulkindern erprobt und in Unterrichtsbeispielen zu naturwissenschaftlichen Themen wie „Der Schall“ oder „Wie springt ein Ball?“ ausführlich und anschaulich Lehrer-Schüler-Gespräche dokumentiert, in denen die Lehrperson zurückhaltend und sensibel Impulse setzt, nachfragt, zum Nachdenken und Formulieren anregt (Thiel 2010). An all diesen Unterrichtsdokumentationen wird gleichsam deutlich, dass neben sachlogischen Verstehenszusammenhängen auch Einsichten und Fähigkeiten gefördert werden, die am ausgewählten Inhalt erfahren lassen, „was exemplarische Bedeutung für grundlegende Bildung hat“ (Köhnlein 2012, S. 141): mit anderen zusammenarbeiten und sich zum Beispiel gegenseitig unterstützen und anregen oder zwischen Wissen und Verstehen unterscheiden oder den vielperspektivischen Zugang zu einem Sachverhalt als sinnvoll bewerten – Köhnlein nennt in einer unabgeschlossenen Aufzählung 15 solcher „Funktionsziele“ (vgl. ebd., S. 143). Das Bild, das Köhnlein anhand seiner konzeptionellen Überlegungen von „gutem Sachunterricht“ zeichnet, verknüpft konsequent exemplarisch-genetisch-sokratisches Lehren und Lernen mit der Konzeption eines Vielperspektivischen Sachunterrichts (vgl. u.a. ebd., S.99), deren Verschränkung einen inhaltlich anspruchsvollen, Verstehen fördernden, bildenden Sachunterricht konstituiert. In aktuellen Bemühungen um die Erforschung von Merkmalen und Kennzeichen konstruktivistisch orientierter Lernumgebungen sieht Köhnlein einen Anstoß zur Weiterentwicklung des genetischen Sachunterrichts (vgl. 2006, S. 28).

5.2 Moderat-konstruktivistisch orientierte Lehr-Lern-Umgebungen

Kornelia Möller plädiert vor dem Hintergrund umfangreicher Forschungsergebnisse für die Einrichtung moderat-konstruktivistischer Lernumgebungen, um Kindern den Aufbau langfristig stabiler und tragfähiger fachlicher Vorstellungen über natürliche und technische Phänomene durch ein aktives Verändern, Umstrukturieren und Erweitern ihrer Präkonzepte im Sinne des „Conceptual-Change-Paradigmas" zu ermöglichen. Schülervorstellungen werden ermittelt und explizit zum Gegenstand der Auseinandersetzung und Veränderung in einer kooperativ-kommunikativen Lernatmosphäre, die – ausgehend von einem die Motivation und das Interesse herausfordernden Phänomen aus der Alltagswelt der Kinder – zu gemeinsamen Aushandlungs-, Deutungs- und Reflexionsprozessen im Diskurs und der handlungsorientierten Auseinandersetzung mit dem Phänomen anregt (vgl. Möller 2002, S. 420ff.). Kennzeichen ist die Gestaltung einer problemorientierten Lernumgebung, die Kinder zu hoher kognitiver Eigenaktivität veranlasst und dabei gezielt Strukturierungselemente integriert wie die „inhaltliche Sequenzierung" (Möller u.a. 2002, S. 179) der ausgewählten Problemstellung und eine „kognitiv strukturierende Gesprächsführung" (ebd.), in der die Lehrperson Widersprüche thematisiert und zum Begründen, Vergleichen, Anwenden, Zusammenfassen anregt (vgl. ebd.). „Die Kunst scheint darin zu bestehen", so Möller, „soviel Hilfe wie notwendig und so wenig Unterstützung wie möglich anzubieten, um Raum für individuelle, sachunterrichtsbezogene Wissenskonstruktionen zu geben und Veränderungen vorhandener Vorstellungen zu unterstützen" (2007, S. 263).[7] Auf der Lernerseite korrespondiert die Gestaltung moderat konstruktivistischer Lernumgebungen mit *Formen entdeckenden bzw. forschend-entdeckenden Lernens*, durch die Kinder aktiv und handelnd, „ausgehend von persönlichen Fragen bzw. Interessen und geprägt von der Suche nach Sinn und Verstehen" (Hellberg-Rode 2004, S. 99), in problemorientierten Lernumgebungen lernen.

5.3 Offener Sachunterricht – Freies Explorieren und Experimentieren (FEE)

„Was tun Kinder, wenn man sie lässt?" Hilde Köster und Cornelia Gonzalez (2007) beschreiben unter dieser Fragestellung das Konzept des Freien Explorierens und Experimentierens (FEE) im Sachunterricht, das, ausgehend von dem Angebot an die Kinder, „einen physikalischen Erfahrungsraum selbstständig und – eine wichtige Bedingung! – ohne Hilfe der Lehrerin einzurichten" (ebd., S. 13), Kinder zu spielerisch-explorierendem Umgehen mit einem natürlichen oder technischem Phänomen anregt, aus dem (in einem schrittweisen Durchlaufen von

7 Diese Balance zwischen instruktivem und selbsttätigem Lernen steht ebenfalls im Zentrum des „Rostocker Modells" (Schneider/ Oberländer 2010) – einem Planungsmodell, das Merkmale moderat-konstruktivistischer Lernumgebungen integriert und um weitere systematische Planungs- und Handlungsschritte zur Gestaltung von Sachunterricht ergänzt.

vier Phasen der Erfahrungsgewinnung) ein gezieltes Erforschen und Verstehen dieses Phänomens erwachsen kann. Kennzeichen dieses Ansatzes ist das selbstbestimmte, intrinsisch motivierte Handeln der Kinder, deren Begeisterung und Neugier Lehrerinnen und Lehrer zum Mitmachen anregt: „nicht als Lehrerinnen oder Lehrer, sondern als Mitlernende, Zuhörende, Unterstützende oder oft auch als Publikum für besonders interessante Phänomene" (ebd., S. 16). Die Sachunterrichtsdidaktikerin Hilde Köster plädiert nicht nur in der Auseinandersetzung mit der natürlichen Lebenswelt für offene Formen der Unterrichtsgestaltung. Ein offener Unterricht mit Lehrerinnen und Lehrern als *Lernbegleitern* in einem institutionellen System, „in dem Kinder Verantwortung für ihr eigenes Lernen übernehmen" (2010, S. 260), ist für sie die didaktisch angemessene Form, schulische Bildungsprozesse als Selbstbildungsprozesse zu ermöglichen.

6 Sachunterricht für alle Kinder

6.1 Inklusive Sachbildung

Die an die zweite Bildungsdimension im Bildungsverständnis Klafkis anknüpfende Forderung nach einer curricularen, empirischen und konzeptionellen Untermauerung einer „Bildung für alle Kinder" im Sachunterricht wurde bereits 2005 durch Simone Seitz in ihrer vielbeachteten Dissertation „Zeit für inklusiven Sachunterricht" angemahnt. Aus ihrer Forschung leitete Seitz Entwicklungslinien inklusiver Didaktik ab, die Empfehlungen für die Gestaltung von Lehr-Lern-Prozessen in einem Sachunterricht für alle Kinder geben;[8] sie werden von Sachunterrichtsdidaktikern in Zusammenarbeit mit Sonderpädagogen im Rahmen aktueller konzeptioneller Überlegungen inklusiven Sachunterrichts (Kahlert/ Heimlich 2012, Gebauer/ Simon 2012) in je eigener Weise aufgegriffen, ausdifferenziert und erweitert: So ist u.a. für das Verständnis der Position von Kahlert und Heimlich (vgl. 2012, S. 176ff.) das sog. „Inklusionsdidaktische Netz" bedeutsam – ein Planungsinstrument zur Generierung von Bildungsinhalten in einem Sachunterricht für alle Kinder entlang der Analyse lebensweltlicher Dimensionen, fachlicher Perspektiven und entwicklungsorientierter Aspekte (sensomotorisch, kognitiv, kommunikativ und emotional). Die Position von Gebauer und Simon kennzeich-

8 Im inklusiven Sachunterricht, so Seitz, ist der „gemeinsame Gegenstand [...] als eine jeweils neu zu konstruierende, dynamische Gestalt" (2005, S. 170) zu verstehen, die „in einem Prozess der Aushandlung von Kinderperspektiven und fachlichen Anliegen entwickelt werden kann" (ebd.). Zu dessen Erschließung umreißt sie folgende Orientierungen: ästhetische und körperliche Zugangsweisen nutzen, vielfältige Beziehungen und Kooperationen zwischen den Kindern anregen, individuelle Lernzeiten und Lerntempi zulassen und mit den Kindern reflektieren, flexibel nutz- und gestaltbare Lernräume schaffen, den individuellen kindlichen Interessen, Deutungsmustern sowie Lernweisen mit vielfältigen Zugangsweisen begegnen (vgl. ebd., S. 177ff.)

net u.a die Erweiterung der Brunerschen Ebenen gegenständlicher Repräsentation um das Kommunikativ-Interaktive und das Sensorische.
Dieser sich langsam und zögerlich entwickelnde Diskurs über inklusive Sachbildung vor dem Hintergrund gesellschafts- und bildungspolitischer Entwicklungen verdeutlicht die Dynamik der jungen wissenschaftlichen Disziplin Sachunterricht, immer wieder neu über Lehr-Lern-Prozesse als Bildungsprozesse im Sachunterricht nachzudenken, dabei an Bewährtes anzuknüpfen, neue Ideen zu generieren, Konzeptionen zu entwerfen, zu diskutieren, empirisch zu fundieren und in konkrete Handlungsanregungen für einen inhaltlich bedeutsamen, spannenden, verstehensfördernden und bildenden Sachunterricht zu transformieren.

Literatur

Bolscho, D.; Hauenschild, K.; Rode, H. (2008): Bildung für Nachhaltige Entwicklung in der Grundschule. Ausgewählte Ergebnisse einer Pilotstudie mit Lehrerinnen und Lehrern. In: Giest, H.; Wiesemann, J. (Hrsg.): Kind und Wissenschaft. Bad Heilbrunn, S. 301-312.

Daum, E. (2006): Der Sachunterricht des ‚eigenen Lebens' – Grundkonzeption und empirische Relevanz. In: www.widerstreit-sachunterricht.de/ Ausgabe Nr. 7/ Oktober 2006 (8 Seiten).

Duncker, L. (1994): Projekte im Sachunterricht. Didaktische Etüden für Schüler und Lehrer. In: Duncker, L.; Popp, W. (Hrsg.): Kind und Sache. Zur pädagogischen Grundlegung des Sachunterrichts. Weinheim, München, S. 145-160.

Duncker, L.; Müller, H.-J.; Uhlig, B. (2012): Vorwort. In: Dies. (Hrsg.): Betrachten-Staunen-Denken. Philosophieren mit Kindern zwischen Kunst und Sprache. München, S. 7-11.

Freeß, D. (2002): Ästhetisches Lernen im fächerübergreifenden Sachunterricht: Naturphänomene wahrnehmen und deuten. Baltmannsweiler.

Gansen, P. (2012): Kinderphilosophie zwischen Standardisierung und unzensiertem Denken. In: Duncker, L.; Müller, H.-J.; Uhlig, B. (Hrsg.): a.a.O., S. 13-28.

Gebauer, M.; Simon, T. (2012): Inklusiver Sachunterricht konkret: Chancen, Grenzen, Perspektiven. In: www.widerstreit-sachunterricht.de, Nr. 18, Oktober 2012 (19 Seiten).

Giest, H. (2004): Handlungsorientiertes Lernen. In: Kaiser, A.; Pech, D. (Hrsg.): Neuere Konzeptionen und Zielsetzungen im Sachunterricht. Baltmannsweiler, S. 90-98.

Glöckel, H. (1990): Vom Unterricht. Bad Heilbrunn.

Hauenschild, K.; Monschaw, B. v. (2009): Kinder erfahren nachhaltiges Wirtschaften: eine Handreichung für die Grundschulpraxis. Frankfurt a.M.

Hellberg-Rode, G. (2004): Entdeckendes Lernen. In: Kaiser, A.; Pech, D. (Hrsg.): a.a.O., S. 99-104.

Kahlert, J. (2007): Wozu dienen Konzeptionen? In: Kahlert, J.; Fölling-Albers. M.; Götz, M.; Hartinger, A.; Reeken, D. v.; Wittkowske, S. (Hrsg.): Handbuch Didaktik des Sachunterrichts. Bad Heilbrunn, S. 215-220.

Kahlert, J. (^{3}2009): Der Sachunterricht und seine Didaktik. Bad Heilbrunn.

Kahlert, J.; Heimlich, U. (2012): Inklusionsdidaktische Netze – Konturen eines Unterrichts für alle (dargestellt am Beispiel des Sachunterrichts). In: Heimlich, U.; Kahlert, J. (Hrsg.): Inklusion in Schule und Unterricht. Wege zur Bildung für alle. Stuttgart, S. 153-190.

Kaiser, A. (2004): Kommunikativer Sachunterricht. In: Kaiser, A.; Pech, D. (Hrsg.): a.a.O., S. 48-57.

Kaiser, A. (2000): Sachunterrichtsdidaktik der Vielfalt – implizite Strukturen der Integration. In: Löffler, G.; Möhle, V.; Reeken, D. v.; Schwier, V. (Hrsg.): Sachunterricht – Zwischen Fachbezug und Integration, S. 91-107.

Klafki, W. ([5]1996): Neue Studien zur Bildungstheorie und Didaktik: zeitgemäße Allgemeinbildung und kritisch-konstruktive Didaktik. Weinheim, Basel.

Köhnlein, W. (1996): Leitende Prinzipien und Curriculum des Sachunterrichts. In: Glumpler, E.; Wittkowske, S. (Hrsg.): Sachunterricht heute: zwischen interdisziplinärem Anspruch und traditionellem Fachbezug. Bad Heilbrunn, S. 46-76.

Köhnlein, W. (2006): Thesen und Beispiele zum Bildungswert des Sachunterrichts. In: Cech, D.; Fischer, H.-J.; Holl-Giese, W.; Knörzer, M.; Schrenk, M. (Hrsg.): Bildungswert des Sachunterrichts. Bad Heilbrunn, S. 17-38.

Köhnlein, W. (2010): Planung von Sachunterricht aus dem didaktischen Primat der Sache. In: Tänzer, S.; Lauterbach, R. (Hrsg.): a.a.O., S. 165-178.

Köhnlein, W. (2012): Sachunterricht und Bildung. Bad Heilbrunn.

Köster, H. (2010): Zur graduellen Einführung offener Unterrichtsformen in den Sachunterricht. In: Tänzer, S.; Lauterbach, R. (Hrsg.): a.a.O., S. 249-262.

Köster, H.; Gonzalez, Cornelia (2007): Was tun Kinder, wenn man sie lässt? Freies Explorieren und Experimentieren (FEE) im Sachunterricht. In: Grundschulunterricht, Heft 12, S. 12-17.

Künzli, Chr.; Bertschy, F. ([3]2008): Didaktisches Konzept Bildung für nachhaltige Entwicklung. Bern. URL: www.ikaoe.unibe.ch/forschung/bineu/BNE_Didaktisches_Konzept_Feb08.pdf [17.7.2012]

Lauterbach, R.; Tänzer, S. (2010) : Fachlicher und planungstheoretischer Rahmen. In: Tänzer, S.; Lauterbach, R. (Hrsg.): a.a.O , S. 13-37.

Michalik, K. (2005): Wolfgang Klafkis „Allgemeinbildung in der Grundschule und der Bildungsauftrag des Sachunterrichts“ - Überlegungen und Vorschläge zur Erweiterung und Fortführung seines Ansatzes. In: www.widerstreit-sachunterricht.de/Ausgabe Nr.4/ März 2005 (4 Seiten).

Michalik, K.; Schreier, H. (2006): Wie wäre es, einen Frosch zu küssen? Braunschweig.

Möller, K. (2002): Anspruchsvolles Lernen in der Grundschule – am Beispiel naturwissenschaftlich-technischer Inhalte. In: Pädagogische Rundschau, Heft 4, S. 411-435.

Möller, K. (2007): Genetisches Lernen und Conceptual Change. In: Kahlert, J. u.a. (Hrsg.): a.a.O., S. 258-266.

Möller, K.; Tenberge, C. (1997): Handlungsintensives Lernen und Aufbau von Selbstvertrauen im Sachunterricht. In: Marquardt-Mau, B.; Köhnlein, W.; Lauterbach, R. (Hrsg.): Forschung zum Sachunterricht. Bad Heilbrunn, S. 134-153.

Möller, K.; Jonen, A.; Hardy, I.; Stern, E. (2002): Die Förderung von naturwissenschaftlichem Verständnis bei Grundschulkindern durch Strukturierung der Lernumgebung. In: Prenzel, M.; Doll, J. (Hrsg.): Bildungsqualität von Schule: Schulische und außerschulische Bedingungen mathematischer, naturwissenschaftlicher und überfachlicher Kompetenzen. Weinheim, Basel, S. 176-191.

Nießeler, A. (2012): Übung im Denken – Elemente philosophischer Kunstfertigkeit in der Schulpraxis. In: In: Duncker, L.; Müller, H.-J.; Uhlig, B. (Hrsg.): a.a.O., S. 29-42.

Pech, D.; Rauterberg, M. (2008): Auf den Umgang kommt es an. „Umgangsweisen“ als Ausgangspunkt einer Strukturierung des Sachunterrichts – Skizze der Entwicklung eines „Bildungsrahmens Sachlernen“. In: www.widerstreit-sachunterricht.de/Beiheft 5.

Rauterberg, M.; Scholz, G. (2003): Die Welt im Bild – Anmerkungen zur Gegenstandskonstitution des Sachunterrichts. In: www.widerstreit-sachunterricht.de/Ausgabe Nr. 0/Januar 2003.

Richter, D. (2002): „Nicht alle sehen alles gleich.“ Möglichkeiten politisch-ästhetischen Lernens, sich dem Unterrichtsgegenstand ‚Heimat‘ zu nähern. In: Engelhardt, W.; Stoltenberg, U. (Hrsg.): Die Welt zur Heimat machen? Bad Heilbrunn, S. 158-170.

Schneider, I. K.; Oberländer, F. (2010): Rostocker Modell – ein didaktischer Ansatz zur Planung und Gestaltung von Lerneinheiten im Sachunterricht. In: Tänzer, S.; Lauterbach, R. (Hrsg.): a.a.O., S. 203-223.

Scholz, G. (2003): Aufgaben des Sachunterrichtsdiskurses. In: www.widerstreit-sachunterricht.de/Ausgabe Nr. 1/ Oktober 2003.

Schomaker, C. (2005): Sinn-volle Bildung im Sachunterricht. Über die Relevanz didaktischer Zugangsweisen. In: www.widerstreit-sachunterricht.de/Ausgabe Nr. 5/ Oktober 2005 (5 Seiten).

Seitz, S. (2005): Zeit für inklusiven Sachunterricht. Baltmannsweiler.

Soostmeyer, M. (2002): Genetischer Sachunterricht. Unterrichtsbeispiele und Unterrichtsanalysen zum naturwissenschaftlichen Denken bei Kindern in konstruktivistischer Sicht. Baltmannsweiler.

Stoltenberg, U. (2004): Sachunterricht: Innovatives Lernen für eine nachhaltige Entwicklung. In: Kaiser, A.; Pech, D. (Hrsg.): a.a.O., S. 58-66.

Sünkel, W. (²2002): Phänomenologie des Unterrichts: Grundriß der theoretischen Didaktik. Weinheim.

Tänzer, S.; Lauterbach, R. (2010): Einleitung. In: Tänzer, S.; Lauterbach, R. (Hrsg.): Sachunterricht begründet planen. Bedingungen, Entscheidungen, Modelle. Bad Heilbrunn, S. 7-12.

Thiel, S. (2010): Grundschulkinder zwischen Umgangserfahrung und Naturwissenschaft. In: Wagenschein, M.: a.a.O., S. 90-180.

Thomas, B. (³2009): Der Sachunterricht und seine Konzeptionen. Historische, aktuelle und internationale Entwicklungen. Bad Heilbrunn.

Wagenschein, M. (¹¹1997): Verstehen lehren. Weinheim, Basel: Beltz.

Wagenschein, M. (²2010): Kinder auf dem Wege zur Physik. Weinheim, Basel: Beltz.

Wulfmeyer, M.; Mahnken, T. (2010): Übergänge gestalten mit Bildung für Nachhaltige Entwicklung. In: Giest, H.; Pech, D. (Hrsg.): Anschlussfähige Bildung im Sachunterricht. Bad Heilbrunn, S. 195-204.

Claudia Schomaker und Eva Gläser

Forschung im Kontext der Fachdidaktik Sachunterricht – publiziert, gewürdigt und initiiert durch die GDSU

Aus einer historischen Betrachtung der Entwicklung von Formaten fachdidaktischer Forschung heraus stellt Tenorth fest, dass Fachdidaktiken gegenwärtig zwar als „forschende Disziplinen" (Tenorth 2012, S. 11) gelten, „diese Praxis [...] zunehmend selbstverständlich [ist], aber aufs Ganze gesehen doch immer noch relativ neu, und diese Praxis ist nicht nur jung, sie geschieht auch in den einzelnen Segmenten nicht im Konsens über die Funktion und die Strategien der Praxis, die man Forschung nennt" (a.a.O., S. 12). So führt er die Überlegung an, dass es mit der Frage nach fachdidaktischer Forschung im Kern um die Frage gehe, „ob die Fachdidaktik über so etwas wie eine eigene Logik der Argumentation verfügt und damit über eine nicht nur soziale, sondern auch theoretische Identität" (ebenda). Die Gesellschaft für Fachdidaktik (GFD) kennzeichnet diese Logik als „Wissenschaft vom fachspezifischen Lehren und Lernen innerhalb und außerhalb der Schule. Im Rahmen ihrer Forschungsarbeiten befasst sie sich mit der Auswahl, Legitimation und der didaktischen Rekonstruktion von Lerngegenständen, der Festlegung und Begründung von Zielen des Unterrichts, der methodischen Strukturierung von Lernprozessen sowie der angemessenen Berücksichtigung der psychischen und sozialen Ausgangsbedingungen von Lehrenden und Lernenden. Außerdem befasst sie sich mit der Entwicklung und Evaluation von Lehr-Lernmaterialien" (GFD 1998, zitiert nach Schön 2012, S. 78). Damit ist sie Tenorth zufolge „Teil eines Wissenssystems besonderer Art", in dem Forschungsfragen durch eine „Koppelung von Theoriewissen und Reflexion, von Forschungswissen und der Weisheit des Praktikers" gekennzeichnet sind (Tenorth a.a.O., S. 15f.): „Die Analyse der Forschungsformate – oder, wie man generell sagen kann, der Probleme und Aufgaben in der Generierung des neuen Wissens und der geltungstheoretischen Prüfung des gegebenen Wissens – hat dann ihre revierspezifische Pointe darin, dass man klären muss, was je für sich in diesen differenten Wissenssystemen Forschung bedeutet und auch, ob sich die Relationierung dieses Wissens selbst noch als Forschungsthema darstellen lässt" (a.a.O., S. 16).

Die Didaktik des Sachunterrichts hat bekanntlich keine eigene fachwissenschaftliche Bezugsdisziplin. Darin unterscheidet sie sich auf den ersten Blick von anderen primarstufenspezifischen Fachdidaktiken. Sie ist daher – mehr als andere Fachdidaktiken – in einen multi- und transdisziplinären Dialog gestellt. Hier gilt grundsätzlich, dass der ganze Reichtum erziehungswissenschaftlicher und fachdidaktischer Forschungsformate auch in der Didaktik des Sachunterrichts ausgeschöpft werden darf[1]. Dazu zählen quantitative und qualitative empirische Methoden, wie sie etwa in Interventionsstudien, in der fachdidaktischen Entwicklungsforschung, in der Praxis- bzw. Aktionsforschung, in der fachdidaktischen Rekonstruktion und in der Implementationsforschung angewendet werden. Neben den im engeren Sinn empirischen Forschungsformaten sind aber auch Beiträge zur Theorieentwicklung einzubeziehen, z.B. Konzeptionen, Theorieforschung, sachunterrichtsspezifische Bildungsforschung, Curriculumforschung, historische Forschung als Formate, die einzelne Projekte übergreifen oder ihnen erst einen Rahmen geben. Sie alle sind dokumentiert in den Jahresbänden (Reihe: Probleme und Perspektiven des Sachunterrichts) und Forschungsbänden (Reihe: Forschungen zur Didaktik des Sachunterrichts), die von der Gesellschaft für Didaktik des Sachunterrichts (GDSU) herausgegeben werden (Details – siehe unten).
Ungeachtet dieser notwendigen Bandbreite an sinnvollen und wichtigen Forschungen liegt ein Schwerpunkt didaktischer Forschung zum Sachunterricht in der Befassung mit kindlichen Perspektiven auf exemplarische (sachunterrichtliche) „Sachen". Dazu gehört die Klärung kindlicher Wissensbestände, Erfahrungen und Lernformen. Ein weiterer Schwerpunkt betrifft die Gestaltung der schulischen Beschäftigung mit diesen „Sachen" und deren Wirkung. Entlang dieser Forschungsthemen sind Forschungsperspektiven entstanden, die im obigen Sinne als Formate empirischer Forschung zur Didaktik des Sachunterrichts unterschieden werden können.
Aus diesem Anspruch (vgl. hierzu auch Köhnlein in diesem Band) heraus ist es ein Anliegen der Fachgesellschaft GDSU, die Forschungsinteressen und -tätigkeiten ihrer Mitglieder auf verschiedenen Ebenen zu publizieren, zu würdigen und zu initiieren. So wurde mit Erscheinen des ersten Bandes im Jahr 1997 die Publikationsreihe „Forschungen zur Didaktik des Sachunterrichts" im Klinkhardt-Verlag eröffnet, seit dem Jahr 2000 bzw. 2001 werden der GDSU-Preis zur Förderung des wissenschaftlichen Nachwuchses (seit dem Jahr 2009 unter dem Namen „Ilse Lichtenstein-Rother-Preis") und der Faraday-Preis (finanziert durch den Fonds der Chemischen Industrie, dem Förderwerk des Verbandes der Chemischen Industrie e. V. (VCI)) für herausragende Qualifikationsarbeiten zur Didaktik des Sachunterrichts verliehen. Mit der Einrichtung einer Kommission innerhalb der

1 Vgl. dazu auch das das aktuelle Grundsatzpapier der Gesellschaft für Fachdidaktik (GFD) zu Formaten fachdidaktischer Forschung, das derzeit in einer ersten Arbeitsfassung vorliegt.

Fachgesellschaft im Jahr 2007 wurde darüber hinaus das Vorhaben unterstützt, einen DFG-Forschungsantrag (Paketantrag) durch eine Gruppe von Fachdidaktikerinnen und Fachdidaktikern vorzubereiten.

1 Zur Publikationsreihe „Forschungen zur Didaktik des Sachunterrichts"

Die in der Reihe veröffentlichten Bände zu „Forschungen zur Didaktik des Sachunterrichts" verdeutlichen die Interessen und Perspektiven von Didaktikerinnen und Didaktikern des Sachunterrichts. So werden die inhaltlichen Schwerpunktsetzungen im Rahmen fachdidaktischer Forschungen und ihre jeweiligen Zugänge deutlich, die sich im Rahmen von „der 1) Auswahl, Legitimation und Rekonstruktion von Lerngegenständen, 2) der Festlegung und Begründung von Zielen des Unterrichts, 3) der methodischen Strukturierung von Lernprozessen sowie 4) der angemessenen Berücksichtigung der psychischen und sozialen Ausgangsbedingungen von Lehrenden und Lernenden und schließlich 5) der Entwicklung und Evaluation von Lehr- und Lernmaterialien" (GFD 1998, zitiert nach Tenorth a.a.O., S. 15) bewegen.

- *Köhnlein, Walter/ Marquardt-Mau, Brunhilde/ Schreier, Helmut (Hrsg.): Kinder auf dem Wege zum Verstehen der Welt 1997.*

Die GDSU skizziert die Inhalte dieses ersten Bandes in einer Dokumentation aus dem Jahr 1999 folgendermaßen: „Der Band enthält 13 Berichte über den Forschungsbestand zum Sachunterricht am Ende des Jahrhunderts. Die Bestandsaufnahme umfasst Arbeiten zu den drei im Titel genannten Begriffen – als Fragen formuliert ‚Was ist Kindheit?', ‚Was heißt Verstehen?' und ‚Was ist die Wirklichkeit der Welt?'. Das erste Kapitel bietet Metaanalysen der Kindheitsforschung; sie zeigen u.a. die Fragwürdigkeit tradierter Vorstellungen über die Entwicklung von Kindern und die Aufgaben der Didaktik. Im zweiten Kapitel wird das didaktische Feld um die Zugänge von Ästhetik, Ethnographie und Philosophie bereichert. Das dritte Kapitel kündigt einen Paradigmenwechsel der Forschung nach Maßgabe des Konstruktivismus an. Wo das Arbeitsfeld des Sachunterrichts in der Lehrerausbildung an Hochschulen und Studienseminaren im Sinne einer Disziplin wahrgenommen wird, dürfte sich dieser Forschungsband als hilfreiche Sammlung von Texten erweisen. Er öffnet den Zugang zu den aktuellen Fragen der Forschung" (GDSU-Info 1999, S. 23).

- *Hartinger, Andreas: Interessenförderung – Eine Studie zum Sachunterricht. Herausgegeben von Walter Köhnlein, Brunhilde Marquardt-Mau, Helmut Schreier 1997.*

Die Dokumentation der GDSU zu ihren Publikationstätigkeiten im Jahr 1999 fasst diesen Band folgendermaßen zusammen: „Das Thema ‚Interessenförderung' betrifft ein zentrales Anliegen des Sachunterrichts. Er soll nicht nur die Lust der Kinder am Suchen und Fragen festigen und steigern, sondern darüber hinaus neue Anregungen geben und den Interessenhorizont erweitern. Die vorliegende Untersuchung vergleicht die Interessenentwicklung in Klassen der dritten Jahrgangsstufe mit unterschiedlich gestaltetem Unterricht zum Thema ‚Leben am Gewässer'. Im Vordergrund stehen dabei die konzeptionellen Merkmale ‚Handlungsorientierung' und ‚Autonomieunterstützung'. Als entscheidend für die Interessenförderung erweist sich, dass die sequentielle Struktur unterrichtlicher Handlungen für die Kinder überschaubar ist und dass sie an ihrer Sinngebung beteiligt sind. Die Möglichkeit, eigene Anliegen und Ideen einzubringen, trägt zur Entwicklung weitergreifender und beständigerer Interessen bei" (GDSU-Info 1999, S. 23).

- *Köhnlein, Walter/ Marquardt-Mau, Brunhilde/ Schreier, Helmut (Hrsg.): Vielperspektivisches Denken im Sachunterricht 1999.*

Dieser Band wird in der Dokumentation aus dem Jahr 1999 so zusammengefasst: „Vielperspektivität ist ein wichtiges Prinzip des Sachunterrichts, das diesen Unterricht offen halten kann für die Pluralität möglicher Zugriffe auf die Welt und für methodische Kreativität, aber auch für die nicht selten überraschenden Ideen, Sichtweisen und Deutungen der Kinder. Der vorliegende Band enthält – nach einer Einleitung zum Begriff des vielperspektivischen Denkens – sechs Forschungsbeiträge, in denen das Philosophieren mit Kindern (Schreier), die Pluralität der Interpretationsmöglichkeiten von Welt (Popp), Ansatzpunkte naturwissenschaftlichen Denkens (Köhnlein), die Möglichkeiten von Kindern, sich selbständig und verstehend mit Naturphänomenen auseinanderzusetzen (Möller), das Management von Wissen und Information bei der Unterrichtsvorbereitung (Kahlert) und die Herausforderung durch die Kulturenvielfalt an deutschen Grundschulen (Glumpler) thematisiert wird. Die Beiträge erhellen nicht nur den gegenwärtigen Forschungsstand, sondern geben vor allem Anstöße für die Weiterentwicklung von Theorie und Praxis" (GDSU-Info 1999, S. 24).

- *Köhnlein, Walter/ Schreier, Helmut (Hrsg.): Innovation Sachunterricht – Befragung der Anfänge nach zukunftsfähigen Beständen 2001.*

Der Forschungsband aus dem Jahr 2001 setzt sich mit der Entwicklung der eigenen Disziplin auseinander, indem folgende Aspekte fokussiert werden: „Unsere Befragung der Anfänge nach zukunftsfähigen Beständen bezieht sich akzentuiert auf die Inhalte und Verfahren als Gegenstände des Sachunterrichts, also auf die Ausgestaltung und den Aufbau des Curriculums. […] Wie am Ende der sechziger Jahre stellt sich heute erneut die Frage, welche Bildungserlebnisse wir Grundschulkindern wünschen, welche Zugänge wir der nachwachsenden Generation eröffnen müssen, damit sie ihre Möglichkeiten unter den sich beschleunigt verändernden gesellschaftlichen und technischen Bedingungen sowie unter den abstrakter werdenden Strukturen der Lebenswelt angemessen entfalten kann" (Köhnlein 2001, S. 12). Die hier versammelten Beiträge stellen die Abgrenzung des Sachunterrichts von der Heimatkunde in den Mittelpunkt und beleuchten Konzeptionen der 1970er Jahre wie u.a. SAPA, SCIS und Science 5/13 im Hinblick auf ihre Bedeutung für den gegenwärtigen Sachunterricht. Darauf aufbauend werden Perspektiven für zukünftigen Sachunterricht benannt, die u.a. auf die Auswahl und den Aufbau von Inhalten fokussieren.

- *Spreckelsen, Kay/ Möller, Kornelia/ Hartinger, Andreas (Hrsg.): Ansätze und Methoden empirischer Forschung zum Sachunterricht 2002.*

Im Namen der Reihenherausgeber kennzeichnet Walter Köhnlein das Anliegen dieses Bandes als Auseinandersetzung mit dem Gegenstand der fachdidaktischen Forschung selbst. Ausgehend von den aktuellen Beständen der Forschung würden zudem „weiterführende Perspektiven der Bildungsforschung" (Köhnlein 2002, S. 7) eröffnet. „In mehreren Beiträgen wird das aktuell verfügbare forschungsmethodische Instrumentarium unter dem Gesichtspunkt seiner Ergiebigkeit für die spezifische fachdidaktische Arbeit dargestellt und reflektiert. Dabei ist die Spannbreite von qualitativen und quantitativen Methoden berücksichtigt; Anregungen für die Anlage und Durchführung einschlägiger Untersuchungen werden gegeben. […So werden] am Beispiel empirischer Studien zu verschiedenen Inhaltsbereichen des Sachunterrichts Einblicke in Forschungswerkstätten gegeben und [es wird] konkret aufgezeigt, wie sich eine verbesserte Kenntnis der Vorerfahrungen und des Denkens von Kindern auf die Qualität und den Ertrag eines substantiellen Sachunterrichts auswirkt. Mit solchen Kenntnissen lassen sich dann auch Unterrichtskonzepte und -strategien bewerten und optimieren" (a.a.O., S. 7f.). Hier sieht Köhnlein dann auch den Ertrag dieses Forschungsbandes für praktizierende Sachunterrichtslehrkräfte.

- *Hartinger, Andreas/ Kahlert, Joachim (Hrsg.): Förderung des wissenschaftlichen Nachwuchses. Perspektiven fachdidaktischer Forschung 2005.*

Mit diesem Band fokussiert der Fachverband der GDSU auf die eigene Disziplin, indem die Perspektiven und inhaltlichen Schwerpunktsetzungen des eigenen wissenschaftlichen Nachwuchses in den Blick genommen werden. Denn „die Förderung des wissenschaftlichen Nachwuchses ist eine notwendige Voraussetzung für die Weiterentwicklung und damit, auf lange Sicht, für die Überlebensfähigkeit akademischer Disziplinen" (Kahlert/ Hartinger 2005, S. 9). So beleuchten die

Autoren Spreckelsen und Schreier die Nachwuchsförderung in der eigenen Disziplin, indem sie auch die damit verbundenen Aufgaben einer Fachgesellschaft herausstellen. Diese könne junge Kolleginnen und Kollegen unterstützen durch die Organisation der „Betreuung des Nachwuchses“, durch das Anstreben von „Transparenz über den Personalbedarf“, durch das „Schaffen einer Verständigungsbasis“ „über wünschenswerte Qualifikationen des Nachwuchses“ (ebenda, S. 10), durch die Würdigung von Qualifikationsarbeiten und der Belohnung von ‚vorbildlicher Betreuung‘ (vgl. ebenda, S. 9f.). Anhand einiger Forschungsarbeiten von NachwuchswissenschaftlerInnen werden inhaltliche Schwerpunktsetzungen der Fachdisziplin aufgezeigt. In ihren jeweiligen Beiträgen verweisen die Autor/innen aber auch auf typische Probleme, Schwierigkeiten in dieser Phase der Qualifikation und ihren eigenen individuellen Umgang damit, um so auch zukünftige Nachwuchsforscher/innen anzusprechen. Der Wert eines fachwissenschaftlichen Austausches über neue Erkenntnisse wird in diesem Band verdeutlicht, indem jede vorstellte Forschungsarbeit von zwei „erfahrenen“ Kolleginnen und Kollegen kommentiert wird.

- *Giest, Hartmut/ Hartinger, Andreas/ Kahlert, Joachim (Hrsg.): Kompetenzniveaus im Sachunterricht 2008.*

Die Diskussion um die Einführung von Bildungsstandards und das Nachdenken über vergleichbare Kompetenzen greift dieser Forschungsband auf. Denn „man kann festhalten, dass es aktuell kaum möglich ist, über Ziele pädagogischen bzw. zumindest schulisch-unterrichtlichen Handelns zu diskutieren ohne auf den Begriff der Kompetenz zumindest einzugehen. […] Dies gilt auch für den Sachunterricht […], auch wenn kritische Stimmen vor möglichen Fehlentwicklungen warnen“ (Hartinger/ Giest/ Kahlert 2008, S. 7). So wird mit diesem Band der Frage nachgegangen, „inwieweit die Formulierung von Kompetenzen, von Kompetenzniveaus oder auch von Bildungsstandards für ein Fach wie den Sachunterricht möglich, sinnvoll oder wünschenswert ist“ (ebenda, S. 12). Ausgehend von den jeweiligen Bezugsdomänen sachunterrichtlichen Lernens werden Kompetenzmodelle und deren Relevanz für den Sachunterricht diskutiert.

- *Banholzer, Agnes: Die Auffassung physikalischer Sachverhalte im Schulalter. Herausgegeben und eingeleitet von Bernd Feige und Hilde Köster 2008.*

Dieser Forschungsband hebt sich in seiner inhaltlichen Ausgestaltung von den anderen Bänden der Reihe ab. Denn dieser erhält die Neuedition der Dissertation von Agnes Banholzer aus dem Jahr 1936. Indem die Herausgeber dieser Arbeit als „Pionierleistung auf dem Gebiet der Erforschung kindlichen Denkens über physikalische Phänomene“ (Feige/ Köster 2008, S. 7) bezeichnen, verdeutlichen sie zugleich den Stellenwert dieses Formats fachdidaktischer Forschung zu diesem Zeitpunkt. Der Text von Banholzer wird in dieser Ausgabe gerahmt durch

Darstellungen zu ihrer Person, insbesondere ihrer Berufsbiographie und ihrem Schrifttum. Zudem erfährt der Text eine entwicklungspsychologische und rezeptionsgeschichtliche Verortung. „Neben seinem Quellencharakter bietet der Text einen auch noch wertvollen Fundus von Kinderäußerungen zu naturwissenschaftlichen Problemen“ (ebenda).

- *Fischer, Hans-Joachim/ Gansen, Peter/ Michalik, Kerstin (Hrsg.): Sachunterricht und frühe Bildung 2010.*

Ausgehend von der Diskussion um den Stellenwert der Förderung frühkindlicher Bildung dokumentiert dieser Forschungsband „die aktuellen im Umfeld der Didaktik des Sachunterrichts aufkommenden Forschungen zur frühkindlichen Auseinandersetzung mit Phänomenen der Welt“ (Fischer/ Gansen/ Michalik 2010, Klappentext). Ziel dieser Forschungsvorhaben ist es zu prüfen, „welche Formen des Lernens und der Weltaneignung, welche pädagogischen und didaktischen Impulse aus dem vorschulischen Bereich auch für das Lernen in der Grundschule wichtig und wünschenswert sind“ (a.a.O., S. 8). Anhand verschiedener Forschungsprojekte und grundlegender Diskussionen von Konzepten vorschulischen Lernens werden neben forschungsmethodischen Zugängen zu vorschulischen Bildungsprozessen auch theoretische Bezugsetzungen in den Blick genommen, um „Fragestellungen und Ergebnisse auf ihre didaktisch-methodischen Konsequenzen für die Praxis der frühpädagogischen Förderung des kindlichen Weltverstehens“ (a.a.O., S. 9) auszuloten.

2 Gewürdigte Forschungsvorhaben

2.1 Zur Verleihung des GDSU- (bzw. Ilse-Lichtenstein-Rother-Preises) und Faraday-Preises

Neben einem Preis für Lehrerinnen und Lehrer an Grundschulen, „die sich in besonderer Weise um den naturwissenschaftlichen Sachunterricht in der Grundschule verdient gemacht haben“ (Homepage der GDSU) kann die GDSU mit zwei weiteren Preisen „besonders herausragende Dissertationen oder Habilitationsschriften in der Didaktik des Sachunterrichts“ (ebenda) auszeichnen, die bereits ihren Abschluss gefunden haben. „Für Arbeiten mit einem naturwissenschaftlich-technischen ausgerichteten Schwerpunkt kann jährlich der „Faraday-Preis“ vergeben werden. Er wird vom Fonds der Chemischen Industrie, dem Förderwerk des Verbandes der Chemischen Industrie e. V. (VCI), gestiftet und ist zurzeit mit 1.000 EUR dotiert. Die eingereichten Arbeiten sollen innovativ und praxisrelevant sein und vorzugsweise dem Stiftungsanliegen entsprechen. Der

Faraday-Preis kann auch anteilig für hervorragende Examensarbeiten vergeben werden" (ebenda).

Im Jahr 2013 wurde der GDSU-Preis erstmalig unter dem Namen „Ilse-Lichtenstein-Rother-Preis" verliehen. Der Name bezieht sich auf die Didaktikerin Ilse Lichtenstein-Rother (1917-1991), die insbesondere in den 1960er Jahren konzeptionelle Überlegungen zu kindzentrierter Unterrichtsgestaltung und dem sachunterrichtlichen Schulanfang publizierte. Sie trug maßgeblich dazu bei, in den niedersächsischen Richtlinien die Fachbezeichnung „Sachunterricht" einzuführen (vgl. Röbe 1997, S. 130).

Beide Preise zur Würdigung von Qualifikationsarbeiten wurden mit dem Ziel eingerichtet, „Anreize zu schaffen und zugleich die Wertschätzung des eigenen Nachwuchses öffentlich zu dokumentieren" (Kahlert/ Hartinger 2005, S. 20). Aber auch der Nutzen für die Entwicklung des eigenen Faches und damit auch für die Fachgesellschaft sei hervorzuheben (vgl. ebenda). Denn das Fach Sachunterricht als junges Fach ringe um seine Anerkennung und müsse sich aufgrund der „Heterogenität der Forschungsbereiche und Zugänge" seinen Platz als Disziplin erarbeiten (vgl. ebenda). Hervorragende Forschungsarbeiten können diese Aufgaben maßgeblich unterstützen.

Die folgende Übersicht führt im Einzelnen die für ihre Qualifikationsarbeiten ausgezeichneten Preisträgerinnen und -träger an. Hier wird deutlich, dass ein Schwerpunkt der gewürdigten Arbeiten im Bereich der empirischen Unterrichtsforschung mit der Analyse von Schülervorstellungen zu verschiedenen Inhaltsgebieten des Sachunterrichts sowie der Erforschung der Wirksamkeit von Lehr-Lernumgebungen liegt. Neben dem Fokus auf Lehr-Lernprozesse der Schülerinnen und Schüler wird dabei auch das professionelle Selbstverständnis der Lehrkraft in den Blick genommen. Darüber hinaus widmen sich einzelne Arbeiten dem Stellenwert historischer Ausrichtungen bzw. Konzeptionen des Sachunterrichts für die Entwicklung des Faches heute.

2.2 GDSU-Preis/Ilse-Lichtenstein-Rother-Preis:

2000
Bernd Reinhoffer
„Heimatkunde und Sachunterricht im Anfangsunterricht. Entwicklung, Stellenwert, Tendenzen"

2002
Marcus Rauterberg
„Die ‚alte' Heimatkunde im Sachunterricht. Eine vergleichende Analyse der Richtlinien für den Realienunterricht in der Grundschule in Westdeutschland 1945-2000"

2003
Eva Gläser
„Perspektivität und didaktische Relevanz. Alltagstheorien von Grundschülern über Arbeitslosigkeit"

Claudia Tenberge
„Persönlichkeitsentwicklung und Sachunterricht. Eine empirische Untersuchung zur Persönlichkeitsentwicklung in handlungsintensiven Lernformen im naturwissenschaftlich-technischen Sachunterricht der Grundschule"

2004
Beate Blaseio
„Entwicklungstendenzen der Inhalte des Sachunterrichts der Primarstufe im Spiegel von Sachunterrichtslehrwerken von 1970-2000"

2006
Simone Seitz
„Zeit für eine Grundschule mit allen Kindern – Didaktische Rekonstruktion von Zeit für inklusiven Sachunterricht"

2007
Eva Heran-Dörr
„Das Projekt SUPRA – Entwicklung und Evaluation einer internetunterstützten Lehrerfortbildung zur Förderung der physikdidaktischen Kompetenz von Sachunterrichtslehrkräften. Eine explorative Studie zu den Auswirkungen der Fortbildungsmaßnahme auf komplexe Lehrerkognitionen"

Sandra Tänzer
„Die Thematisierung im Sachunterricht der Grundschule. Entwurf und Optimierung eines Planungs- und Handlungsmodells der Thematisierung im Sachunterricht auf der Grundlage der Struktur dieser Unterrichtssituation"

2008
Claudia Schomaker
„Der Faszination begegnen. Didaktische Relevanz ästhetischer Zugangsweisen im Sachunterricht für alle Kinder"

2013
Iris Baumgardt
„Der Beruf in den Vorstellungen von Grundschulkindern"

Faraday-Preis:

2001
Lydia Murmann
„Physiklernen zu Licht, Schatten und Sehen, eine phänomenographische Untersuchung in der Primarstufe"

2002
Brunhild Landwehr
„Die Distanz von Sachunterrichtslehrkräften und Sachunterrichtsstudierenden zur Physik. Eine qualitativ-empirische Studie zu den Ursachen"

2003
Christina Beinbrech
„Problemlösen im Sachunterricht der Grundschule. Eine empirische Studie zur Gestaltung von Lehr-Lernumgebungen im Hinblick auf die Förderung des Problemlöseverhaltens im Sachunterricht"

2006
Hilde Köster
„Freies Explorieren und Experimentieren – eine Untersuchung zur selbstbestimmten Gewinnung von Erfahrungen mit physikalischen Phänomenen im Sachunterricht"

2007
Ute Franz
„Lehrer- und Unterrichtsvariablen im naturwissenschaftlichen Sachunterricht. Eine empirische Studie zum Wissenserwerb und zur Interessenentwicklung in der dritten Jahrgangsstufe"

2009
Eva Blumberg
„Multikriterielle Zielerreichung im naturwissenschaftlichen Sachunterricht"

Michael Haider
„Der Stellenwert von Analogien für den Erwerb von naturwissenschaftlichen Erkenntnissen – Beispiel ‚Elektrischer Stromkreis'"

2011
Kim Lange
„Zusammenhänge zwischen naturwissenschaftsbezogenem fachspezifisch-pädagogischem Wissen von Grundschullehrkräften und Fortschritten im Verständnis naturwissenschaftlicher Konzepte bei Grundschülerinnen und -schülern"

2012
Anne Ewerhardy
„Zusammenhänge zwischen Verständnisorientierung von naturwissenschaftsbezogenem Sachunterricht und Fortschritten im Verständnis naturwissenschaftlicher Konzepte bei Lernenden der Grundschule“

2013
Annika Ohle
„Primary School Teachers‘ Content Knowledge in Physics and its Impact on Teaching and Students' Achievement”.

3 Initiierte Forschung

3.1 Zur Arbeit der „Kommission zur Förderung von Drittmittelprojekten“

Im Jahr 2007 stellte Wolfgang Einsiedler im Rahmen der Mitgliederversammlung den Antrag, eine Arbeitsgruppe mit dem Ziel einzurichten, „empirische Forschung zum sozial- und naturwissenschaftlichen Sachunterricht zu aktivieren und zu profilieren“ (Protokoll der Mitgliederversammlung 2007/ GDSU-Info, H. 37, 23). Begleitet wurde dieses Anliegen durch eine von ihm und Maria Fölling-Albers verfasste Stellungnahme, die das Verhältnis der GDSU zu empirischer Forschung mit Blick auf „aktuelle Entwicklungen in der pädagogischen Forschung, in den Didaktiken und in der GDSU“ (Einsiedler/ Fölling-Albers 2007, S. 5) fokussiert. Sie kommen zu dem Schluss, dass die GDSU „der geeignete Ort [ist], um die Spezifika der Verbindung einer anwendungsnahen didaktischen Forschung mit guten methodischen Standards weiterzuentwickeln. Neben diesem Typus der Forschung zu praxisrelevanten Unterrichtskonzepten, bei der – auch in den Vorschlägen der DFG und der HRK – Lehrer/innen aus der Praxis mit verbesserter institutioneller Absicherung mitwirken sollten, wäre insgesamt eine ‚nutzeninspirierte Grundlagenforschung‘ […] zum Sachunterricht anzustreben“ (a.a.O., 13f.). Die Kommission verfolgte in den Jahren 2007-2009 die Absicht, einen Antrag für ein Forschungsprojekt in diesem Sinne zu entwickeln. Dieser wurde der Deutschen Forschungsgemeinschaft zur Begutachtung vorgelegt. So konnte auf der Mitgliederversammlung im Jahr 2010 folgendes Arbeitsergebnis präsentiert werden:
„Die Kommission hatte den Auftrag, Defizite bei der Einwerbung von Drittmitteln für die empirische Forschung zum Sachunterricht aufzuarbeiten und innerhalb der GDSU ein Netzwerk für Drittmittelforschung bzw. zentrale Standorte für empirische Forschung aufzubauen. Die Kommission kam diesem Auftrag nach, indem sie sechs Standorte der Sachunterrichtsforschung in Deutschland zusammenbrachte und einen gemeinsamen Antrag an die DFG formulierte. […]

Auf Anraten der DFG wurde ein sog. Paketantrag erstellt, d.h. ein Rahmenpapier und sechs miteinander verbundene Anträge auf Teilprojekte. Im Oktober 2009 wurde der Paketantrag mit dem Titel:
Instruktionale Bedingungen für den Aufbau flexibler Wissensstrukturen im naturwissenschaftlichen Sachunterricht der Grundschule (IBed) eingereicht. Der Paketantrag umfasst folgende Einzelanträge:
Augsburg: *Die Bedeutung von Transferdistanzen bei der Förderung der Dekontextualisierung im naturwissenschaftlichen Lernen der Grundschule*
Bamberg: *Kontextvariationen und der Einsatz externer Repräsentationen zum Aufbau eines mentalen Modells bei Grundschulkindern am Beispiel eines einfachen Stromkreises*
Erlangen-Nürnberg: *Kognitive Aktivierung in kooperativen Lernphasen des naturwissenschaftlichen Sachunterrichts*
Münster und Frankfurt: *Falsifizierungsprozesse im naturwissenschaftlichen Sachunterricht der Elementar- und Primarstufe*
Potsdam: *Förderung von Konzeptwechsel-/ Konzeptentwicklungsprozessen durch Anwendung der Lehrstrategie des Aufsteigens vom Abstrakten zum Konkreten*
Regensburg: *Nutzung von Analogiemodellen für den Aufbau anschlussfähiger Konzepte bei Grundschülerinnen und Grundschülern am Beispiel ‚Stromkreis'"* (Giest 2010, 22f.).
Im Zuge des Begutachtungsprozesses wurden zunächst zwei sowie zwei weitere nach Wiedereinreichung der insgesamt sechs Teilprojekte bewilligt und die Arbeit der Kommission im Jahr 2011 beendet. Der Vorstand der GDSU betont in diesem Zusammenhang nachdrücklich, derartige Initiativen auch weiterhin zu unterstützen, um Forschungsaktivitäten in diesem Sinne zu fördern.

4 Ausblick

Weiterhin wird die GDSU Forschung im Kontext der Fachdidaktik Sachunterricht in unterschiedlicher Weise unterstützen: publizieren, würdigen und initiieren. Zu diesem letzten Punkt gehörte auch die Aussage von Hans-Joachim Fischer, der in seinem Jahresbericht auf zukünftige mögliche Forschungsaufgaben der GDSU hinwies: Nach der Publikation des überarbeiteten erweiterten Perspektivrahmens zeige dessen Implementierung verschiedene Möglichkeiten der „Anschlussforschung" (Fischer 2013, S. 18) auf. Diese könne neben „Informationsinitiativen für die 2. Phase der Lehrerbildung und Folgebänden mit Aufgabenbeispielen" ein Weg sein, das im Perspektivrahmen Sachunterricht dargelegte Verständnis sachunterrichtlichen Lernens nachhaltig zu verankern. So betont er damit nachdrücklich das grundsätzliche Anliegen der GDSU in Bezug auf zukünftige Forschungsaktivitäten der Mitglieder: „Der Vorstand [sieht] weiterhin die Bedeutung der empirischen Forschung und die Notwendigkeit, sie in der Gesellschaft durch besondere Anstrengungen zu fördern. Dazu können auch sinnvolle Formen der Institutionalisierung dieses Anliegens in der Gesellschaft gehören" (ebenda).

Literatur

Einsiedler, W.; Fölling-Albers, M. (2007): GDSU und empirische Forschung – Stellungnahme zu aktuellen Entwicklungen in der pädagogischen Forschung, in den Didaktiken und in der GDSU. In: GDSU-Info Juli 2007, H. 37, S. 5-14.

Feige, B.; Köster, H. (2008): Vorwort. In: Banholzer, A. (2008): Die Auffassung physikalischer Sachverhalte im Schulalter. Hrsg. und eingeleitet von B. Feige und H. Köster. Bad Heilbrunn, S. 7.

Fischer, H.-J. (2013): Rechenschaftsbericht des Ersten Vorsitzenden der GDSU auf der Mitgliederversammlung am 08. März 2013 in Solothurn. In: GDSU-Info Juli 2013, H. 55, S. 10-20.

Fischer, H.-J.; Gansen, P.; Michalik, K. (2010): Sachunterricht und Frühe Bildung. Einführung in die Thematik des Forschungsbandes. In: dies. (Hrsg.): Sachunterricht und frühe Bildung. Bad Heilbrunn, S. 7-11.

Giest, H. (2010): Rechenschaftsbericht des Ersten Vorsitzenden der GDSU Hartmut Giest auf der Mitgliederversammlung am 5. März 2010. In: GDSU-Info Juli 2010, H. 46, S. 13-24.

GDSU-Info Juni 1999, GDSU-Dokumentation 1992-1999.

GDSU-Info Juli 2007, H. 37.

Hartinger, A.; Giest, H.; Kahlert, J. (2008): Kompetenzniveaus im Sachunterricht – Einführung in den Forschungsband. In: dies. (Hrsg.): Kompetenzniveaus im Sachunterricht. Bad Heilbrunn, S. 7-14.

Kahlert, J.; Hartinger, A. (2005): Förderung des wissenschaftlichen Nachwuchses – Verantwortung in unübersichtlichem Gelände. In: Hartinger, A.; Kahlert, J. (Hrsg.): Förderung des wissenschaftlichen Nachwuchses im Sachunterricht. Perspektiven fachdidaktischer Forschung. Bad Heilbrunn, S. 9-33.

Köhnlein, W. (2001): Einleitung: Innovation und zukunftsfähige Bestände. In: Köhnlein, W.; Schreier, H. (Hrsg.): Innovation Sachunterricht – Befragung der Anfänge nach zukunftsfähigen Beständen. Bad Heilbrunn, S. 7-20.

Köhnlein, W. (2002): Vorwort. In: Spreckelsen, K.; Möller, K.; Hartinger, A. (Hrsg.): Ansätze und Methoden empirischer Forschung zum Sachunterricht. Bad Heilbrunn, S. 7-8.

Röbe, E. (1997): Lichtenstein-Rother. In: Kaiser, A. (Hrsg.): Lexikon Sachunterricht. Baltmannsweiler; S. 130.

Schön, L.-H. (2012): GFD-Fachtagung 2011 – Formate fachdidaktischer Forschung. In: Bayrhuber, H.; Harms, U.; Muszynski, B.; Ralle, B.; Rothgangel, M.; Schön, L.-H.; Vollmer, H. J.; Weigand, H.-G. (Hrsg.): Formate fachdidaktischer Forschung. Empirische Projekte – historische Analysen – theoretische Grundlegungen. Münster, S. 7-9.

Tenorth, H.-E. (2012): Forschungsfragen und Reflexionsprobleme – zur Logik fachdidaktischer Analysen. In: Bayrhuber, H.; Harms, U.; Muszynski, B.; Ralle, B.; Rothgangel, M.; Schön, L.-H.; Vollmer, H. J.; Weigand, H.-G. (Hrsg.): Formate fachdidaktischer Forschung. Empirische Projekte – historische Analysen – theoretische Grundlegungen. Münster u.a., S. 11-27.

Hans-Joachim Fischer

Von der Notwendigkeit, Theorie und Praxis, Forschung und Lehre in der Didaktik des Sachunterrichts zusammenzudenken

1 Über die Würde von Kinderaussagen

Siegfried Thiel (2012) und Peter Buck (2012), beide Schüler Martin Wagenscheins, haben in einer aktuellen Ausgabe einer pädagogischen Zeitschrift zwei Beiträge nebeneinander gestellt. Obwohl ursprünglich als separate Abhandlungen verfasst, wurden die Beiträge zum Zweck der gemeinsamen Publikation so bearbeitet, dass sie nun dialogisch aufeinander bezogen erscheinen. Der eine Autor, Siegfried Thiel, präsentiert und kommentiert ein Unterrichtsgespräch mit Viertklässlern, welches er bereits 1989 in einer Freiburger Grundschule durchgeführt und aufgezeichnet hatte. Die Kinder setzen sich darin mit dem Phänomen auseinander, dass Gegenstände verharren, wenn man die Unterlage, auf der sie sich befinden, ruckartig und schnell zur Seite zieht. Der andere Autor, Peter Buck, nutzt das Unterrichtsbeispiel, um daran Prozesse des „authentischen Verstehens" bei den Kindern zu ergründen und in ihrem Licht den Beitrag, den unterschiedliche Auffassungen vom Lernen zur Erhellung dieser Prozesse leisten, vergleichend auszuloten. Er wählt dazu einerseits die verbreitete konstruktivistische Auffassung, welche geeignet erscheint, die je individuellen Deutungen der Kinder vor dem Hintergrund ihrer spezifischen kognitiven Strukturen zu erfassen. Sie bedarf andererseits der Ergänzung durch die phänomenologische Auffassung, dass Lernen nur in dem Maße gelingen kann, in dem Kinder eine Beziehung zum Lerngegenstand eingehen. In dieser Beziehung gründet, was Martin Wagenschein (1999, S. 78f.) „Einwurzelung" genannt und als unabdingbare Voraussetzung des Verstehens herausgestellt hat.
Siegfried Thiel hat seinen Beitrag unter eine bemerkenswerte Überschrift gestellt: „Über die Würde von Kinderaussagen" (er meint damit auch Kindergedanken). Er erläutert diese dem Kind zukommende Würde im Blick auf eine Grundhaltung Wagenscheins, die Peter Buck in dessen Text zur pädagogischen Dimension der Physik (1971) ausgemacht hat: „Was immer dieses Kind hier vor mir in einem offensichtlich ernst gemeinten Gespräch sagt, hat seine Berechtigung und gründet

auf bisherige Erfahrung ebenso wie auf eine noch plastische Welt-Sicht, Welt-Anschauung. Und diese Welt-Anschauung verlangt meinen Respekt, auch wenn ich ihm Physik verstehen lehren will" (Buck 2008, S. 53). Weiter unten heißt es: „Wagenscheins Text kann man als ein Plädoyer für die Annahme der Vernünftigkeit des Kindes in jedem Augenblick seines Lebens ansehen" (ebenda).
Buck und Thiel modellieren mit Wagenschein das Lernen des Kindes als einen Prozess des „authentischen Verstehens". Das authentische Verstehen hat zwei Seiten. Einerseits muss die Sache, die Realität dessen, worauf sich das Verstehen bezieht, in dem Prozess zur Geltung und Wirkung kommen. Deshalb legen die Kinder in Thiels Unterrichtsbeispiel Münzen auf eine Unterlage, die sie dann wegziehen. Sie ziehen mal schnell und ruckartig, mal langsam, legen eine oder mehrere, schwere und leichte Münzen oder auch andere Gegenstände auf die Unterlage, variieren die Unterlage, die sie glatt oder rau wählen und setzen sich am Ende sogar selbst auf eine Unterlage. Die so erfahrene Realität kommt im Prozess des Verstehens darin zur Geltung und Wirkung, dass die Kinder ihre Auffassungen bestätigt sehen oder dass sie sie aufgeben und angeregt werden, andere Auffassungen zu bilden. Die zweite Seite des Verstehens, der konstruktive Aufbau des Wissens, besteht darin, dass in ihm die Auffassungen der Kinder zur Geltung und Wirkung kommen. Deshalb erzählt Thiel den Kindern nicht, was er über die Gesetze der Trägheit in Physiklehrbüchern gelesen hat, sondern fordert sie heraus, ihre eigenen Auffassungen an den selbst gemachten Erfahrungen zu bilden und zu kommunizieren. Ganz in diesem Sinne bilden moderne konstruktivistische Didaktiken Lernszenarien, in die Kinder ihre „Präkonzepte" einbringen, um sie im Licht neuer Erfahrungen und im Dialog unterschiedlicher Auffassungen zu überprüfen und weiterzubilden. Buck und Thiel würden im Blick auf Wagenschein solche Szenarien begrüßen, aber einen wichtigen Einwand vorbringen. Lernen ist kein unverbindliches intellektuelles Spiel, in dem Konzepte beliebig generiert, ausgetauscht und wieder abgelegt werden können. In den Auffassungen, die Kinder vorbringen, spiegeln sich Beutungen und Beziehungen ihres Lebens. Welt-Auffassungen haben eine biographische Struktur, die tief in der leiblichen und soziokulturellen Konstitution früher Welterfahrungen gründet, in erlebten Episoden und Begegnungen, in gelebten Gewohnheiten und Bindungen (vgl. Fischer 2006, Hegedűs/ Fischer 2010). Lange bevor Kinder damit beginnen, eine Sprache zu entwickeln, die die Explikation von Konzepten ermöglicht, haben sie ihre Welt bereits geordnet – in aktionalen, bildlichen und narrativen Mustern, „Gestalten" (vgl. Schäfer 2010). Die Vernunft des Kindes, von der Wagenschein spricht, wurzelt tiefer, als ihre Sprache reicht. Darin haben auch Präkonzepte – ganz im Sinne Thiels – eine Würde. Wenn wir sie nur als Auffassungen über Sachen wahrnehmen, entgehen uns die lebendigen Beziehungen der Kinder zu den Sachen.

2 Über die pädagogischen Einwirkungen Erwachsener

Kinder haben eine Authentizität, ja eine eigene „Würde" darin, dass ihr Weltverstehen in eigenen Beziehungen zu dieser Welt und in eigenen Auffassungen über die Welt gründet. Daraus lassen sich Folgerungen ziehen, wie wir das pädagogische Einwirken Erwachsener auf kindliche Lernprozesse zu verstehen haben. Dass im kindlichen Lernen Ursachen und Wirkungen ausgemacht werden können, dass also auch Erwachsene auf das kindliche Lernen förderlich einwirken können, sei unbestritten (vgl. dazu Brezinka 1974, S. 60ff.). Auch Siegfried Thiel setzt Ursachen, die Kinder veranlassen, etwas auszuprobieren, etwas zu überdenken, etwas auszusprechen und mitzuteilen. Er trägt ganz wesentlich dazu bei, dass die Kinder am Ende etwas gelernt haben. Dennoch muss er sich darauf beschränken, Angebote zu machen. Er bietet den Kindern an, sich auf einen Lerngegenstand zu beziehen und ihn aufzufassen. Ob und wie sie sich darauf beziehen, wie sie ihn auffassen, ist jedem Kind selbst überlassen. Zwar kann sich Thiel in den Prozess des Verstehens einmischen, kann Ursachen setzen und bei Kindern Wirkungen erzielen. Aber welche Wirkung eine Ursache hat, hängt auch davon ab, wie sich das Kind, das sie betrifft, darauf bezieht und wie es sie auffasst. Die Kausalität des Verstehensprozesses beim Kind ist also vermittelt durch einen je eigenen intelligiblen Zugriff. Darin hat jedes Kind ein Freiheitspotential (vgl. Chisholm 1978), das sich im Sinne Kants (1974) begründet als ein Potential der Freiheit zur Vernunft. Anders als Kant sehen wir den Anspruch der Vernunft heute nicht mehr unbedingt. Aber wir diskutieren Geltungsmaßstäbe für unsere Auffassungen (vgl. Popper 1973), für die wir einen objektiven, ja universellen Anspruch reklamieren. Auch Kinder haben dazu einen Zugang. Er ist ein wichtiges Korrektiv in ihrem Bildungsprozess.

Neben dieser objektiven Seite hat die Vernunft aber auch eine subjektive Seite, die in der je individuellen Konstitution einer Beziehung des Kindes zum Gegenstand der Auffassung begründet ist. Auch diese Seite verdient Achtung. Deshalb behandelt Siegfried Thiel die Kinder nicht als Objekte, an denen es etwas Vorgedachtes zu bewirken gilt. Vielmehr tritt er in einen intersubjektiven Dialog. Dieser Dialog und der durch ihn begründete Lern- und Verstehensprozess ist hinsichtlich seiner Richtung und seiner Ergebnisse prinzipiell offen.

Dieses Verständnis der Lehr-Lernbeziehung von Erwachsenen und Kindern ist für den Sachunterricht und seine Didaktik grundlegend und breit akzeptiert. Zuletzt wurde es von Walter Köhnlein (2012) bestätigt. Der Sachunterricht hat nicht nur die Aufgabe, die Vernunft der Kinder zu fördern. Er hat sie auch vorauszusetzen und zu achten, auch da, wo sie aus je individuellen Beziehungen und Erfahrungen noch anfänglich und scheinbar vorläufig und unvollkommen mit ihren Mitteln ringt, sich zu artikulieren. Was aber für pädagogische Prozesse in den Lehr-Lern-Szenarien des Sachunterrichts gilt, muss auch für die Theoriebildung und die Erforschung von Lehr-Lernprozessen gelten. Auch diese haben sich epistemologisch und methodologisch an der Würde der kindlichen und erwachsenen Akteure in ihren auf Verstehen gerichteten Dialogen zu bemessen. Sie müssen sich also auch darauf einlassen, wie Kinder je individuell in Beziehungen zu ihrer Welt treten und wie sie sie auffassen. Und sie sollten die darin liegende kindliche Freiheit und Autonomie anerkennen.

3 Über die Dignität der pädagogischen Praxis

Siegfried Thiel ist Hochschullehrer und als solcher Theoretiker des Sachunterrichts. Sein wissenschaftliches Werk aber zeichnet sich gerade dadurch aus, dass er immer wieder praktische Versuche unternommen, dokumentiert und kommentiert hat. Seine Praxis ist sehr bewusst und theoriegeleitet. Sie folgt den Prämissen eines genetischen Unterrichts und achtet die Würde der Kinder als Subjekte authentischen Verstehens. Gerade darin haben Thiels Unterrichtsversuche einen Wert, dass sich an ihnen genetisches, authentisches Lehren und Lernen exemplarisch und im Detail studieren lässt. Aber seine theoretischen Vorannahmen kommen in der Praxis immer wieder ins Straucheln. Das Geländer, mit dem sie sein Handeln stützen, hält nur bedingt. Thiel muss bedauernd feststellen, dass der Dialog Grenzen hat, weil er selbst Kinder nur unzureichend versteht oder weil er situativ unpassend reagiert. Vor allem scheitert er bei dem Versuch, alle Kinder in das Gespräch einzubeziehen. Ja, vielleicht lassen sich einige gar nicht auf das Lernangebot ein. Obwohl Thiels Dokumentationen hervorragende Unterrichtsbeispiele präsentieren, sind sie nicht perfekt. Darin ergeht es Thiel wie jedem Praktiker. Es gibt eine Differenz zwischen Theorie und Praxis. Daraus erwächst die Verantwortung, die Praxis und die sie begründenden Theorien zu überprüfen und zu verbessern.

Erich Weniger (1952) hat gezeigt, dass diese nahezu prinzipielle Differenz von Theorie und Praxis nicht gleichzusetzen ist mit einer Differenz von Theoretikern und Praktikern. Praxis ist ohne Theorie nicht zu leisten, auch wenn Praktiker, anders als Theoretiker, nicht die Aufgabe haben, sich explizit um Theorien zu kümmern. Deshalb sind ihre Theorien impliziter, sparsamer und eher auf die Vermittlung von Handlungssicherheit als auf kritische Prüfung angelegt. Freilich machen auch Theoretiker, die ihre Reflexions- und Forschungsinseln verlassen und sich wie Thiel der Unterrichtspraxis aussetzen, die Erfahrung, dass sie ohne implizites Wissen, Spontaneität und einen gewissen pragmatischen Dogmatismus handlungsunfähig wären. In der Praxis des Sachunterrichts kommt Theorie also notgedrungen anders ins Spiel als in Kontexten von Wissenschaft und Forschung. Mehr noch: Erich Weniger steht in der Tradition einer Pädagogik, die in der Nachfolge

Schleiermachers der pädagogischen Praxis eine eigene Würde gegenüber den theoretischen Angeboten von Wissenschaft und Forschung einräumt. „Die Dignität der Praxis ist unabhängig von der Theorie; die Praxis wird nur durch die Theorie eine bewusstere" (Schleiermacher 1902, S. 7). Schleiermacher versteht dies zunächst historisch. Darin liegt aber auch eine anthropologische Begründung, die wir – Schleiermachers Argumentation verlassend – im Blick auf das Thielsche Unterrichtsbeispiel verdeutlichen wollen. Thiel vermag nur insofern in einen Dialog mit den Kindern zu treten, als er selbst für seine Äußerungen, Auffassungen und Überzeugungen den gleichen Respekt, die gleiche Würde in Anspruch zu nehmen vermag, die er auch den Kindern zugesteht. Das setzt voraus, dass er nicht bloß spielt und vorgibt, sondern – wie die Kinder – ernsthaft beteiligt ist. Wie die Kinder hat er dabei auch ein Anrecht darauf, seine ganz persönliche Beziehung zum Gegenstand, seine Betroffenheit und die lebensgeschichtlichen Bedeutungen einzubringen, die ihn mit der Sache verbinden. Ernst-Michael Kranich (2000) macht darauf aufmerksam, dass diese subjektive Beteiligung des Lehrenden, man kann sie auch Liebe zur Sache nennen, unabdingbar für gelingenden Unterricht ist. Authentisches Lernen setzt authentisches Lehren voraus.

Thiel ist aber nicht nur Dialogpartner, er trägt darüber hinaus die pädagogische Verantwortung für den Unterricht. Deshalb denkt er anders als die Kinder über den Lerngegenstand nach. Er thematisiert ihn zugleich als einen Bildungsgegenstand für die Kinder. Und seine Handlungen wägt er unter der Fragestellung, was sie dazu beitragen, Bildung zu ermöglichen. Klaus Mollenhauer (1976, S. 120f.) hat in diesem Zusammenhang von einer „Meta-Intentionalität" der pädagogischen Situation bzw. des Erziehers gesprochen. Auch für diese Meta-Intentionalität und die in ihr liegenden Auffassungen und konstituierten Beziehungen zur pädagogischen Situation können Lehrerinnen und Lehrer Respekt und Würde reklamieren. Dies schließt freilich die Verantwortung dafür ein, die eigenen Beziehungen und Auffassungen zu reflektieren, auf bewährtes Wissen zu gründen und an objektiven Maßstäben kritisch zu überprüfen. Anders als die Kinder sind Erwachsene verantwortlich für das, was sie tun. Die pädagogische Verantwortung der Praxis gründet heute mehr denn je darin, ihre Theorie in einen wissenschaftlichen Begründungszusammenhang zu stellen. Umgekehrt hat die Pädagogik als Wissenschaft ihr Erkenntnisinteresse darin, zum Gelingen der Praxis beizutragen. Auch darin zeigt sich die Dignität der Praxis gegenüber der Theorie. Wie aber kann dieser Beitrag aussehen angesichts der Tatsache, dass Wissenschaftler sich anders mit Theorien befassen als Praktiker (vgl. dazu die Diskussion um pädagogisches Professionswissen bei Büscher 2004, Kap. 1)?

4 Über zwei Wege, den nomothetischen und den hermeneutischen Weg, Praxis auf Theorie und Forschung zu gründen

Wolfgang Einsiedler, der schon lange für eine dezidiert empirische Ausrichtung der Didaktik des Sachunterrichts eintritt (vgl. Einsiedler 1997), hat in einer neueren Studie (2011) sinnvolle Formate fachdidaktischer Forschung methodologisch begründet skizziert. Auf der Basis eines kritisch-rationalen Wissenschaftsverständnisses folgen seine Überlegungen einem gemäßigten technologischen Paradigma (vgl. dazu etwa Lenk 1973). Technologien setzen wissenschaftliche Bemühungen voraus, die Welt und ihre Sachverhalte in möglichst einfachen Sätzen zu beschreiben. Daraus lassen sich dann unter passenden Umständen Handlungsmöglichkeiten und Wirkungserwartungen ableiten. Der konkrete Fall wird dabei unter eine allgemeine Regel gestellt. Auch da, wo Lehrende, wie Siegfried Thiel, Prozesse authentischen Verstehens begleiten, wollen sie Wirkungen erzielen. Deshalb handeln sie nicht blind, sondern erfahrungsbegründet. Walter Köhnlein (vgl. 2012, S. 69ff.) hat genau in diesem Sinne die Wirkungserwartungen eines genetischen Unterrichts im Licht der Ergebnisse der neueren Lehr-Lern-Forschung überprüft. Im Extremfall behaupten Technologen, Praxis aus Theorie ableiten zu können. Von der Dignität der pädagogischen Praxis gegenüber der Theorie bliebe da nichts mehr übrig. Wolfgang Einsiedler ist weit entfernt von einer solchen Position. Er bindet Erziehungswissenschaft und die Fachdidaktiken an den Zweck, pädagogische Praxis zu verbessern. Er konzediert, dass Gesetzesannahmen für pädagogische Felder nur eingeschränkt möglich seien und dass Ergebnisse der Unterrichtsforschung nicht einfach auf Praxis übertragen werden können. Vor allem aber rechnet er mit der Freiheit der Akteure und damit mit der Subjektivität, Individualität und „Unberechenbarkeit" ihres Zusammenwirkens im Unterricht. Deshalb bedarf es besonderer angepasster Forschungsszenarien, welche Forschung stärker in praktischen Handlungskontexten platzieren. Bedingungen und Zwecke konkreter Praxis orientieren Forschung. Wissenschaft wird in den Dienst gestellt, praktische Probleme vor Ort zu lösen und kooperiert zu diesem Zweck mit Praktikern.

Siegfried Thiel stellt sich die Frage, warum es ihm nicht gelungen ist, die Mädchen in den Dialog über die trägen Münzen mit einzubeziehen. Als Lehrer und Hochschullehrer verfügt er über reiche Erfahrungen. Auch die Ergebnisse der Unterrichtsforschung sind ihm sicher nicht fremd. „Situiertes Lernen", „kognitive Aktivierung", „kognitive Strukturierung", „multiple Repräsentationen" mögen ihm stichwortartig durch den Kopf gehen – Schlaglichter auf wichtige Strategien für einen gelingenden Unterricht. Aber Thiels Problem erhellen sie nicht. Dies liegt daran, dass nomologisch-technologisches Wissen die Bedingungs- und Wirkungszusammenhänge menschlicher Praxis allenfalls in Faustskizzen abzubilden vermag. Immerhin können so wichtige Orientierungsprobleme gelöst werden.

Die Praxis des Sachunterrichts bedarf solcher Wegweiser, weshalb Unterrichtsforschung in den von Einsiedler vorgeschlagenen Formaten weiter betrieben und optimiert werden sollte. Aber wenn Siegfried Thiel ergründen möchte, warum die Mädchen sich auf sein Unterrichtsangebot nicht einlassen, bliebe ihm nichts anderes übrig, als zu versuchen, sich ihnen zu nähern, um zu verstehen, welche Beziehung sie zu ihm, seinem Angebot und den darin enthaltenen Lerngegenständen haben. Dieses Verstehen zielt nicht auf eine allgemeine Gesetzlichkeit, sondern auf eine besondere, individuelle Gegebenheit. Es lässt sich nicht aus der Distanz einer von Praxiskontexten verschiedenen oder gar abgelösten Forschungs- und Wissenschaftskultur erreichen, sondern verlangt Strategien der Annäherung, Beziehungsaufnahme und Identifikation. Es objektiviert nicht, sondern tritt in einen intersubjektiven Dialog, unterstellt und reflektiert also die eigene Subjektivität als eine Voraussetzung, die den Dialog mit konstituiert, um sich in ihm weiterzubilden und so nach Möglichkeit zu einem tieferen Verstehen zu gelangen. Für eine Didaktik des Sachunterrichts stellt sich die Frage, ob sie diesen Weg als eine Angelegenheit der Praxis unbeachtet lässt, oder ob sie ihn neben dem nomologisch-technologischen Weg erkenntnistheoretisch und methodologisch reflektiert und kultiviert, im engen Kontakt zur Praxis immer wieder geht, dabei immer neue Situationen aufschließt, einen Fundus von nahem, dichtem Wissen über besondere und individuelle Gegebenheiten schafft, dabei zu einem immer tieferen Verstehen, ja zu einer Expertise gelangt und so auch dazu beizutragen vermag, die offenen Lücken zu füllen, die die Faustskizzen der technologisch-nomologischen Rationalität niemals zu schließen vermögen. Oevermann (1996) hält die beiden Wege, den der nomothetischen und der hermeneutischen Orientierung für unvereinbar, gleichwohl beide für professionelles Wissen unabdingbar. Tatsächlich weisen sie in entgegengesetzte Richtungen, wenngleich durchaus Ansätze existieren, sie zu vereinbaren (vgl. etwa v. Wright 1974). Jedenfalls spricht nichts gegen die Pflege von Forschungsmilieus, in denen beide Wege dicht beieinander koexistieren und nach Möglichkeit aufeinander einwirken. Solche Milieus könnten sich als „Treibhäuser" verstehen, die dem praktischen und wissenschaftlichen Nachwuchs besonders gute Bedingungen bieten, an praktischen Problemstellungen wissenschaftlich reflektieren und forschen zu lernen. Das Verstehen ist dabei vorrangig. Nur dort kann man sich sinnvoll lösen und abstrahieren, wo man nahe gewesen ist. Und bevor Studierenden die Aufgabe gestellt wird, etwas zu überschauen, sollten sie Beziehungen zum Handlungsfeld aufgenommen haben (vgl. dazu Hinrichs 2009). Ein solches Milieu, eine solche Pflege von Forschung und Theorie kann nur in enger Kooperation mit einer Praxis existieren, die nicht als Forschungsgegenstand, sondern als Partner im Dialog einbezogen ist. Wie sich darin die Dignität der Praxis einlösen kann, hat Otto Friedrich Bollnow für uns immer noch gültig formuliert. Praktiker können sich auf ihr Tun besinnen, können es reflektierend einsehen und überschauen, können ihr Denken selbstkritisch von falschen

Vorstellungen befreien und sich ihrer Verantwortung vergewissern. „Erst in einer so gefassten Theorie erhebt sich die Erziehung über ein handwerklich-technisches Tun und erlangt die Würde eines schöpferischen geistigen Verhaltens“ (Bollnow 1989, S. 32) – die Würde jenes schöpferischen geistigen Verhaltens, das wir mit Thiel und Buck zugleich als Herzstück der Sachauseinandersetzung von Kindern begreifen.

Literatur

Bollnow, O. F. (1989): Theorie und Praxis in der Erziehung, in: Lehren und Lernen. Jg. 1989. Heft 5, S. 20-32.

Brezinka, W. (1974): Grundbegriffe der Erziehungswissenschaft. München, Basel.

Büscher, Ch. (2004): Schulpraktikum – ein Beitrag zur Professionalisierung in der Lehrerausbildung? Inaugural-Dissertation zur Erlangung des Doktorgrades der Fakultät für Verhaltens- und Empirische Kulturwissenschaften der Ruprecht-Karls-Universität Heidelberg.

Buck, P. (2012): Wenn authentisches Verstehen ein Ziel des Sachunterrichts ist. Konstruktivistische Auffassungen vom Lernen sind zwar nützlich, aber nicht hinreichend. In: Sache – Wort – Zahl. Heft 128: Mit Hindernissen umgehen. Hrsg. v. J. Kahlert. 40. Jg., S. 48-53.

Buck, P. (2008): „Missverständnisse?“ Über spontane und systematisch hervorgelockte Aussprüche von Kindern und wie ein Lehrer mit ihnen umgegangen ist. In: Sache – Wort – Zahl. Heft 94: Fliegen. Hrsg. v. K. Meiers. 36. Jg., S. 49-54.

Chisholm, R. M. (1978): „Er hätte etwas anderes tun können“. In: Lenk, H. (Hrsg.): Handlungstheorien interdisziplinär II: Handlungserklärungen und philosophische Handlungsinterpretation. 1. Halbband. München, S. 391-398.

Einsiedler, W. (1997): Probleme und Ergebnisse der empirischen Sachunterrichtsforschung. In: Marquardt-Mau, B.; Köhnlein, W.; Lauterbach, R. (Hrsg.): Forschung zum Sachunterricht. Probleme und Perspektiven des Sachunterrichts. Bd. 7. Bad Heilbrunn, S. 18-42.

Einsiedler, W. (2011): Was ist Didaktische Entwicklungsforschung? In: Ders. (Hrsg.): Unterrichtsentwicklung und Didaktische Entwicklungsforschung. Bad Heilbrunn, S. 41-70.

Fischer, H.-J. (2006): Entwicklung nach unten denken. In: Scheidewege. Jahresschrift für skeptisches Denken. H. 36. Jg. 2006/2007, S. 170-183.

Hegedűs, G.; Fischer, H.-J. (2010): Kinder beim konstruktiven und kreativen Basteln – eine ethnographische Studie. In: Fischer, H.-J.; Michalik, K.; Gansen, P. (Hrsg.): Sachunterricht und Frühe Bildung. Bad Heilbrunn, S. 139-150.

Hinrichs, W. (2009): Das gegenwärtige Selbstverständnis der Erziehungswissenschaft und die Schulpraktischen Studien. Ein Reformkonzept für Lehrerbildung und pädagogische Forschung. Siegen. MuK 174/175 Universi (2. überarbeitete und erweiterte Aufl.).

Kant, I. (1974): Grundlegung zur Metaphysik der Sitten. In: Ders.: Kritik der praktischen Vernunft. Frankfurt a.M., S. 7-102.

Köhnlein, W. (2012): Sachunterricht und Bildung. Bad Heilbrunn.

Kranich, E.-M. (2000): Zu einem neuen Bild von Unterricht und der Tätigkeit des Lehrers: Über die persönliche Bedeutsamkeit von Unterricht. In: Rumpf, H.; Kranich, E.-M.: Welche Art von Wissen braucht der Lehrer? Stuttgart, S. 131-141.

Lenk, H. (1973): Zu neueren Ansätzen der Technikphilosophie. In: Ders.; Moser, S. (Hrsg.): Techne, Technik, Technologie. Pullach bei München, S. 198-231.

Mollenhauer, K. (1976): Theorien zum Erziehungsprozess. München.

Oevermann, U. (1996). Theoretische Skizze einer revidierten Theorie professionalisierten Handelns. In: Combe, A.; Helsper, W. (Hrsg.): Pädagogische Professionalität. Untersuchungen zum Typus pädagogischen Handelns. Frankfurt. S. 70-182.

Popper, K. R. (1973): Objektive Erkenntnis. Ein evolutionärer Entwurf. Hamburg.

Schäfer, G. E. (2010): Welten entdecken, Welten gestalten, Welten verstehen. In: Fischer, H.-J.; Michalik, K.; Gansen, P. (Hrsg.): Sachunterricht und Frühe Bildung. Bad Heilbrunn, S. 13-28.

Schleiermacher, F. (1903): Die Vorlesungen aus dem Jahre 1826 (Nachschriften). In: Schleiermachers pädagogische Schriften. Hrsg. u. eingel. v. C. Platz. Langensalza.

Thiel, S. (2012): Über die Würde von Kinderaussagen. Analyse eines Unterrichtsprotokolls. In: Sache – Wort – Zahl. Heft 128: Mit Hindernissen umgehen. Hrsg. v. J. Kahlert. 40. Jg., S. 42-48.

Wagenschein, M. (1971): Die Pädagogische Dimension der Physik. Braunschweig.

Wagenschein, M. (1999): Verstehen lehren. Genetisch – Sokratisch – Exemplarisch. Weinheim und Basel.

Weniger, E. (1952): Theorie und Praxis in der Erziehung. In: Ders.: Die Eigenständigkeit der Erziehung in Theorie und Praxis. Weinheim, S. 7-22.

Wright, G. H. von (1974): Erklären und Verstehen. Frankfurt a.M.

Hans-Joachim Fischer, Hartmut Giest, Eva Gläser und Claudia Schomaker

Die Zukunft denken: Herausforderungen an die Didaktik des Sachunterrichts

Die Gesellschaft für Didaktik des Sachunterrichts (GDSU) wurde gegründet, um dem Sachunterricht und seiner Didaktik eine Zukunft zu geben. Diese Zukunft hat drei Hauptaspekte, die in der Satzung der Gesellschaft formuliert wurden.[1] A) Sie muss in den Grund- und Förderschulen als Bildungsaufgabe unter immer wieder neuen Voraussetzungen behauptet werden. Neuerdings wird immer bewusster, dass dazu auch bereits Grundlagen im Bereich der frühkindlichen Bildung und Entwicklung gehören (vgl. Lauterbach et al. 2009, Fischer et al. 2010). Die Neufassung des Perspektivrahmens Sachunterricht (Gesellschaft für Didaktik des Sachunterrichts 2013) formuliert deshalb für den Sachunterricht auch eine Aufgabe, nach „unten", zu den Bildungsbemühungen der Kindertagesstätten hin Anschluss zu suchen. Diese Aufgabe tritt neben eine zweite Anschlussaufgabe, die sich auf die weiterführenden Schulen bezieht (vgl. Giest/ Pech 2010). Beide Aufgaben sind aktuell und zukunftsweisend für den Sachunterricht. B) Der zweite Zukunftsaspekt, der sich der Sachunterrichtsdidaktik stellt, betrifft ihre Einrichtung als Studienfach an Universitäten und Pädagogischen Hochschulen. Hier gilt es sicherzustellen, dass in allen Bundesländern Mindeststandards anerkannt und eingehalten werden. Mindeststandards sichern nicht nur die erforderlichen Grundlagen für die Ausbildung, sie schaffen überhaupt erst die erforderliche Infrastruktur und die nötigen Ressourcen für eine „Didaktik des Sachunterrichts" in den Struktur- und Entwicklungsplänen der Standorte. Diese ist als eigenständiges, integratives Studienfach aus erziehungs-, natur- und sozialwissenschaftlichen Kompetenzen zu entwickeln und mit eigenen Professuren für „Didaktik des Sachunterrichts" an allen Standorten auszustatten. C) Der dritte Zukunftsaspekt betrifft die Didaktik des Sachunterrichts als Wissenschaftsdisziplin. Sie hat heute mehr denn je die Aufgabe, den Zusammenhang erziehungs-, natur- und sozialwissenschaftlicher Begründungen in der theoretischen Konstitution des Forschungsfeldes deutlich zu machen und dabei auch ein praktisches Erkenntnisinteresse zu berücksichtigen, das sich der Bildungsaufgabe an Kindern stellt.

1 Vgl. Satzung der Gesellschaft für Didaktik des Sachunterrichts e.V. URL: www.gdsu.de/wb/pages/satzung.php [18.03.2013].

1 Anschluss an die frühkindliche Bildung gewinnen

Der Sachunterricht der Grundschule ist der Ort, an dem Kinder zum ersten Mal systematisch und auf Dauer herausgefordert werden, ihre Erfahrungen zu reflektieren, sprachlich zu fassen und zu ordnen, zu modellieren und zu konzeptualisieren und zu erweitern. Es geht also auch darum, Sprache als Ordnungsmittel für Welterfahrungen zu gewinnen und immer mehr auszubilden. Je reicher und differenzierter die Sprache ist, desto besser gelingt die Reflexion, desto mehr kann sie erfassen und desto genauer kann sie unterscheiden. In der Sprache können Kinder denkend aus ihren lebendigen Bezügen zu den Dingen heraustreten, sie als Sache und Gegenstand gewinnen und sie begrifflich-abstrahierend überblicken. Es wird möglich, Dinge aus dem Lebenskontext zu lösen, sie als Phänomene zu isolieren und einer gesonderten Betrachtung zu unterziehen. Mit dem Reichtum der Sprache wachsen auch die mögliche Komplexität der Modelle, die mögliche Schwierigkeit der Problemlösungen, die Tiefe des Verstehens und der Horizont, Dinge miteinander in Beziehung zu setzen. In der Sprache wird die Welterfahrung aus ihrer Unmittelbarkeit und Selbstverständlichkeit geholt und in Deutungen, ins Nachdenken, Befragen, Begründen gesetzt. Je mehr in der Sprache gedanklich unterschieden und differenziert zu werden vermag, desto mehr kann dann auch zusammengenommen, aufeinander bezogen und miteinander vernetzt werden. Mehrperspektivisches Denken wird durch wachsende Sprachkompetenzen in verschiedenen Sprachen gefördert, die unterschiedliche Weltzugänge eröffnen: Neben den Sprachen einer begrifflich abstrahierenden Vernunft treten dabei auch wahrnehmungsdichte, empfindsame und ausdrucksvolle ästhetische Sprachen. Mit dem Reichtum der Sprache wachsen schließlich die Möglichkeiten, subjektive Welterfahrungen und -reflexionen unter dem Anspruch kultureller Angebote zu objektivieren. Dabei geht es nicht nur um die Erweiterung der eigenen Welterfahrung durch vermitteltes Wissen aus zweiter Hand und den Austausch von Deutungen, es geht auch um Maßstäbe des guten Wissens und um Methoden des Wissenserwerbs in einer von Wissenschaften geprägten Welt. In diesem Sinne lässt sich eine Progressionslogik im Bildungsprozess der Grundschule ausmachen, die Bildung als Erweiterung und Aufbau, als zunehmende Teilhabe am kulturellen Reichtum der Gesellschaft versteht. Dieser Reichtum lässt sich „top down" von oben her modellieren und standardisieren und in die Bildungsprozesse der Grundschule orientierend und normierend hineingeben.

Bildung „endet" also in der Teilhabe am „Reichtum" kultureller Angebote. Die Metapher „Bildung = Bereicherung" ist jedoch nicht so zu verstehen, als läge der Beginn in „Armut". Das Gegenteil ist der Fall. Die kulturelle Bereicherung nach „oben" kann nur gelingen, wenn sie „unten" durch ein reiches, gelingendes Kinderleben begründet ist (wo Kinder frühzeitig in „Armut" fallen, ist auch Bildung bedroht). Diesen Reichtum müssen Szenarien der Kinderbildung zulassen und

ermöglichen. Er muss sich abbilden in den Bildungsprozessen der Kinder. Dabei ist er kein methodisches Beiwerk, keine bloße Konzession an die Lernvoraussetzungen kleiner Kinder, sondern der Kinderbildung immanent im Sinne einer Fundierungslogik, die Enkulturation überhaupt erst ermöglicht.
In diesem Sinne sind frühe Bildungsprozesse in besonderer Weise körperlich fundiert. Sie bilden den Leib als Organ der Wahrnehmung und Erschließung von Welt, bilden implizites Wissen, Bewegungs-, Empfindungs-, Handlungswissen und -gedächtnis als Grundlage der Explikation und Versprachlichung des Weltwissens, bilden aisthetisch-sinnliche erlebnisvolle Formen der dichten und nahen Auseinandersetzung mit den Dingen auch als Voraussetzung der geistigen Lösung und des begrifflich-abstrahierenden Überschauens.
In besonderer Weise ist der Bildungsprozess kindlicher Novizen darauf angelegt, überall hinzukommen, alles auszuprobieren, frei zu explorieren. Bewegungs- und Aktionsdrang und -lust des kindlichen Organismus formieren sich hier zu einem „Funktionskreis" (Buytendijk), in dem Kinder ihr Inneres nach außen spielen, um außen subjektiv bedeutsame Erfahrungen zu machen. Jede Aktion eine „Hypothese", die in immer neuen Anläufen und Variationen ausgetestet wird. Dieser Prozess ist deshalb voller Dynamik, weil er sich „bottom up" aus den lebendigen, impliziten und körperlichen Impulsen des Kinderspiels entfaltet. Er kann dann mehr und mehr auch ins Bewusstsein geholt, bedacht und kommuniziert werden. In ihm bilden sich wichtige Voraussetzungen des Lernens: Freude, Spontaneität, Wachheit, Aufmerksamkeit und Aufgeschlossenheit, Spannung, Neugierde, Findigkeit und Geschicklichkeit, Mut und Ausdauer, Intensität des Erlebens.
Kinder erleben und handeln in einer ungeteilten, konkreten Welt, in der alles zusammenkommt. Ihre Aktionen, Fragen finden nicht nur Impulse und Antworten im physischen Raum, sie suchen und finden, damit einhergehend, auch Resonanzen im sozialen und kulturellen Raum. Die Räume durchdringen und vermischen sich in der Lebens- und Erlebenswelt des Kindes. Indem etwas ausprobiert wird, wird gleichzeitig ein Handlungsthema eines anderen Kindes mimetisch aufgegriffen und weitergebildet, wird gleichzeitig ein Kontakt realisiert, eine Beziehung gestaltet, eine bedeutsame Kulturhandlung inszeniert etc. Für Kinder werden solche Ereignisse episodisch bedeutsam. Episoden lassen sich in Erzählungen abbilden. Das Auffächern, Differenzieren und Isolieren der Lern- und Betätigungsfelder und das Ausgliedern von Teilen aus Zusammenhängen ist eine dem gegengerichtete, tendenziell spätere Herausforderung. Auch weiterhin müssen die Dinge immer wieder zusammenlaufen können in einer Lebens- und Lernwelt, in der alle Bedeutungen lebendig miteinander kommunizieren.
Die Herausforderung zu reflektieren, eine Sprache zu finden, die Erfahrungen zu fassen und in eine subjektive Ordnung zu bringen vermag, gelingt da am ehesten, wo man eher aus eigenen Bedeutungswelten kommt und weniger von fremden Bedeutungen umstellt ist. Dies gilt besonders für das Reflektieren mit Kindern.

Daraus folgt, dass Bildungsprozesse mit Kindern in der Kontinuität ihrer je individuellen Herkunft stehen sollten. Wer dieses Kind ist und wo es herkommt, was seine Erfahrungen sind und welche Bedeutungen sie lebensgeschichtlich tragen, muss sich im Bildungsprozess dieses Kindes abbilden können. Diese subjektive Qualität der Äußerungen von Kindern steht zunächst vor ihrer objektiven Wichtigkeit und Wertigkeit.
Kindliche Lerntätigkeiten werden von einer freudigen Gestimmtheit getragen, wenn sie der Körperlichkeit des kindlichen Lernens entsprechen, das Denken auf Erfahren und Erleben gründen, wenn sie die individuelle Herkunft dieses Kindes achten, wenn sie in kommunizierenden physischen und soziokulturellen Räumen stattfinden, die Kindern Anreize zur Exploration bieten, aber auch Sicherheit geben und Rückzug ermöglichen, wenn sie Kindern Aufbruch aus ihrer konkreten Lebenswelt und Rückkehr ermöglichen. Die freudige Gestimmtheit ist ein Kriterium, dass wir Kindern gerecht werden, zugleich Kriterium einer gelingenden Fundierung, die dann auch Progression ermöglicht. Darin gründet ein eigener Reichtum der frühkindlichen Bildung, der ausgekostet werden darf und soll und nicht einem Beschleunigungsdenken zum Opfer fallen darf. Die Grundschule sollte diesen Reichtum beachten, ihn nutzen und auch weiterhin an diesen Fundamenten bauen. Er ist nicht nur Voraussetzung der weiteren Bildungsprogression im Sachunterricht, sondern hat ein eigenes Bildungsgewicht. Es spricht viel dafür, dass sich auch die Institutionen der frühkindlichen Bildung bereits jenen oben dargestellten reflexiven Bildungsszenarien öffnen, die die Domäne der Schule darstellen. Die eigentliche Anschlussaufgabe liegt aber bei der Schule. Sie besteht darin, die Kontinuität der kindlichen Bildungsbiographie zu gewährleisten.

2 Anschluss an weiterführende Bildung gewinnen

Das Lernen im Sachunterricht ist Teil und Abschnitt eines umfassenderen Lernprozesses, der eine Brücke oder Verbindung zwischen frühkindlicher Entwicklung und dem fachlichen Lernen in der Sekundarstufe formt. Um dieser Brückenfunktion gerecht werden zu können, muss der Sachunterricht einerseits an die in der frühkindlichen Bildung und in der Lebenswirklichkeit der Kinder erworbenen Erfahrungen, Fähigkeiten und (Er-)Kenntnisse anknüpfen und andererseits sichern, dass die im Sachunterricht der Primarstufe erworbenen Kenntnisse, Konzepte und Kompetenzen in einer solchen Qualität vorliegen, dass sie als Ausgangspunkte für das weiterführende Lernen fungieren können. Die Aufgabe des Sachunterrichts, Grundlagen für den Fachunterricht an weiterführenden Schulen zu legen, erfordert eine Orientierung an den (nicht nur, aber besonders) natur- und gesellschaftswissenschaftlichen Fächern in einer solchen Weise, dass der An-

schluss an das in Fachkulturen erarbeitete, gepflegte und weiter zu entwickelnde Wissen möglich wird. Anschlussfähigkeit zu sichern bedeutet, belastbare Vorstellungen und Konzepte über natur- und gesellschaftswissenschaftliche Phänomene und Zusammenhänge zu sichern, die Fähigkeit der Schülerinnen und Schüler zu fördern, sich sachbezogen neues Wissen und neue (natur- und gesellschaftswissenschaftsbezogene) Denk-, Arbeits- und Handlungsweisen anzueignen sowie ihr Interesse an den Sachen des Sachunterrichts zu wecken (vgl. GDSU 2013).
Es geht im Sachunterricht allerdings nicht vorrangig um die Frage des Schaffens von Voraussetzungen für weiterführendes Lernen in den Unterrichtsfächern der Sekundarstufe: Grundschule versteht sich nicht als Zubringerschule. Das Anliegen des Sachunterrichts ist vor allem das der Grundlegung der Bildung mit dem Ziel, dem Kind es zu ermöglichen, „in der Welt" zu sein (Lichtenstein-Rother – vgl. auch Neuhaus-Siemon 2004). Zentral für die Sicherung der Anschlussfähigkeit der Bildung im Sachunterricht ist daher der Bildungsbegriff und dieser hängt stets mit der Sinnkonstruktion der Lernenden und dadurch mit der Entwicklung ihrer Persönlichkeit zusammen. Fachliche Wissensbestände (zur Chemie, Physik aber auch Soziologie, Geschichte, Politikwissenschaft), deren Aneignung in ihrem kognitiven Möglichkeitsfeld liegen, bleiben nämlich mit Blick auf die Handlungsfähigkeit der Kinder in ihrer Welt völlig bedeutungslos, sind diese nicht mit Sinnbildung - personaler Bedeutsamkeit - verbunden. Daher ist stets nach dem Bildungswert des (fachlichen aber auch fachübergreifenden) Wissens zu fragen, welches sich die Kinder im Sachunterricht aneignen sollen. Stets muss hier auch der Bezug zum Basalen, Grundlegenden, Fundamentalen des Wissens Beachtung finden.
Wenn Sachunterricht zur bildungswirksamen Erschließung der natürlichen, kulturellen, sozialen und technischen Umwelt beitragen soll, so muss er auf verschiedene natur- und sozialwissenschaftliche Disziplinen Bezug nehmen, in denen jeweils eigenes fachlich fundiertes Wissen und eigene methodisch bewährte Verfahren zur Verfügung gestellt werden. Diese curriculare Herausforderung wird im Sachunterricht durch das Ausweisen von fünf fachlichen Perspektiven angegangen:

- Sozialwissenschaftliche Perspektive (Politik – Wirtschaft – Soziales)
- Naturwissenschaftliche Perspektive (lebende und nicht lebende Natur)
- Geographische Perspektive (Räume – Naturgrundlagen – Lebenssituationen)
- Historische Perspektive (Zeit – Wandel)
- Technische Perspektive (Technik – Arbeit)

Die Perspektiven knüpfen an kindliche Erfahrungen an, stiften neue Sichtweisen auf die natürliche, kulturelle, soziale und technische Umwelt der Kinder und sind hinreichend trennscharf hinsichtlich der in Fachkulturen entwickelten Inhalte und Methoden. Damit leisten sie einen konkreten Beitrag zur Fachvorbereitung. Sie gestatten, den Kindern das Erschließungspotenzial der hier entwickelten fachgerechten Zugangsweisen, Fragestellungen, Methoden, Denk- und Arbeitsweisen sinnstiftend nahezubringen und verhindern gleichzeitig, dass der Sachunterricht in Teillehrgänge (etwa Biologie, Geschichte oder Geografie) zerfällt bzw. dass sich die fachlichen Zugänge verselbständigen. Denn kindliches Lernen, die mit und in ihrer Lebenswelt gemachten Erfahrungen und darauf bezogenen Interessen und Fragestellungen der Kinder sind nicht den akademischen Fachtraditionen folgenden Fragestellungen und Themen zuzuordnen. Auch eine Zuordnung zu einzelnen perspektivenbezogenen Inhalten ist nur sehr bedingt möglich, daher überlappen sich die Perspektiven und sollen ganz bewusst nicht zu schnell auf fachliche Aspekte und Fragen reduziert werden. Zwar können und sollten einzelne Inhalte schwerpunktmäßig bei Betonung einer (fachlichen) Perspektive behandelt werden, dennoch ist darauf zu achten, dass kindliche Fragen, Interessen, spezifische gesellschaftliche Situationen und individuelle Lernwege Beachtung finden und mehrere Perspektiven im Sinne des Perspektivübergreifenden zusammen gedacht und anhand konkreter komplexer gesellschaftlicher und Lebensfragen behandelt werden.

Die Unterrichtsgestaltung zur Sicherung der Anschlussfähigkeit stellt für jede Lehrkraft im Sachunterricht eine große Herausforderung dar. Einerseits kann man im betrachteten Entwicklungsabschnitt der Kinder davon ausgehen, dass die Themen des Sachunterrichts auf ein großes Interesse bei nahezu allen Kindern stoßen. Das trifft vor allem dann zu, wenn handlungsintensives Lernen (z.B. im Rahmen naturwissenschaftlichen Experimentierens oder der Erkundung in der sozialen Umwelt) im Unterricht gestaltet wird. Die Vielfalt kindlicher Interessen, sachunterrichtlicher Themenangebote und unterschiedlicher Lernaktivitäten, die im Sachunterricht möglich sind, birgt allerdings andererseits die Gefahr, dass Lernprozesse nur die Oberfläche der Lerngegenstände tangieren und die Kinder nicht zu einer tiefen lernenden Begegnung mit den Inhalten gelangen. Außerdem gilt es zu verhindern, dass eine einseitige Fachorientierung im Unterricht, z.B. eine alleinige Legitimation fachlicher Inhalte aus ihrer Bedeutung im Schulfach, zu erfahrungsleeren Begriffen und Merksätzen führt. Daher ist es erforderlich, an kindliche Erfahrungen und Kenntnisse gezielt auf eine solche Weise anzuknüpfen, dass diese *sinnbezogen* (personal bedeutsam) mit den Angeboten aus dem Wissens- und Erkenntnisschatz der Wissenschaften bereichert werden können, um schließlich die Kinder erleben zu lassen, wie nun ihr durch fachliche Komponenten erweitertes Wissen und Können dazu beiträgt, kompetenter in der Lebenswirklichkeit handeln zu können.

Auf diese Weise erleben Kinder, dass das Denken in fachlichen Perspektiven auch unter einer lebensweltlichen Perspektive Sinn machen kann und können so schrittweise die Bedeutung fachlichen Denkens und mithin des (zukünftigen) Lernens im Fachunterricht erfassen.

3 Das Studium an Universitäten und Hochschulen stärken

Der bundesweite Vergleich zeigt, dass an zukünftige Sachunterrichtslehrende sehr unterschiedliche Anforderungen in ihrem Studium gestellt werden. Sowohl die inhaltliche Ausrichtung als auch die Quantität der Studienleistungen unterscheiden sich erheblich. Die Etablierung und Weiterentwicklung der fachdidaktischen Ausbildung an Universitäten und Pädagogischen Hochschulen ist daher eine der wichtigsten Zukunftsaufgaben der Gesellschaft für Didaktik des Sachunterrichts. Die Besonderheit des Schulfaches, seine Fächerintegration, sollte sich bereits im Aufbau des Studiums spiegeln. Zudem ist die Bedeutung von Fachwissenschaft und Fachdidaktik unter Berücksichtigung der konzeptionellen Besonderheiten der Sachunterrichtsdidaktik für das Studium zu diskutieren und zu klären.

Die Frage nach Mindeststandards für die Ausbildung von Sachunterrichtslehrenden stellt sich zudem in diesem Kontext. Ihre Entwicklung wird eine der wesentlichen Aufgaben der Fachgesellschaft in den nächsten Jahren sein. Grundlegendes Ziel ist es, ein eigenständiges, integratives Studienfach, das erziehungs-, natur- und sozialwissenschaftliche Kompetenzen verbindet, bundesweit zu entwickeln und zu etablieren.

Der Übergang in die zweite Phase der Lehrerausbildung stellt insbesondere für die Didaktik des Sachunterrichts teilweise zurzeit noch eine Herausforderung dar. So werden die einzelnen Studienabschlüsse der verschiedenen Universitäten für die Ausbildung in der Phase des Referendariats nicht in allen Bundesländern anerkannt. Spezifische Studienleistungen sind in diesen Fällen gesondert aufzuführen oder bestimmte Fachanteile von Studierenden bzw. Referendaren nachzuholen.

Aber schon vor dem Übergang in diese zweite Phase kann sich ein Studienortwechsel als problematisch erweisen. Nicht alle Studien- bzw. Prüfungsleistungen werden von den einzelnen Studienstandorten gegenseitig anerkannt. So ist selbst im Verlauf des Studiums ein Wechsel des Ausbildungsortes nicht immer möglich, obwohl dies durch den Bolognaprozess gegeben sein sollte. Die Sicherung der Anerkennung von Studienleistungen ist daher ebenso wie die Anerkennung der unterschiedlichen Abschlüsse (Erstes Staatsexamen bzw. Master) aus fachdidaktischer Sicht bedeutsam.

Neue Impulse erfährt die Lehrerausbildung auch durch gesellschaftliche Umformungen bzw. veränderte gesellschaftliche Sichtweisen. Ein Aspekt, der in den letzten Jahren vermehrt diskutiert wurde, ist der Umgang mit der Heterogenität der Lernenden. Sachunterrichtsdidaktische Konzepte ausgehend vom Diskurs um Inklusion sind hierzu zu entwickeln und auch empirisch zu begründen.

Die Stärkung des wissenschaftlichen Nachwuchses an den einzelnen universitären Standorten ebenso wie an den Pädagogischen Hochschulen kann zudem als eine wichtige Aufgabe gekennzeichnet werden. Zielführend hierbei sind ohne Zweifel forschungsbasierte Vernetzungen über die einzelnen Standorte hinweg, was unter anderem auch durch eine Fachgesellschaft gefördert und verstärkt werden kann. Unterschiedliche Angebote für Nachwuchswissenschaftlerinnen und -wissenschaftler, wie das Doktorandenkolloquium, sind fortzuführen und weiterzuentwickeln. Über Qualitätsstandards des wissenschaftlichen Arbeitens, sowohl im Rahmen des Studiums als auch in der Qualifizierung anschließend, sollte auch aus sachunterrichtsdidaktischer Sicht diskutiert und informiert werden.

4 Die Didaktik des Sachunterrichts bildungstheoretisch weiterentwickeln

Walter Köhnlein hat in seiner bildungstheoretischen Begründung des Sachunterrichts und seiner Didaktik ein Mehrebenenmodell vorgestellt (vgl. Köhnlein 2012), das in einem Spiralgang verschiede Reflexionsmöglichkeiten eröffnet und integriert. Das Modell vermittelt eine Vorstellung von der Komplexität einer Didaktik des Sachunterrichts und ihres Forschungsfeldes, dem ein praktischer Bildungszusammenhang zu Grunde liegt. Dieser Zusammenhang, seine theoretische Deutung und empirische Erforschung lässt sich nicht auf einen Blick überschauen. Es bedarf verschiedener Anstrengungen und Zugänge und ihrer Zusammenschau, um dieser Komplexität gerecht zu werden. Deshalb hat auch Wolfgang Klafki den Sachunterricht und seine Didaktik als das schwierigste und anspruchvollste aller didaktischen Aufgabenfelder bezeichnet (vgl. Klafki 1992, S. 11). Die Komplexität bedingt, dass die Didaktik des Sachunterrichts – wie keine andere Didaktik – auf Arbeitsteilung angewiesen ist. Die Arbeitsteilung wiederum birgt die Gefahr der Spaltung. Keine andere Didaktik ist so von Spaltung bedroht wie die des Sachunterrichts.

Dass eine Spaltung, die aus Gründen der Arbeitsteilung durchaus vernünftig erschiene, letztlich fatale Auswirkungen hat, lässt sich freilich erst ermessen, wenn man, wie z.B. Walter Köhnlein, die Anstrengung unternimmt, in einem Spiralgang das Ganze zu überschauen. Auf der obersten Ebene seines Modells öffnen sich Dimensionen und Perspektiven, in denen die Bildungsinhalte des Sachunterrichts so aufgeschlossen werden, dass die Horizonte dieser Perspektiven von den Ordnungen wissenschaftlicher Fachkulturen gebildet werden. Dies ist auch die Grundaussage des Perspektivrahmens Sachunterricht (Gesellschaft für Didaktik des Sachunterrichts 2013). Ohne den Reichtum des durch die zeitgenössischen Natur- und Sozialwissenschaften methodisch und inhaltlich erschlossenen Wissens, auch ohne die dahinter stehenden erkenntnis- und gesellschaftstheoretischen Überzeugungen über gutes Wissen, über die Suche nach Wahrheit, über kritische Prüfung und rationalen Diskurs ist kein Sachunterricht zu machen. Dahinter steht das Ideal des mündigen, vernunftbegabten Menschen in einer offenen Gesellschaft, die ihre Angelegenheiten über rationale Diskurse regelt. Diesen Reichtum der Natur- und Sozialwissenschaften für den Sachunterricht einzuholen und in Bildungsprozesse von Kindern wirksam einzubringen, erfordert mannigfache perspektivisch sich ausfächernde Anstrengungen. Von Anbeginn liegt eine gewisse Versuchung darin, diesen Reichtum zu verabsolutieren und in ihm dass alleinige (oder wichtigste) Kriterium für gelingende Bildung einerseits und für die Aufgabenstellung einer Didaktik des Sachunterrichts als Wissenschaft andererseits zu sehen.

Wenn man oben auf dem Köhnleinschen Spiralgerüst steht und nach unten schaut, bemerkt man jedoch, wie unter den wissenschaftlichen Bildungsangeboten der oberen Ebene andere Ebenen hindurchscheinen, die deren Ansprüche allererst fundieren, ja konstituieren und auf vielfältige Weise zu anderen Überlegungen in Beziehung setzen. Die wissenschaftlichen Inhalte verstehen und bezwecken sich als Bildungsinhalte nicht von selbst, sondern bedürfen einer Begründung, Einbindung und Relativierung. Im Zentrum solcher Überlegungen stoßen wir auf die Bildungsbiografie dieses Menschen, dieses Kindes. Seine gelingende Bildung – darin liegt eine fundierende Wertentscheidung – ist der wichtigste Maßstab, an dem sich eine Didaktik des Sachunterrichts zu entwickeln und zu bemessen hat. Wenn dies gelten soll, dann muss sich die Zukunft, Gegenwart und Vergangenheit des Kindes sinnvoll abbilden können in jenen Bildungsangeboten und -szenarien, die ihm der Sachunterricht macht. Weil es dabei um ein gelingendes Leben in Selbstbestimmung und Mitgestaltung einer mit Anderen geteilten komplexen Welt geht, das der Wissenschaft bedarf, sich aber nicht in ihr erschöpft, bedarf auch der Sachunterricht einer Orientierung an der Wissenschaft, ohne darin schon alles zu haben. Weil im Leben zusammenläuft, was in den Wissenschaften analytisch unterschieden werden kann, darf und soll der Sachunterricht gewiss unterscheiden, differenzieren, isolieren und perspektivisch betrachten. Aber er muss dann auch einen Weg finden, das Getrennte wieder zusammenzufügen. Sonst bliebe er lebensfern. Bei alledem bedarf es der Beteiligung dieses individuellen Menschen und Kindes, das eingeladen und herausgefordert ist, den objektiven Angeboten einen je subjektiven Sinn zu verleihen. Nicht als Repräsentant des Objektiven, sondern als Schöpfer subjektiven Sinns gebührt ihm Achtung. In alledem ist der Sachunterricht eher ein Anwalt des kindlichen Subjektes als der objektiven Gehalte. Ja, die Bildung des Vermögens, seine Welt subjektiv zu ordnen, ist primär gegenüber dem Anspruch, die subjektiven Ordnungen an objektiven Maßstäben zu messen. Nur so aber kann das Kind als Subjekt im Bildungsprozess die ihm gebührende Beachtung und Achtung erfahren, als sich seine Identität und Herkunft belangvoll darin abzubilden vermag, als es sich selbst darin zu spiegeln, zu erkennen und sinnvoll anknüpfend neu hervorzubringen vermag.

Neben die naturwissenschaftliche und sozialwissenschaftliche Begründung des Sachunterrichts tritt also eine im weitesten Sinne erziehungswissenschaftliche Begründung. Ihr obliegt es vor allem, im Interesse der Bildung von Kindern auf einem Zusammenhang zu bestehen, der trotz aller Komplexität für den Sachunterricht und seiner Didaktik unverzichtbar ist.

Literatur

Fischer, H.-J.; Gansen, P.; Michalik, K. (Hrsg.) (2010): Sachunterricht und Frühe Bildung. Bad Heilbrunn (Forschungen zur Didaktik des Sachunterrichts, Bd. 9).

Gesellschaft für Didaktik des Sachunterrichts (Hrsg.) (2013): Perspektivrahmen Sachunterricht. Vollständig überarbeitete und erweiterte Ausgabe. Bad Heilbrunn.

Giest, H.; Pech, D. (Hrsg.) (2010): Anschlussfähige Bildung im Sachunterricht. Bad Heilbrunn (Probleme und Perspektiven des Sachunterrichts, Bd. 20).

Klafki, W. (1992): Allgemeinbildung in der Grundschule und der Bildungsauftrag des Sachunterrichts. In: Lauterbach, R.; Köhnlein, W.; Spreckelsen, K.; Klewitz, E. (Hrsg.): Brennpunkte des Sachunterrichts. Kiel, S. 11-31 (Probleme und Perspektiven des Sachunterrichts, Bd. 3).

Köhnlein W. (2012): Sachunterricht und Bildung. Bad Heilbrunn.

Lauterbach, R.; Giest, H.; Marquardt-Mau, B. (Hrsg.) (2009): Lernen und kindliche Entwicklung. Elementarbildung und Sachunterricht. Bad Heilbrunn (Probleme und Perspektiven des Sachunterrichts, Bd. 19).

Neuhaus-Siemon, E. (2004): Ilse Lichtenstein-Rother (1917-1991) – Ihr Verständnis des Sachunterrichts. In: Kaiser, A.; Pech. D. (Hrsg.): Basiswissen Sachunterricht, Band 1. Bad Heilbrunn, S. 161-165.

2. Kapitel: Die Gesellschaft für Didaktik des Sachunterrichts (GDSU)

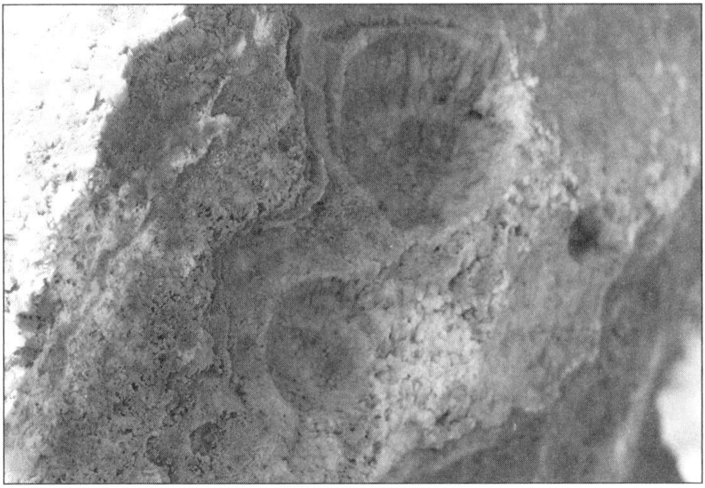

Walter Köhnlein

Zum Selbstverständnis und zur Aufgabenstellung der GDSU

Wissenschaftliche Fachgesellschaften haben den Zweck, fachliche Kompetenzen zu bündeln und die Disziplin zu stärken, den innerfachlichen Austausch sowie den wissenschaftlichen Nachwuchs zu fördern, die gesellschaftliche Bedeutsamkeit der fachlichen Aktivitäten darzustellen und als Partner anderer öffentlicher und privater Institutionen wirksam zu werden.[1] Spezielle Aufgabe der GDSU „ist die Förderung der Didaktik des Sachunterrichts als wissenschaftlicher Disziplin in Forschung, Lehre und Entwicklung, in Lehrerfort- und Weiterbildung sowie in der Schulpraxis" (Satzung). Notwendig wurde die Gründung, um der jungen Didaktik des Sachunterrichts schon in der Phase ihres Aufbaus eine über die einzelne Hochschule hinausreichende Identität und eine in der Öffentlichkeit wahrnehmbare Gestalt zu geben.

1 Die curriculare Hinwendung zum Sachunterricht

Um die Entstehung der Didaktik des Sachunterrichts und einer entsprechenden Fachgesellschaft verständlich zu machen, muss an vorgängige gesellschaftliche, bildungspolitische und didaktische Entwicklungen erinnert werden, durch die eine erfolgreiche Erneuerung des Sachlernens in der Grundschule erst ermöglicht wurde.

In den sechziger Jahren des 20. Jahrhunderts war der auf „volkstümliche Bildung" ausgerichtete Heimatkundeunterricht obsolet geworden (vgl. Glöckel 1964, Neuhaus 1991). Allmählich setzte sich die Bezeichnung „Sachunterricht" durch, und der Blick wurde stärker auf die Sachen gerichtet.[2] In der didaktischen Theorie wurde diese Hinwendung zu den Sachen maßgeblich durch Wolfgang Klafki an-

1 Wolfgang Frühwald (2007) weist den Fachgesellschaften eine forschungsethische Verantwortung zu, „die über den Forschungsalltag der einzelnen Forscherinnen und Forscher hinausreicht".

2 Wilhelm Hansen (1959) legt im Handbuch der Psychologie „Psychologische Voraussetzungen des Sachunterrichts in der Grundschule" dar. Vgl. Ilse Rother (1961); weiterhin Friedrich Gärtner (1958), Rudolf Karnick ([1958] 1966) und Ilse Lichtenstein-Rother (1968).

gestoßen, der 1958 in einer einflussreichen, für die Lehrerbildung paradigmatisch gewordenen Studie die „didaktische Analyse als Kern der Unterrichtsvorbereitung" herausstellte, für diese Vorbereitung Rechenschaft über den „Bildungsinhalt und Bildungsgehalt" eines Stoffes forderte, nach der exemplarischen Bedeutung eines Inhalts fragte und verlangte, in der „Sachanalyse" seine Struktur zu erschließen (Klafki 1965, S. 126 ff., bes. S. 135 ff.). Auch in die Gestaltung methodischer Modelle wurde zunehmend die Sachstruktur des Unterrichtsgegenstandes aufgenommen; den Kindern sollte die „Struktur des Sachverhaltes" sichtbar werden (Rabenstein/ Haas 1965, S. 9 ff., ausführlicher in Köhnlein 2012, S. 421 ff.).
Dokumentationen anspruchsvoller Auseinandersetzungen von Kindern mit Phänomenen der physischen Welt zeigten ein neues Bild eines kind- und sachgerechten Unterrichts. Erprobt und untersucht wurden ein „naturwissenschaftlicher Unterricht in der Grundschule" (Witte 1966) und der produktive Zugriff von „Grundschulkinder(n) zwischen Umgangserfahrung und Naturwissenschaft" (Thiel [1973] 2003; vgl. Köhnlein 1984). Eine besondere theoretische Herausforderung stellte die Konzeption eines mehrperspektivischen Unterrichts (MPU) dar (Giel u.a. 1974, 1975; vgl. Köhnlein 2012, S. 119 ff., 176 ff., 211 ff.).
Maßgeblich wurde eine neue Einschätzung der Lernfähigkeit und Lernbereitschaft von Kindern (Roth [1968] 1972). In seinem „Strukturplan für das Bildungswesen" (1970) verweist der Deutsche Bildungsrat auf Veränderungen in Wirtschaft und Gesellschaft; er empfiehlt die „prinzipielle wissenschaftliche Orientierung der Lerninhalte und Lernprozesse". „Im Primarbereich geht es ... darum, die Anfänge der Lernprozesse aufzufinden, die sich im Verlauf einer ständigen Auffächerung und Vertiefung auch auf einer höheren Abstraktionsebene wiederfinden lassen ..."[3] Neue Curricula sollten ein intellektuelles Anregungspotenzial bereitstellen. Mit dem Stichwort „Wissenschaftsorientierung" verweist der Strukturplan auf den neuen Leitstern der Didaktik und des Unterrichts.
Anregungen für eine Theorie des neuen Sachunterrichts gaben zudem Autoren, die auch maßgeblich an der anglo-amerikanischen Curriculumentwicklung beteiligt waren, insbesondere R.M. Gagné (1969) und J.S. Bruner (1970; 1974). Hinzu kam eine rege Rezeption der Untersuchungen Piagets. Eine weiterführende praktische Umsetzung in der BRD erfolgte in den curricularen Konzeptionen „naturwissenschaftlicher Unterricht in der Grundschule" (Spreckelsen 1971 ff.) und „Weg in die Naturwissenschaft" (Arbeitsgruppe für Unterrichtsforschung 1971). Offenere Curricula wie das Nuffield Junior Science Project und Science 5/13 bezogen auch sozialwissenschaftliche Aspekte ein und versuchten, den Gegensatz

3 Strukturplan, S. 133 f., abgedruckt in Neuhaus 1991, S. 281 ff., hier S. 289 f.. Vgl. dazu den Bericht des Schulausschusses der Ständigen Konferenz der Kultusminister (KMK): „Tendenzen und Auffassungen zum Sachunterricht in der Grundschule" (abgedruckt in Einsiedler/ Rabenstein 1985, S. 117–125).

zwischen Kind- und Wissenschaftsorientierung zu überwinden.[4] Die Herausforderung bestand darin, diese vielfältigen Impulse produktiv aufzunehmen und einen das gesamte Feld des Sachlernens – gesellschafts- und naturwissenschaftliche Bezüge – umfassenden Sachunterricht theoretisch zu fundieren und in die Praxis zu implementieren. Konzipiert werden sollte die neue Disziplin „Didaktik des Sachunterrichts", nicht als isoliertes Feld, sondern in produktivem Austausch mit Pädagogik und Psychologie, Philosophie und Soziologie, vor allem aber mit den Sachwissenschaften und ihren Didaktiken.

2 Aufbau der Disziplin und Motive der Gründung einer Fachgesellschaft

Die vielfältigen Forschungsansätze und curricularen Konzeptionen zum Sachlernen in der Grundschule bewirkten einen für die Didaktik und auch für die Praxis vieler Schulen epochalen Fortschritt, getragen von einer optimistischen Anthropologie des Kindes und von der Öffnung für neue Inhalte und Methoden. Sie fanden gegen Ende der 1960er Jahre und in den frühen 1970er Jahren ihren Niederschlag in Richtlinien, Lehrplänen, Schulbüchern und in einem Wandel des Unterrichts selbst. Die Lehrerbildung musste dieser Entwicklung folgen. Eingerichtet wurden (zuerst in Niedersachsen ab 1980) Professuren für die Didaktik des Sachunterrichts. Damit waren erste Voraussetzungen für die Institutionalisierung einer auf das neue Lernfeld konzentrierten Forschung und Lehre geschaffen (vgl. Köhnlein 2011).

Ihren über die einzelnen Hochschulen hinausgreifenden Ausdruck fand die Konstituierung der neuen Disziplin mit der Gründung der GDSU im März 1992. Die Intentionen der jungen Fachgesellschaft waren nach innen und nach außen gerichtet: auf den Aufbau eines Kommunikationsnetzes und eines institutionellen Rahmens für länderübergreifende Koordinierung, und ebenso auf die Qualität des Unterrichts, auf die Bildungspolitik und auf pädagogische Entwicklungen. Pädagogische Motive bezogen sich vor allem auf

- den Wertekanon der Bildung, der nicht einer ökonomischen Logik unterworfen werden darf,
- die Förderung der Einsicht, dass fachbezogenes Denken für Kinder aus lebensweltlichen Ansätzen entwickelt werden muss und Sachunterricht der Quellbereich fachlicher Denk- und Arbeitsweisen ist,
- die Entwicklung der Grundschule als Basisbereich für grundlegende Bildung, die sich nicht nur auf Fertigkeiten oder „Kulturtechniken", sondern auf die

4 Vgl. Köhnlein 2012, S. 433 ff.

Auseinandersetzung mit Sachen und auf Sachkompetenz bezieht und die einen Wissensmodus favorisiert, der auf Verstehen beruht.

Der übergreifende Gestaltungsimpuls war die Überzeugung, dass zu einer Grundlegung der Bildung von Anfang an die Einführung in das Verstehen der physischen und sozialen Welt gehört, in der wir leben. Sprache, Mathematik und Sachunterricht bilden den inhaltlichen Kernbereich der Grundschule.

2.1

Unter wissenschaftlichem Interesse erfolgte die Einrichtung der Fachgesellschaft mit dem Ziel, die aus unterschiedlichen Fachkulturen (Naturwissenschaften, Sozialwissenschaften, Schulpädagogik) erwachsenden Ansätze für einen modernen Sachunterricht zusammenzuführen und gemeinsam in einem auf Gestaltungsanspruch bezogenen Austausch fruchtbar werden zu lassen. Das bedeutet: die Disziplin zu formen und ihr eine akademische Gestalt zu geben, die dann ihrerseits Anspruch und Verpflichtung symbolisiert. Einen Ausdruck fand dieses Bemühen schon in den ab 1984 stattfindenden Jahrestagungen zur Didaktik des Sachunterrichts,[5] außerdem in Arbeitskreisen in der Gesellschaft für Didaktik der Chemie und Physik (GDCP) und am Institut für die Pädagogik der Naturwissenschaften (IPN). Die Konstituierung der Didaktik des Sachunterrichts als wissenschaftlicher Disziplin und die Gründung der GDSU sind eng miteinander verbunden.

---

5 Vgl. die Auflistung der Tagungen ab 1992 im Beitrag von Hartmut Giest in diesem Kapitel. In der Zeit vor der Gründung der GDSU wurden ab 1984 vom Arbeitskreis Sachunterricht in der Gesellschaft für Didaktik der Chemie und Physik (GDCP) folgende Jahrestagungen zur Didaktik des Sachunterrichts abgehalten:

- Jahrestagung 1984 (6. April) an der Hochschule Hildesheim
  Tagungsthema: „Fächerübergreifender naturwissenschaftlich-technischer Sachunterricht in der Grundschule“
- Jahrestagung 1985 (22. März) an der Gesamthochschule/ Universität Kassel
  Tagungsthema: „Schülervorstellungen im Sachunterricht der Grundschule“
- Jahrestagung 1986 (10. und 11. März) an der Universität Bielefeld
  Tagungsthema: „Die Kontinuitätsthese des Lernens und ihr Zusammenhang mit Untersuchungen an Schüleräußerungen im Hinblick auf den Sachunterricht Naturwissenschaft/ Technik“
- Jahrestagung 1987 (17. und 18. März) an der Pädagogischen Hochschule Freiburg
  Tagungsthema: „Uminterpretation von Sachunterrichtsthemen“
- Jahrestagung 1988 (15. und 16. März) an der Universität Essen
  Tagungsthema: „Erfahrungserschließung in Sachbegegnungen“
- Jahrestagung 1989 (13. und 14. März) an der Universität Bremen
  Tagungsthema: „Erziehung zur Sachlichkeit im Sachunterricht der Grundschule“
- Jahrestagung 1990 (26. und 27. März) an der Universität Erlangen-Nürnberg in Nürnberg.
  Tagungsthema: „Wie Kinder erkennen“
- Jahrestagung 1991 (11. und 12. März) an der Freien Universität in Berlin
  Tagungsthema: „Wege des Ordnens“

Weiterhin war und ist der GDSU die Funktion zugedacht, den für die vielfältigen Aufgaben unserer Fachdidaktik erforderlichen Sachverstand zu versammeln. Diese betreffen – ähnlich wie bei anderen Didaktiken – die Formulierung von Unterrichtszielen, die Auswahl und Bearbeitung von Inhalten, die Methoden, Medien und die möglichen Formen des Lehrens und Lernens sowie den curricularen Aufbau des Lernfeldes. Diesen Aufgaben entsprechend muss sich die Forschung einerseits mit gesellschaftlichen, anthropologischen, erkenntnis- und wissenschaftstheoretischen Positionen und andererseits mit den Inhalten und Strukturen aller potenziellen Bezugsfächer auseinandersetzen und deren Bildungspotenzial für die Anfänge des Sachlernens fruchtbar machen. Da sich die Didaktik des Sachunterrichts in ihren inhaltlichen Dimensionen auf eine Vielzahl von Sachwissenschaften bezieht, ergibt sich ihre spezifische Herausforderung durch die damit notwendige multidisziplinäre Interpretations- und Entwicklungsleistung. Und insbesondere diese erfordert das in einer Fachgesellschaft organisierte Zusammenwirken spezieller Kompetenzen und Forschungsrichtungen.

Die für den Sachunterricht erforderliche Beziehung zu den Fachdisziplinen und ihren Didaktiken bedeutet keine Abhängigkeit, vielmehr können wir so verfahren wie der barocke Rhetoriker Gian Battista Vico, der darauf besteht, dass er als Professor der Eloquenz das Recht und die Pflicht habe, die Bedeutung aller Wissenschaften für sein Fach zu erörtern. Kritikern, die ihm vorhalten, er habe sich alle Gebiete des Wissens vorgenommen und über sie geurteilt, hält er entgegen, dass es sich nur um Urteile darüber handle, „wie eine Lehre der anderen Vorteile oder Nachteile bringt ...“ (Vico 1974, S. 151 ff.).

Zu den Aufgaben einer wissenschaftlichen Fachgesellschaft gehört die Repräsentation der Disziplin durch Publikationen, in denen auch die gesellschaftliche Bedeutung der Forschungs- und Entwicklungsleistungen sichtbar wird. Die schon 1991 mit Unterstützung durch das IPN begründete Buchreihe „Probleme und Perspektiven des Sachunterrichts“ konnte schließlich in die Trägerschaft der GDSU übernommen und in einem renommierten Verlag publiziert werden. Dadurch wurde es möglich, die Tradition regelmäßig erscheinender, thematisch akzentuierter und der Dokumentation laufender Forschungsarbeiten dienender Jahresbände fortzusetzen. Bereits 1997 erschien zudem der erste von bisher neun Bänden der Reihe „Forschungen zur Didaktik des Sachunterrichts“. Diese Reihe ermöglicht umfassendere Darstellungen aktueller Untersuchungen und Entwicklungen und dient damit in besonderer Weise der Gestaltung des Profils unserer Disziplin sowie der Kommunikation von Forschungserträgen.

Schließlich wurde durch die Etablierung der GDSU eine nachhaltige, fachspezifische und über Landesgrenzen hinausgreifende Nachwuchsförderung ermöglicht. Sie beginnt mit der Teilnahme von Studierenden an Fachtagungen sowie mit Gelegenheiten für junge Wissenschaftlerinnen und Wissenschaftler, eigene Forschungsaktivitäten der Fachöffentlichkeit vorzustellen, Beratung auch außerhalb des heimischen Instituts zu bekommen, sich Einblicke in viele wissenschaftliche Aktivitäten zu verschaffen und Kontakte zu gewinnen. Das Doktorandenkolloquium, verantwortlich betreut durch ein festes Team erfahrenerer Forscherinnen und Forscher, gehört als integrativer Bestandteil zu den Jahrestagungen. Hinzu kommen eigene Tagungen für Promovierende unter Begleitung ihrer Betreuerinnen und Betreuer. Es gehört zum Selbstverständnis der GDSU, auch dem jüngeren Nachwuchs Gelegenheit zur Publikation in den Jahresbänden zu geben.

2.2

Neben die wissenschaftsbezogenen Aufgaben der Fachgesellschaft treten gesellschaftspolitische. Mit dem Sachunterricht beginnt für Kinder die Lesbarkeit der Welt; Sachunterricht gibt ihrem Suchen und Denken Richtung und Methode. Im Erschließen der Sachen vollzieht sich der Prozess der Grundlegung der Bildung. Es wird eine immerwährende Aufgabe sein, diesen elementaren Sachverhalt im öffentlichen Bewusstsein virulent zu halten.
Mit der Einrichtung einer rechtsfähigen Fachgesellschaft gaben sich die Gründungsmitglieder zunächst ein Forum der gemeinsamen Artikulation von Interessen und der Bündelung bildungspolitischer Impulse. Eine Fachgesellschaft entwickelt für ihren Gegenstandsbereich durch innerfachliche Diskussion und kooperatives Zusammenwirken eine Expertise, die in der Regel über die Möglichkeiten einzelner Fachvertreter hinausreicht, und sie ist nicht durch Loyalitäten an Dienstherren gebunden. Es gehört zu den Zwecken der GDSU, das Fach gegenüber Parlamenten, Landesregierungen, Ministerien (die für die Lehrerbildung, aber auch für die Gewichtung des Lernbereichs in den Schulen zuständig sind) und anderen Institutionen, insbesondere aber auch in der Öffentlichkeit zu vertreten (z.B. durch Präsenz in den Medien). Das ist sicherlich nicht möglich ohne einen Begriff von Kulturpolitik und eine gute Praxis der Politikberatung.
Dem Nutzen für das Fach als akademischer Disziplin entspricht jener für das Gemeinwohl. Die Arbeit der GDSU trägt dazu bei, dass alle Kinder schon in der Grundschule in qualifizierter Weise grundlegende Einsichten in Natur und Gesellschaft gewinnen, dass ihr Horizont erweitert, ihr Verständnis der Kultur, in der sie leben, fundiert und ihre auf Wissen und Kompetenz beruhende Handlungsfähigkeit gestärkt wird. Generell geht es um stetige Verbesserung des Sachunterrichts durch Forschung, Entwicklung, Ausbildung und die Implementation neuer Möglichkeiten des Lehrens und Lernens in den Schulen. Wissenschaft, die hier entwickelt und formuliert wird, ist ausgerichtet auf Erträge in der Praxis.[6]

---

6 Es ist bekannt, dass in der Regel die Leistungen und das Verständnis der Schülerinnen und Schüler weniger gefördert werden, wenn die jeweilige Lehrerin oder der Lehrer das Fach nicht studiert hat. Insbesondere im naturwissenschaftlich-technischen Bereich – ebenso wie in Mathematik – sind oftmals Defizite zu verzeichnen, wenn das Fach fachfremd unterrichtet wird.

Ein herausragendes Beispiel ist der 2002 publizierte „Perspektivrahmen Sachunterricht", der mit seinen inhaltlichen, methodischen und insgesamt curricularen Vorschlägen die Intentionen, Strukturen und Inhalte der Lehrpläne mehrerer Bundesländer entscheidend beeinflusst hat.[7]

3 Zur Wirksamkeit der GDSU und weitergreifende Aufgaben

Eine wissenschaftliche Vereinigung gibt den gemeinsamen Intentionen ihrer Mitglieder ein gewisses Maß an Kontinuität, Stabilität und Nachhaltigkeit. Die unmittelbaren Kontakte, die u.a. durch Tagungen ermöglicht werden, der Austausch von Impulsen und Arbeitsergebnissen, die Schaffung von Forschungsverbünden, die Entwicklung von Kriterien und Standards für qualifizierte Forschung, die Publikationen in den Jahres- und Forschungsbänden sowie Arbeiten, die gemeinsame Anstrengungen erfordern (z.B. die Erarbeitung des Perspektivrahmens und seine Neufassung) haben zur Profilierung und Festigung der Didaktik des Sachunterrichts in den Universitäten und zu ihrer Wahrnehmung in der bildungspolitischen Öffentlichkeit nachhaltig beigetragen. Durch die Vereinigung in einer Fachgesellschaft ist unsere Disziplin für ihre Partner „ansprechbar" geworden; sie kann selbst Partnerschaften pflegen und im Bildungswesen gestaltend mitwirken.

3.1

Große Bedeutung haben der Austausch und die Zusammenarbeit mit anderen Fachgesellschaften. Das gilt zum einen für die „pädagogische Seite", nämlich die Kooperation mit Disziplinen wie (Grundschul-)Pädagogik und Psychologie (Entwicklungspsychologie, Lehr- und Lernforschung), mit denen es große Schnittmengen gemeinsamer Interessens- und Arbeitsbereiche gibt (vgl. Lohrmann/ Hartinger/ Schwelle (2013).

Auf der anderen Seite braucht der Sachunterricht im Hinblick auf seine Inhalte eine enge Verbindung zu den Sachwissenschaften und ihren Didaktiken. Das betrifft zunächst die fachwissenschaftliche Sicherung der Unterrichtsinhalte und ihres konstruktiv-genetischen Aufbaus im Fortgang der Lernprozesse. Sodann aber auch die immer noch fehlende curriculare Kontinuität der Fachbezüge über die Grundschule hinaus. Für die Gesellschaft für Fachdidaktik (GFD), in der zahlreiche fachdidaktische Fachgesellschaften zusammengeschlossen sind, sollte dies ein Anlass sein, Vorschläge – vergleichbar dem Perspektivrahmen Sachunterricht – anzuregen, zu koordinieren und an die Konferenz der Kultusminister zu richten.[8]

7 Eine erweiterte Neufassung des Perspektivrahmens ist 2013 erschienen. Vgl. dazu Kap. 3.

8 Behindert wird die Etablierung durchgängiger Curricula durch die oft wechselnden und unterschiedlichen Gestaltungen des Aufbaus von Bildungswegen in den Bundesländern.

3.2

Eine ständige Herausforderung ist die Absicherung eines qualifizierten Sachunterrichts in den Rahmenrichtlinien und Stundentafeln der Bundesländer. Dabei ist zu vermitteln, dass es die charakteristische Aufgabe dieses Lernbereichs ist, mit den Kindern Anfänge und Möglichkeiten des Welterschließens und Weltverstehens zu erarbeiten, die sich über die je situativ gegebene Lebenswelt hinaus in den Domänen des gesellschaftlichen, historischen, geografischen, ökonomischen, physikalischen und chemischen, technischen, biologischen und ökologischen Weltbezugs konstituieren und damit für alle Lernenden eine Basis gemeinsamer Bedeutungsinhalte geben. Diese Dimensionen des Weltzugriffs, verstanden als Interpretationshorizonte zur Auslegung der Wirklichkeit und Ordnung der unendlichen Vielfalt des positiv Vorhandenen, bilden in einem integrierten Curriculum Sachunterricht eine Einheit. Aus seinen spezifischen Bildungsaufgaben, inhaltlich ausgefüllt durch die genannten, auf Wissenschaftsdomänen bezogenen Dimensionen, gewinnt der Sachunterricht seine Identität als deutlich konturiertes Lernfeld und seine „Grenzstärke“.
Mit seinem Sachbezug gehört Sachunterricht als eigenes Lernfeld neben Sprache und Mathematik zu den Kernfächern der Grundschule. Deshalb muss seine Didaktik im Studium der künftigen Lehrerinnen und Lehrer präsent sein. Dafür sind eigene Professuren erforderlich, denn die Didaktik des Sachunterrichts ist eine multifaktorielle und vielperspektivische Didaktik, die in ihrer Einheit, d.h. in der gegenseitigen Durchdringung ihrer Sachbezüge, nicht durch auf einzelne Sachfächer gerichtete Studien wahrgenommen werden kann. Das für den Sachunterricht Spezifische, die produktive Integration mehrperspektivischer Zugriffe auf Phänomene von Natur, Technik und gesellschaftlichem Leben, muss durch eigens darauf gerichtete Forschung und Lehre gesichert und vermittelt werden.

3.3

Ein Kernpunkt des Selbstverständnisses der GDSU ist schließlich die wechselseitige Zusammenarbeit und Befruchtung von Theorie und Praxis. Der Praxisbezug ist nicht nur in der Satzung verankert; realisiert wird er durch Mitgliedschaften von Lehrerinnen und Lehrern, die Interesse an wissenschaftlicher Arbeit haben, durch deren Teilnahme an den Jahrestagungen, durch ihre Berichte aus der Schularbeit und entsprechende Veröffentlichungen in den Jahresbänden. Andererseits sind die Schulen und der Unterricht ein primäres Forschungsfeld, in dem nicht nur die alltägliche Realität Gegenstand von Untersuchungen ist, sondern in dem auch neue Entwürfe für Unterrichtseinheiten, Konzepte des Lehrens und Lernens oder die Entwicklung von Medien und Materialien erprobt, verbessert und evaluiert werden können. Vor allem aber ist die Schule originale Quelle für unser Wissen über Schülerinnen und Schüler, über ihr Denken, ihre Lernfähigkeit, ihre Interessen,

ihre alltagsweltlich geprägten Präkonzepte zu Sachen und Zusammenhängen, die Gegenstände des Sachunterrichts sind.
Wünschenswert wäre eine solide und dauerhafte Institutionalisierung solcher Zusammenarbeit zwischen Universität und Schulen oder Klassen. Sie ermöglichte die Steigerung der fachbezogenen Professionalität von Lehrerinnen und Lehrern, ihre Teilnahme an der Forschung und eine gegenseitige Ergänzung in der Lehre. Nicht nur würden aktuelle Forschungsvorhaben dadurch erleichtert. Verbessert würden die Bedingungen für Langzeituntersuchungen, aus denen verlässlichere Erkenntnisse gewonnen und empirisch fundierte Prognosen abgeleitet werden könnten. Dieser Wunsch aber betrifft nicht nur die Didaktik des Sachunterrichts, sondern alle Fachdidaktiken und die Lehrerbildung insgesamt. Didaktische Forschung dient der Verbesserung des Unterrichts, dem aktuellen Lernen sowie der Nachhaltigkeit des Wissens und Könnens. Sie liegt im Interesse der Gesellschaft und sollte von den Schul- und Wissenschaftsministerien gefördert werden.

Literatur

Arbeitsgruppe für Unterrichtsforschung (1971): Weg in die Naturwissenschaft. Ein verfahrensorientiertes Curriculum im 1. Schuljahr. Stuttgart.
Bauer, H. F.; Köhnlein, W. (Hrsg.) (1984): Problemfeld Natur und Technik. Bad Heilbrunn.
Bruner, J. S. (1970): Der Prozeß der Erziehung. Berlin.
Bruner, J. S. (1974): Entwurf einer Unterrichtstheorie. Berlin.
Einsiedler, W.; Rabenstein, R. (Hrsg.) (1985): Grundlegendes Lernen im Sachunterricht. Bad Heilbrunn.
Frühwald, W. (2007): Wie viel Wissen brauchen wir? Politik, Geld und Bildung. Darmstadt.
Gagné, R. M. (1969): Die Bedingungen des menschlichen Lernens. Hannover.
Gärtner F. (1958): Neuzeitliche Heimatkunde. Der ungefächerte Sachunterricht in der Volksschulunterstufe. München.
GDSU (2002, 2013): Perspektivrahmen Sachunterricht. Bad Heilbrunn.
Giel, K.; Hiller, G. G.; Krämer, H. (1974): Stücke zu einem mehrperspektivischen Unterricht. Aufsätze zur Konzeption 1. Stuttgart.
Giel, K. u.a. (1975): Stücke zu einem mehrperspektivischen Unterricht. Aufsätze zur Konzeption 2. Stuttgart.
Glöckel, H. (1964): Volkstümliche Bildung? Versuch einer Klärung. Weinheim.
Hansen, W. (1959): Psychologische Probleme in der Grundschule. In: Hetzer, H. (Hrsg.): Pädagogische Psychologie (= Handbuch der Psychologie, Bd. 10). Göttingen, S. 248-271.
Karnick, R. ([1958] 1966): „Redet um Sachen!". Weinheim.
Klafki, W. (5/7 1965): Studien zur Bildungstheorie und Didaktik. Weinheim.
Klafki, W. (1992): Allgemeinbildung in der Grundschule und der Bildungsauftrag des Sachunterrichts. In: Lauterbach, R.; Köhnlein, W.; Spreckelsen, K.; Klewitz, E. (Hrsg.): Brennpunkte des Sachunterrichts. Kiel: Institut für die Pädagogik der Naturwissenschaften (IPN), S. 11-31.
Köhnlein, W. (1984): Die Hinwendung zu einem naturwissenschaftlich orientierten Sachunterricht in der Grundschule. In: Bauer, H.F.; Köhnlein, W. (Hrsg.): Problemfeld Natur und Technik. Bad Heilbrunn, S. 23-37.
Köhnlein, W. (2011): Sachunterricht als herausfordernde Aufgabe. In: Hempel, M.; Wittkowske, S. (Hrsg.): Entwicklungslinien Sachunterricht. Bad Heilbrunn, S. 13-28.
Köhnlein, W. (2012): Sachunterricht und Bildung. Bad Heilbrunn.

Lichtenstein-Rother, I. (1968): Sachunterricht und elementare Weltkunde. In: Die Grundschule (Beiheft zu Westermanns Pädagogischen Beiträgen), H. 4, S. 1–16.
Lohrmann, K.; Hartinger, A.; Schwelle, V. (2013): Exemplarisches Lehren und Lernen durch das Arbeiten mit Beispielen – theoretische Bezüge zwischen Allgemeiner Didaktik, Fachdidaktik und Lehr-Lernpsychologie. In: Zeitschrift für Grundschulforschung (ZfG), 6. Jg., H. 1, S. 158-171.
Neuhaus, E. (⁵1991): Reform der Grundschule. Bad Heilbrunn.
Rabenstein, R.; Haas F. (1965): Erfolgreicher Unterricht durch Handlungseinheiten. Das methodische Modell der „Handlungseinheit" im Sachunterricht der Unterstufe. Bad Heilbrunn.
Roth, H. ([1968] ⁸1972): Begabung und Lernen (= Deutscher Bildungsrat: Gutachten und Studien der Bildungskommission, Bd. 4). Stuttgart.
Rother, I. (⁴1961): Schulanfang. Ein Beitrag zur Arbeit in den ersten beiden Schuljahren. Frankfurt a.M.; Berlin; Bonn.
Spreckelsen, K. (1971): Naturwissenschaftlicher Unterricht in der Grundschule. 1. Schuljahr: Stoffe und ihre Eigenschaften. Frankfurt a.M..
Thiel, S. ([1973] 2003): Grundschulkinder zwischen Umgangserfahrung und Naturwissenschaft. In: Wagenschein, M.: Kinder auf dem Wege zur Physik. Weinheim, S. 90-180.
Thomas, B. (³2009): Der Sachunterricht und seine Konzeptionen. Bad Heilbrunn.
Vico, G. B. (1974): De nostri temporis studiorum ratione / Vom Wesen und Weg der geistigen Bildung. Lateinisch-deutsche Ausgabe. Darmstadt.
Witte, R. (1966): Naturwissenschaftlicher Unterricht in der Grundschule. In: Westermanns Pädagogische Beiträge,18. Jg., S. 320-327.

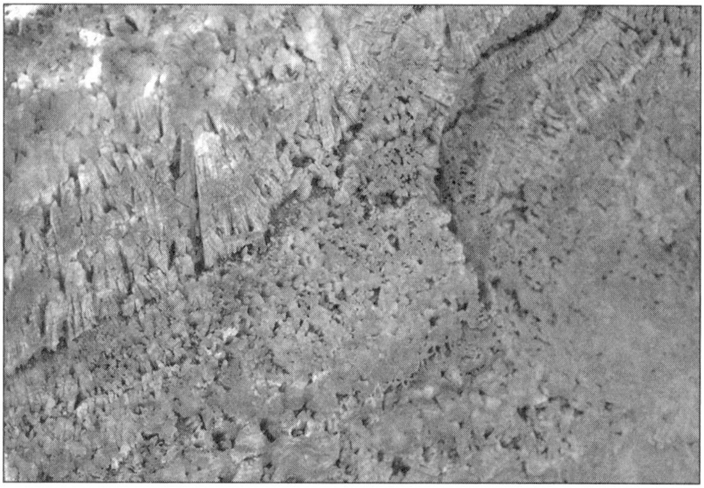

Roland Lauterbach

GDSU – Ursprünge und Entwicklungen[1]

1 Postulat und Selbstverständnis

Am 20. März 1992 zündete die dritte Stufe des Neuen Sachunterrichts mit der Gründung der wissenschaftlichen Gesellschaft für die Didaktik des Sachunterrichts e.V. (GDSU) in Berlin. Annähernd 90 Personen aus Hochschule, Lehrerfort- und -weiterbildung zeichneten als Gründungsmitglieder und wählten einen Gründungsvorstand. Für die Ausarbeitung der Satzung wurde ein mehrköpfiger Gründungsbeirat gebildet. Ein Jahr später, am 19.03.1993, verabschiedete die Mitgliederversammlung die Satzung und wählte satzungsgemäß ihren ersten Vorstand.[2]

Nach dem fulminanten Start von 1969/70, angetrieben vor allem vom Strukturplan der Bildungskommission des Deutschen Bildungsrates und den Empfehlungen der Kultusministerkonferenz zum Neuen Sachunterricht von 1970 sowie neuen Lehrplänen, Curricula und neuartigen Unterrichtsmaterialien, setzte 1980 mit der Errichtung von Professuren für den Sachunterricht in Niedersachen eher unauffällig der wichtige zweite Schub ein. Die erste Professur wurde in Hildesheim mit Walter Köhnlein besetzt.

Die Entwicklung zu einem wissenschaftlich fundierten Sachunterricht wurde vielfältig beschrieben und gründlich diskutiert (u.a. Thomas 2009, Köhnlein 2012, ebenso deren Beiträge in diesem Band). Insbesondere die Beiträge im Rahmen des vierzigjährigen Jubiläums des Sachunterrichts (Hempel/ Wittkowske 2011) lassen indes erkennen, dass trotz der zugänglichen Faktenlage die Geschichte des Faches mit neuen Facetten versehen, auf andere Art erzählt und das Geschehene verschieden begründet werden kann. Die Gründungsgeschichte der GDSU stelle ich deshalb aus eigner Sicht dar, zumal ich Mitglied der Gründungskommission, des Gründungsvorstandes und erster Geschäftsführer der GDSU war.

Die Kulturhoheit der Bundesländer begünstigte die Proliferation inhaltlicher und leistungsbezogener Anforderungen im Bildungswesen. Allein für das Fach Mathematik, bedingt für Naturwissenschaften, in Ansätzen für Deutsch und die

1 Überarbeitete und ergänzte Fassung des Beitrags „Forum 20 Jahre GDSU – Strukturen der Nachhaltigkeit“ in: Fischer, H.-J.; Giest, H. & Pech, D (Hrsg.) (2013): Der Sachunterricht und seine Didaktik. Bestände prüfen und Perspektiven entwickeln. Bad Heilbrunn, S. 22–32.

2 Eine vollständige Liste der Vorstandsmitglieder seit Gründung der GDSU enthält dieser Band.

Fremdsprachen vermochten sich die Bundesländer nach dem so genannten PISA-Schock auf funktionelle Gemeinsamkeiten im Anforderungsprofil der Schulstufen zu einigen. Die für den Sachunterricht getroffenen Zusagen blieben dagegen weitgehend unerfüllt: In der Bundesrepublik gibt es weiterhin verschiedene Bezeichnungen des Unterrichtsfaches, unterschiedliche Lehr- und Stundenpläne, Ausbildungsgänge und Fortbildungsprogramme, unbestimmte Qualifikationsprofile für den Einsatz von Sachunterrichtslehrern. Demgegenüber zeigen sich in der Didaktik des Sachunterrichts hinsichtlich ihrer fachlichen Prinzipien, ihres Forschungsfeldes, ihrer Forschungsmethoden und ihres Theorieverständnisses größere Gemeinsamkeiten, sofern die in ihr Tätigen Didaktik als Wissenschaft verstehen und mit diesem Verständnis forschen und lehren.
Beide zusammen, Sachverstand und Habitus des Wissenschaftlers, begünstigen die Durchsetzung fachlicher Belange sowohl in Hochschulen und Schulen als auch gegenüber Bildungsverwaltung und Öffentlichkeit. Und durch eine wissenschaftlich verstandene und praktizierte Didaktik wird Sachunterricht verbindlich und beständig: Er bildet bildungsrelevante Strukturen aus, entwickelt Dynamik und systemische Nachhaltigkeit.

2 Auf dem Weg zur Gesellschaft für Didaktik des Sachunterrichts

Die Gründung der GDSU geht auf mehrere Personen zurück, vorrangig Walter Köhnlein, Kay Spreckelsen und Helmut Schreier. Begünstigt und in der Ausführung beeinflusst wurde sie von diversen Faktoren, vor allem der gerade vollzogenen deutschen Wiedervereinigung, einem mehrjährig aktiven *Arbeitskreis Sachunterricht in der Gesellschaft der Didaktik für Chemie und Physik (GDCP)* und der überregionalen Förderung der Entwicklung des Sachunterrichts durch das Institut für die Pädagogik der Naturwissenschaften (IPN) an der Universität Kiel (vgl. Fischer 2013, Köhnlein 2013 und Schreier 2013). In meinem Beitrag gehe ich speziell auf den Anteil und den Einfluss des IPN ein. Walter Köhnlein hat mehrfach darauf hingewiesen, dass die Gründung, insbesondere jedoch die Etablierung der GDSU als wissenschaftlich leistungsfähige Fachgesellschaft ohne das IPN in den neunziger Jahren kaum erfolgt wäre. Auch Helmut Schreier nennt das IPN als die maßgebende Institution in der Anfangsphase der Gesellschaft.

3 Der Beitrag des IPN[3]

3.1 Zuständigkeiten und Reichweite

Als wissenschaftlicher Mitarbeiter des IPN hatte ich seit 1975 Gelegenheit, zusammen mit Brunhilde Marquardt, später Marquardt-Mau, ein Beobachtungsgebiet zum naturwissenschaftlichen Sachunterricht einzurichten und über mehrere Forschungsperioden weiterzuführen. Das Institut war zwar in fünf Fachabteilungen und eine Zentraleinheit für Organisation und Verwaltung gegliedert, doch die wissenschaftliche Tätigkeit fand unter dem Prinzip interaktiver Selbstorganisation in abteilungsübergreifenden Arbeitsgebieten statt, die jeweils im Rahmen der dreijährigen Forschungs- und Wirtschaftsplanung genehmigt wurden. Sie mussten mit Zielsetzung, Aufgaben und Vorgehensweise beantragt, in Planungsklausuren des Instituts vorgetragen, diskutiert, bewertet und von der jeweiligen Dreijahresplankommission angenommen werden. Diese fertigte dann einen Entwurf des zukünftigen Dreijahresplanes an und stimmte ihn bei Vorbehalt der Überarbeitung mit den darin aufgenommen Arbeitsgebieten ab. Anschließend wurde er dem *Beraterkreis der Kultusministerkonferenz für das IPN* zur Stellungnahme und dem *Kuratorium* bzw. *Verwaltungs- und Sachverständigenrates des IPN* zur Prüfung und nach Überarbeitung zur Verabschiedung vorgelegt (ausführlich Frey 1979).

Die Arbeitsgruppen handelten relativ autonom nach Maßgabe ihres Projektplanes in den Funktionsgebieten Beobachtung, Forschung, Entwicklung und Service. Ihre Arbeit stellten sie jährlich in einem institutsübergreifenden Forschungskolloquium zur Diskussion.

Die Aufgabe der Beobachtungsgebiete bestand vorwiegend in der Sichtung, Dokumentation und Beratung sowie der bedingten Mitwirkung in ausgewiesenen Relevanzbereichen für den naturwissenschaftlichen Unterricht und den zentralen Forschungs- und Entwicklungsgebieten des Instituts. Für das Arbeitsgebiet *Sachunterricht*, zeitweise *Natur und Technik im Primarbereich* (*Primary Science and Technology*), erwarteten der Bund und die Länder insbesondere länderübergreifende und internationale Aufmerksamkeit, gelegentlich auch verhaltene Mitwirkung. Die spezifischen Belange einzelner Bundesländer spielten eher eine untergeordnete Rolle.

3 Im Wortlaut der Selbstbeschreibung: „Das Institut für die Pädagogik der Naturwissenschaften ist ein überregionales Zentrum für die interdisziplinäre Forschung, Entwicklung und Lehre im Bereich des naturwissenschaftlichen Unterrichts in allen Bildungsbereichen. Das Institut gliedert sich in die Abteilungen Didaktik der Biologie, Didaktik der Chemie, Didaktik der Physik, Erziehungswissenschaften, Pädagogisch-Psychologische Methodenlehre und die Zentralabteilung. Es wird im Rahmen der Vereinbarung des Bundes und der Länder zur gemeinsamen Forschungsförderung finanziert." (Lauterbach et. al. 1992, U 4)

3.2 Erste Schritte

Auf Wunsch mehrerer Teilnehmer eines Symposiums zur Bedeutung der Neuen Medien im Bildungswesen, das ausschließlich für Personen aus dem Bundesministerium für Bildung und Wissenschaft und den Kultusministerien durchgeführt wurde, beantragten wir für die Dreijahresplanung 1980-1982 die Einrichtung einer überregionalen Arbeitsgruppe „Sachunterricht – Lehrerbildung". Insbesondere der Vertreter Nordrhein-Westfalens zeigte großes Interesse und die Bereitschaft, ein solches Vorhaben auch mit Landesmitteln über drei Jahre zu stützen. Als universitäre Vertreter Nordrhein-Westfalens nahmen Michael Soostmeyer für den naturwissenschaftlichen und Tassilo Knauf für den sozialwissenschaftlichen Schwerpunkt des Sachunterrichts teil.

Vom 3. bis 5. Mai 1982 fand ein abschließendes Symposium mit Gastbeiträgen von Ilse Lichtenstein-Rother, Jörg Ramsegger, Jürgen Liepe, Elard Klewitz, Fritz Bärmann, Getrud Beck, Siegfried Thiel und Jürgen Ziechmann in Kiel statt, bei dem auch die von der Arbeitsgruppe erarbeitete Empfehlung *Grundlinien der Lehrerausbildung für den Sachunterricht* vorgestellt wurde (Lauterbach/ Marquardt 1983[4]).

Bereits zu jener Zeit war sowohl im IPN als auch in dessen Aufsichtsgremien weitgehend akzeptiert, dass die Didaktik des Sachunterrichts nicht als Sammlung fachdidaktischer Elementaria der Sekundarstufe zu betrachten sei. Dennoch solle das Institut dessen Entwicklung fördernd begleiten. Zu dieser Haltung trug das vorteilhafte Ergebnis einer international besetzten Evaluationskommission bei, die einzelne Arbeitsgebiete des Instituts und das IPN als Ganzes begutachtete.

In der Folgezeit wurde es möglich, das Arbeitsgebiet über seine Beobachtungsaufgaben hinaus zu erweitern. Dazu gehörten die Mitarbeit in dem bereits erwähnten Arbeitskreis Sachunterricht der GDCP, der sich unter Leitung von Walter Köhnlein und Kay Spreckelsen 1984 gegründet hatte, Kurzzeiteinsätze in Projekten der naturwissenschaftlichen Grundbildung in Afrika, Asien, Mittel- und Südamerika, Computereinsatz im Sachunterricht in Zusammenarbeit mit den Landesinstituten für Fort- und Weiterbildung.

In den achtziger Jahren untersuchte Uwe Hameyer, Mitarbeiter in der Abteilung Erziehungswissenschaft des Instituts, Innovationsprozesse in der Grundschule mit dem Ziel, die Merkmale einer „guten Schule" zu identifizieren und *Entwicklungsprofile innovativer Grundschulen* zu entwerfen. Im Herbst 1990 führten wir ein Symposium zu dieser Thematik durch. Dazu gehörte auch, dass in diversen Werkstätten Beispiele für Innovationsprozesse im Sachunterricht veranschaulicht

4 Erstveröffentlichung 1982 in der Reihe „Beiträge zur Reform der Grundschule 52/53". Frankfurt am Main: Arbeitskreis Grundschule e.V. & Institut für die Pädagogik der Naturwissenschaften (IPN).

und weitergehende Innovationserfordernisse in diesen Bereichen ermittelt wurden (Hameyer/ Lauterbach/ Wiechmann 1992).
Die Vorbereitung und Leitung der Werkstätten übernahmen Walter Köhnlein und Kay Spreckelsen (Experimentieren), Kornelia Möller und Gerhard Wiesenfarth (Technik), Helmut Schreier und Harald Gesing (Ökologie), Petra Millhofer und Renate Schmidt (Sexualität), Volker Harms und Barbara Zahn (Dritte Welt), Barbara Schwaner-Heitmann (Gesundheit), Ben Bachmair (Film und Fernsehen), Jürgen Liepe (Drucken), Hannelore Schwedes (Spielwelten) und Klaus Wiebel (Natur begreifen).
Nach getaner Arbeit fand im Restaurant Drahtenhof am Freilicht-Museum Molfsee bei Kiel ein gemeinsames Abendessen statt. Die Vertreter der Didaktik des Sachunterrichts saßen an mehreren Tischen beieinander und diskutierten angeregt die zurückliegende Veranstaltung und hoffnungsfreudig mögliche Konsequenzen für zukünftige Forschungen. An meinem Nachbartisch, an dem unter anderen Walter Köhnlein und Helmut Schreier saßen, emergierte der Gedanke zur Gründung einer wissenschaftlichen Fachgesellschaft für den Sachunterricht. Die Frage, ob das IPN, in diesem Fall Brunhilde Marquardt und ich, sich beteiligen und die Institution ein solches Vorhaben stützen würde, beantworteten wir mit Blick auf die erzielte Anerkennung des Arbeitsgebietes im Institut zuversichtlich. Die Idee wurde von mehreren Teilnehmern wohlwollend aufgenommen.

3.3 Aufbruch

Die Chance für ein bildungspolitisch gemeinsames Projekt von Ost und West mit hohem Innovations- und Integrationswert erschien günstig, dessen Perspektive ermutigend: Im Arbeitskreis Sachunterricht hatten sich inzwischen Vertreter aus nahezu allen Bereichen des Sachunterrichts versammelt. Sie trafen sich regelmäßig zum fachlichen Diskurs und eröffneten 1991 die Reihe *Probleme und Perspektiven des Sachunterrichts*, in der die Vorträge der jährlichen Arbeitstreffen vom IPN publiziert wurden. Die Neuen Bundesländer begannen mit der Erarbeitung neuer Lehrpläne, erstmals auch dort für ein eigenständiges Fach Sachunterricht, und ebenfalls erstmals konnte das Lehramt an Grundschulen an Universitäten studiert werden und zwar mit Grundschuldidaktik Sachunterricht im Pflichtbereich. Für das Fach wurden Professuren errichtet und für Forschung und Lehre ausgestattet.

3.4 Gründung

Schon 1991 fanden mehrere Treffen interessierter Vertreter des Sachunterrichts und seiner Didaktik aus der gesamten Bundesrepublik statt mit dem Ziel, eine Gesellschaft für die Didaktik des Sachunterrichts zu gründen. Walter Köhnlein erklärte sich bereit, für den Posten des 1. Vorsitzenden zu kandidieren, Roland Lauterbach als Mitarbeiter des IPN und Sprecher des dortigen Arbeitsgebietes

Sachunterricht für den des Geschäftsführers. Elard Klewitz und Jürgen Liepe waren bereit, die Gründungstagung an der Freien Universität Berlin auszurichten. Eine erweiterte, paritätisch zusammengesetzte Gründungskommission wurde eingerichtet und begann umgehend mit der Planung und Realisierung. Wie eingangs schon erwähnt, fand die Gründungstagung im März 1992 statt. In seinem programmatischen Eröffnungsvortrag ordnete Wolfgang Klafki den Bildungsauftrag des Sachunterrichts in den Rahmen der Allgemeinbildung in der Grundschule ein, zeichnete konzeptionelle Leitlinien für die inhaltliche Orientierung des Faches und diskutierte die anstehenden Aufgaben aus dem Verständnis seiner Didaktik (vgl. Klafki 1992). Die Gründungsversammlung war bereit. Sie berief einen Gründungsvorstand, stellte ihm einen Gründungsbeirat zur Seite, und trug ihnen auf, binnen eines Jahres eine annehmbare Satzung zu erarbeiten. Im Vorstand sollten Männer und Frauen, neue und alte Bundesländer, natur- und sozialwissenschaftliche Kompetenzen balanciert vertreten sein.
Die Ergebnisse und ihre fruchtbaren Folgen sind bekannt beziehungsweise in anderen Beiträgen dieses Bandes ausgeführt. Auf drei Entwicklungslinien des Anspruchs auf Wissenschaftlichkeit gehe ich im Folgenden näher ein.

4 Entwicklungen

4.1 Nachhaltigkeit und Evaluation

Seinen konzeptionellen Rahmen hatte das Kieler Institut mit seinem Namen erhalten; es wurde ausdrücklich der Pädagogik der Naturwissenschaften verpflichtet mit den Didaktiken der Naturwissenschaften als deren systematische Mittel und der Erziehungswissenschaft als Garant für eine wissenschaftliche Pädagogik. So galt weithin das bildungstheoretische Prinzip auch für die Fachdidaktiken, obwohl die Psychologie in der Abteilung Erziehungswissenschaft personell stark vertreten war und später auch als Pädagogisch-psychologische Methodenlehre eigenständig wurde. Die Verpflichtung des Instituts auf empirische Forschung führte zwangsläufig zu Konflikten zwischen der etablierten und international starken psychologischen Forschung des Lernens, des Lehrens und der Entwicklung, auf deren Ergebnisse die Fachdidaktiker gern zugriffen, und der eher konzeptionell und inspektiv agierenden bildungs- und lerntheoretisch orientierten Pädagogiktradition unserer Schulen. Dank der interaktiven Forschungsorganisation des IPN (s.o.) entwickelte sich im Institut eine weitgehend neue Qualität fachdidaktischer Forschung, unter anderem die mit Bezug auf die neuere Curriculumforschung sich ausbildende fachdidaktische Wirkungs-, Entwicklungs- oder Innovationsforschung. Diese Arbeiten erhielten in kurzer Zeit internationale Anerkennung und wurden schrittweise für alle Bereiche der drei im Institut vertretenen Fachdidaktiken umgesetzt. Ein bekanntes Beispiel waren die Delphi-Studien. Die Entwicklung des IPN zu einem national wie international renommierten Forschungsinstitut war vor allem das Verdienst von Karl Frey und später auch von Jürgen Baumert, die als Geschäftsführende Direktoren die Präsenz des Instituts auf angesehenen internationalen Kongressen und in ebensolchen Publikationen einforderten. Auch sorgten sie dafür, dass das IPN Forschungsevaluationen sowohl auf internationaler (s.o.) als auch auf nationaler Ebene (Wissenschaftsrat) mehrfach schadlos überstand.

Die GDSU profitierte davon auf eine unaufdringliche Art und Weise. Das IPN genoss national wie international hohes Ansehen in Politik, Wissenschaft und Schule. Die teils rigorosen Zulassungsprozeduren für Arbeitsgebiete und die ständige Diskurs- und Evaluationspraxis für Projekte sicherte Partnern des Instituts – zusammen mit dem soliden Haushalt – die Einhaltung von Vereinbarungen. Mit der Zusage, eine Entscheidung für die Gründung einer didaktischen Fachgesellschaft für den Sachunterricht ideell, personell und materiell zu stützen, wurden der Vollzug und die Umsetzung verlässlich geschützt. Für Interessenten aus den Hochschulen, gleich welcher Fachrichtung, war der Beitritt zu der neuen wissenschaftlichen Gesellschaft für Didaktik des Sachunterricht daher unschädlich hinsichtlich Status und Image. Universitäten und Hochschulen begrüßen den Kontakt ihrer Hochschullehrer mit einer prestigeträchtigen Forschungsinstitution.

Auf den ersten Blick erschien die Verbindung mit dem IPN ausschließlich von Vorteil für dic Entwicklung der neuen Gesellschaft. Dank des designierten Vorsitzenden traf das auch zu. Bei näherem Hinsehen gab es zu Beginn fünf teils implizite Auflagen für das Versprechen der mittelfristigen Absicherung:

(1) Vorrang der Forschung
(2) einen auch bildungspolitisch sichtbaren Anteil an naturwissenschaftlich orientierter Sachunterrichtsdidaktik
(3) ein IPN-Mitglied der GDSU im Vorstand und unter den Herausgebern der Jahresbände
(4) Einhaltung von wissenschaftlichen Qualitätsstandards für die vom IPN mitfinanzierten Publikationen der Gesellschaft (Jahresband und später Forschungsbände der GDSU)
(5) Personelle Qualitätszusage für die Herausgeber, namentlich verantwortlich Walter Köhnlein, später (für die Forschungsbände ebenso Helmut Schreier)

Helmut Schreier sah diesen Einfluss des IPN auf die GDSU kritisch; er befürchtete sogar den Durchgriff des Instituts bei zu geringer Betonung oder nicht genehmer Ausprägung der Naturwissenschaften. – Derartiges geschah weder während der Vorbereitungs- und Startphase der GDSU noch danach.

Die Grundvoraussetzung für Nachhaltigkeit der Didaktik des Sachunterrichts erfolgte durch ihre Etablierung als wissenschaftliche Disziplin an Universitäten. Ergänzt und stabilisiert wurde sie durch die der GDSU auferlegten und letztlich akzeptierten wissenschaftlichen Qualitätsanforderungen. Diese Entwicklung ist noch nicht abgeschlossen. Sie begann eher zögerlich, blieb in den Hochschulen zunächst weitgehend unbestimmt. In den Bundesländern vollzieht sie sich uneinheitlich, teils beschleunigt durch die Einführung qualitätsgeprüfter Studiengänge für Sachunterricht, teils demontierend: an Universitäten zugunsten der herkömmlichen Fachlichkeit, in Schulen durch mediale Trivialisierung des Unterrichts. Die fordernde Präsenz der GDSU nach innen wie nach außen ist unerlässlich. Erwägenswert scheint überdies eine systematische Evaluation des Qualitätsanspruches durch die GDSU vergleichbar mit dem Monitoring der Sprach- und Mathematikkompetenzen in der Grundschule.

4.2 Struktur und Selbstorganisation

In den achtziger Jahren beschäftigte ich mich (wie einige andere Mitarbeiter des IPN) mit Ludwik Flecks 1935 veröffentlichter Abhandlung *Entstehung und Entwicklung einer wissenschaftlichen Tatsache.* Der Wissenschaftstheoretiker Lothar Schäfer und der Soziologe Thomas Schnelle hatten sie 1980 im Verlag Suhrkamp herausgegeben mit der Einschätzung, diese „so gut wie unbekannte Schrift ... könnte unter günstigeren Umständen [gemeint war Flecks «deutsches Schicksal» als polnischer Jude] heute im Rang eines Klassikers der Wissenschaftstheorie stehen, vergleichbar mit Poppers «Logik der Forschung» (1934)" (Fleck ³1994, VII). Die Verbindung zu Thomas Kuhns *Struktur wissenschaftlicher Revolutionen* (1973) die wir ebenfalls diskutierten, war unvermeidlich, zumal dieser in seinem Vorwort seine wissenssoziologische Ausrichtung auf Flecks Essay zurückführte.

Zusammen mit neueren wissenschaftssystematischen Arbeiten zur Selbstorganisation (u.a. Knorr-Cetina 1984, Krohn/ Küppers 1989) waren es insbesondere fünf Einsichten, die sich uns erschlossen und im Zusammenhang mit der Etablierung curricularer Entwicklungsforschung und eines in den gesellschaftlichen Lebens- und Arbeitszusammenhang integrierten naturwissenschaftlichen Unterrichts nachhaltig wirken sollten.

(1) Wissenschaftler agieren neben ihrem Forschungsbereich auch in anderen wissenschaftlichen und außerwissenschaftlichen Kontexten, aus denen sie ihre Forschungsaufträge erhalten oder gewinnen und in denen sie für ihr Gebiet und ihre Ergebnisse «Definitionsgewalt» erzeugen und durchsetzen können (müssen).

(2) Wissenschaft ist vor allem Tätigkeit einer *Forschergemeinschaft* in einem grenzstarken Gegenstandsbereich mit gemeinsamer Zielorientierung, einer identitätssichernden Bezeichnung und eigener Fachsprache, typischen Methoden und Routinen sowie traditionsträchtigen Ritualen. Werden diese Merkmale berücksichtigt und nach außen sichtbar gemacht, dürfen Wissenschaftler ohne Schaden in ihrer Forschung auch quasi-chaotisch handeln.

(3) Die Entstehung wissenschaftlicher Tatsachen (und auch die wissenschaftlicher Disziplinen und Teildisziplinen) durchläuft typische Stadien: von der gesellschaftlichen Thematisierung eines Problems oder Problemfeldes in der wissenschaftlich interessierten Öffentlichkeit über dessen wissenschaftliche Befassung, Bearbeitung und Relevanzbestimmung in Forschung und Lehre einer Wissenschaftlergemeinschaft bis zum Wiedereintritt in den gesellschaftlichen, nunmehr populärwissenschaftliche Diskurs und der Nutzung der Ergebnisse für die Bearbeitung gesellschaftlich relevanter Aufgaben. Die Abläufe sind in sich differenziert, erfolgen oft iterativ und rekursiv.

(4) Akzeptanz und Außenwirksamkeit hängen u.a. vom sozialen Status und Prestige eines Wissenschaftlers, seiner Institution und seines Faches ab.

(5) Als nützliche, kontextbedingt oft auch notwendige Begleitmaßnahmen zählen unter anderem: Professuren, Promotionen, Studiengänge, Forschungseinrichtungen (Institute), Fachgesellschaften, inner- wie außerfachliche Diskurse, nationale und internationale Kongresse und Publikationen (auch englischsprachig): Forschungsberichte, Monografien und Sammelwerke, Handbücher, Lehrbücher, Fachbücher, Fachzeitschriften, Fachverlage, Präsenz und Pflege in den Praxisfeldern, Aufmerksamkeit einer interessierten Öffentlichkeit.

Die Entwicklung der Didaktik des Sachunterrichts und die Entstehung der GDSU lassen sich durchaus unter diesen Gesichtspunkten betrachten. Mit den bereits geschilderten günstigen Konstellationen für das Zustandekommen der GDSU und den Glücksfällen bei den Wegbereitern und den für den Sachunterricht in den Hochschulen verantwortlichen Personen stellen sich die notwendigen Bedingungen und sichernden Elemente für eine nachhaltig wirkende Didaktik des Sachunterrichts scheinbar wie von selbst nach und nach ein. Die unter Punkt (5) des vorigen Absatzes genannten Maßnahmen wurden teilweise, einige sogar ganz ausgebildet, doch sie sind nicht in allen Bundesländern wirksam. Die Punkte (1) bis (4) blieben vergleichsweise unterentwickelt. Übergreifend ist insbesondere der Vorstand der GDSU gefordert, insgesamt sind allerdings erhebliche Anstrengungen auch von jenen Mitgliedern gefordert, die von Amts wegen in der Lage sind, die Didaktik unseres Faches offensiv als Wissenschaft zu vertreten und durchsetzen.

4.3 Autonomie und Internationalität

Das Grundgesetz der Bundesrepublik Deutschland verfügt in Artikel 5, Absatz 3 unter dem Vorbehalt der Verfassungstreue: „Kunst und Wissenschaft, Forschung und Lehre sind frei.“ Das gilt uneingeschränkt auch für Forschung und Lehre im Rahmen der Didaktik des Sachunterrichts, und zwar ohne Auslegungsbedarf, sofern diese mit einer Professur an einer deutschen Universität oder anderen wissenschaftlichen Hochschule vertreten ist. Wie konsequent wurden das damit verbun-

dene Recht und die dadurch implizierte Pflicht der Stelleninhaber auf autonome Vertretung unseres Faches wahrgenommen?
In der Bundesrepublik liegt die Kulturhoheit bei den Ländern, zwangsläufig damit auch die Verantwortung für Schulen und die Gestaltung ihrer Lehrpläne. Insofern relativiert sich der Autonomieanspruch der zuständigen Wissenschaften, allerdings nur hinsichtlich der Wahl und Bezeichnung der Fächer sowie im Grundsatz ihrer Themen, Inhalte und Ziele. Fragen ihrer Didaktik bleiben im Kern in wissenschaftlicher Kompetenz. Das durchzusetzen und durchzuhalten gelingt selten problemlos. Eine Fachgesellschaft vermag mehr auszurichten, als einem einzelnen Wissenschaftler gewährt wird oder dieser politisch beanspruchen kann, zumal die professionell belegbaren Kompetenzen und konzeptionellen Ausrichtungen variieren. Insofern wurde mit der Gründung der GDSU eine der notwendigen Voraussetzungen geschaffen, um wissenschaftliche Erkenntnisse und Urteile zum Sachunterricht überindividuell zu vertreten und so wirksamer zur Geltung zu bringen. Das ist nach zehn Jahren wenig erfolgreicher Resolutionen und Briefe an Kultusministerien auf einem sanften Wege mit der Entwicklung und Herausgabe des „Perspektivrahmen Sachunterricht" tatsächlich geschehen (vgl. Schreier 2013): Lehrplanentwicklung sowie Lehreraus- und Lehrerfortbildung orientierten sich nach und nach an diesem Grundriss einer bundesländerübergreifenden Konzeption für Sachunterricht. Mit der Neufassung (2013) liegt nunmehr ein ausgearbeitetes Programm vor, das der wissenschaftlichen Kritik, die der ersten Fassung weitgehend erspart wurde, sicher ist und der es auch bedarf, damit sich der wissenschaftlichen Diskurs frei von der (legitimen) Rücksichtsnahme aus der Reifezeit der GDSU entwickeln und qualitätssteigernd auswirken kann.
Zu den schwierigen, dennoch notwendigen Aufgaben, um sich als wissenschaftliche Gesellschaft Gehör zu verschaffen, bedarf es haltbarer Unterscheidungen unter anderem zwischen Wissen und Meinung, Vermutung und Wunsch, Entdeckung und Bestätigung, Tatsache und Konzeption, Gültigkeit und Geltung, sowie begriffliche Verbindlichkeit für Theorie und Praxis in dem Kernbereich des Faches. Sie sind im Diskurs zu präzisieren und in öffentlicher Rede und politischer Verhandlung normierend zu verwenden. Wechselnde Zugriffe auf pädagogische Spielarten, synonyme Varianten, mediale Präsenz oder modische Aktualität mögen individuell gewählt werden, ein Kennzeichen von Wissenschaft sind sie nicht. Der damit verbundene Rekurs auf eigene Theorie- und Praxisbestände signalisiert selbstbewusst wissenschaftliche Autonomie. Sie wird verstärkt durch selbstbewusstes und eigenständiges Auftreten im Diskurs mit anderen Disziplinen, in selbstbestimmten öffentlichen Stellungnahmen und beratend im politischen Streit. Hierzu wird die GDSU konsequenter, als ich es bisher wahrgenommen habe, den wissenschaftlichen Anspruch ihrer Aussagen und demgemäß derer ihrer Mitglieder verdeutlichen und deren Berücksichtigung einfordern müssen – wiederholend, nachfragend, insistierend.

Mit der Herausgabe der englischsprachigen Fassung des Perspektivrahmens vollzog die GDSU einen weiteren wichtigen Schritt der Autonomisierung des Faches, indem sie sich erstmals in der internationalen Öffentlichkeit zeigte. Seit 2007 ist sie im Internet präsent. Den Zugang zu den wissenschaftlichen Leistungen des Faches ermöglichen englischsprachige *Abstracts* der Beiträge in den Jahresbänden seit 2009. Die Teilnahme am internationalen wissenschaftlichen Diskurs eröffnet mehrere Vorteile.

Wissenschaftliche Autorität wird heute nicht mehr im nationalen Kontext gewonnen. In den Bundesländern punktet die Didaktik eines Grundschulfaches allenfalls durch überzeugende Dienstleistungen in der Lehreraus- und Lehrerfortbildung. Die Teilhabe am internationalen Diskurs indessen verleiht den fachlichen Aussagen gesteigerte Geltung, erhöht Ansehen und Akzeptanz bei Partnern und Entscheidungsträgern, stärkt professionelles Selbstvertrauen und wissenschaftliche Kompetenz. Teilhabe ist in diesem Zusammenhang als reziprok zu verstehen und zu entwickeln. Sie erfordert zum einen die Einlassung auf den Mainstream der psychologisch dominierten empirischen pädagogischen Forschung, wie sie die GDSU bereits ermöglicht und unterstützt hat, zum anderen jedoch ebenso das offensive Vertreten und Vermitteln jenes identitätsfördernden Bildungsverständnisses, das die Didaktik des Sachunterrichts konstitutiv charakterisiert und das anknüpfen kann beispielsweise an den US-amerikanischen Pragmatismus in der Tradition von John Dewey, an die skandinavische Rezeption deutscher Bildungstradition aus den Werken von Wolfgang Klafki und Martin Wagenschein, oder an das Bestreben von Entwicklungsländern, ihre kultureller Identität zu stärken und auszugestalten.

Literatur

Fischer, H.-J. (2013): 20 Jahre GDSU – Rückblick und Ausblick. In: Ders.; Giest, H.; Pech, D. (Hrsg.): Der Sachunterricht und seine Didaktik. Bestände prüfen und Perspektiven entwickeln. Bad Heilbrunn, S. 39-47.

Fleck, L. ([3]1994): Entstehung und Entwicklung einer wissenschaftlichen Tatsache. Einführung in die Lehre vom Denkstil und Denkkollektiv. stw 312. Frankfurt am Main.

Frey, K. (1979): Forschungsplanung am IPN. Konzeptionen, Bedingungen, Erfahrungen. IPN-Kurzberichte 20. Kiel.

Hameyer, U.; Lauterbach, R.; Wiechmann, J. (Hrsg.) (1992): Innovationsprozesse in der Grundschule. Fallstudien, Analysen und Vorschläge zum Sachunterricht. Bad Heilbrunn.

Hempel; M., Wittkowske, S. (Hrsg.) (2011): Entwicklungslinien Sachunterricht. Bad Heilbrunn.

Klafki, W. (1992): Allgemeinbildung in der Grundschule und der Bildungsauftrag des Sachunterrichts. In: Lauterbach, R.; Köhnlein, W.; Spreckelsen, K.; Klewitz, E. (Hrsg.): Brennpunkte des Sachunterrichts. Kiel. S. 11–31.

Knorr-Cetina, K. (1984): Die Fabrikation von Erkenntnis. Zur Anthropologie der Naturwissenschaft. Frankfurt am Main.

Köhnlein, W. (2013): Forum 20 Jahre GDSU: Hoffnungsvolle Anfänge und bleibende Aufgaben. In: Fischer, H.-J.; Giest, H.; Pech, D. (Hrsg.): Der Sachunterricht und seine Didaktik. Bestände prüfen und Perspektiven entwickeln. Bad Heilbrunn, S. 15-21.

Köhnlein, W. (2012): Sachunterricht und Bildung. Bad Heilbrunn.

Köhnlein, W.; Schreier, H. (Hrsg.) (2001): Innovation Sachunterricht – Befragung der Anfänge nach zukunftsfähigen Beständen. Bad Heilbrunn.

Krohn, W.; Küppers, G. (1989): Die Selbstorganisation der Wissenschaft. stw 776. Frankfurt am Main.

Kuhn, Th. (1973): Die Struktur wissenschaftlicher Revolutionen. stw 25. Frankfurt am Main.

Lauterbach, R.; Marquardt, B. (Hrsg.) (1983): Sachunterricht zwischen Alltag und Wissenschaft. Grundlagen und Beispiele für Schulpraxis und Lehrerbildung. Weinheim, Basel.

Lauterbach, R.; Köhnlein, W.; Spreckelsen, K.; Bauer, H. F. (Hrsg.) (1990): Wie Kinder erkennen. Probleme und Perspektiven des Sachunterrichts, Bd. 1. Kiel.

Lauterbach, R.; Köhnlein, W.; Spreckelsen, K.; Klewitz, E. (Hrsg.) (1992): Brennpunkte des Sachunterrichts. Probleme und Perspektiven des Sachunterrichts, Bd. 3. Kiel.

Lauterbach, R. (2011): Vom Einzug der Wissenschaft in den Sachunterricht. In: Hempel, M.; Wittkowske, S. (Hrsg.): Entwicklungslinien Sachunterricht. Bad Heilbrunn, S. 101–120.

Lauterbach, R. (2013): Forum 20 Jahre GDSU – Strukturen der Nachhaltigkeit. In: Fischer, H.-J.; Giest, H.; Pech, D. (Hrsg.) (2013): Der Sachunterricht und seine Didaktik. Bestände prüfen und Perspektiven entwickeln. Bad Heilbrunn, S. 22–32.

Schreier, H. (2013): Forum 20 Jahre GDSU: Der Perspektivrahmen Sachunterricht. In: Fischer, H.-J.; Giest, H.; Pech, D. (Hrsg.): Der Sachunterricht und seine Didaktik. Bestände prüfen und Perspektiven entwickeln. Bad Heilbrunn, S. 33-37.

Thomas, B. (2009): Der Sachunterricht und seine Konzeptionen. Historische und aktuelle Entwicklungen. 3. Überarbeitete Auflage. Bad Heilbrunn.

Aus der Arbeit der Vorstände 1992 bis 2013

Zusammengestellt von Hans-Joachim Fischer, Hartmut Giest, Eva Gläser & Claudia Schomaker in Zusammenarbeit mit den 1. Vorsitzenden der GDSU

1 Einführung

Die folgende Zusammenstellung möchte einen Überblick über die Arbeit der Vorstände der GDSU seit ihrer Gründung geben, die verantwortlichen Akteure vorstellen und eine Würdigung ihrer Leistung vornehmen. Was die Darstellung der Arbeitsschwerpunkte anbelangt, so stehen uns vor allem Jahresberichte und Positionspapiere der Vorstände zu bildungspolitischen Fragen zur Verfügung. Da diese jedoch (teils in diesem Band, teils auf der Website der GDSU) dokumentiert und zugänglich sind, haben wir die Ersten Vorsitzenden gebeten, selbst eine Zusammenfassung ihrer Vorstandsarbeit vorzunehmen. Dies erlaubt, im Nachhinein das Wichtige zu akzentuieren und die leitenden Handlungsumstände und -motive in einem größeren Zusammenhang zu reflektieren. Für die abschließende Würdigung ist der aktuelle Vorstand verantwortlich. Die Darstellung folgt den satzungsgemäßen Wahlperioden. Hier zunächst ein Überblick über die Zusammensetzung der Vorstände.

Gründungsvorstand: 1992 bis 1993

1. Vorsitzender: Prof. Dr. Walter Köhnlein
2. Vorsitzende: Dr. Ursula Plischke
Geschäftsführer: Dr. Roland Lauterbach
Beisitzer: Prof. Dr. Helmut Schreier, Dr. Hanna Kiper

Zweiter Vorstand: 1993 bis 1995

1. Vorsitzender: Prof. Dr. Walter Köhnlein
2. Vorsitzende: Dr. Inge-Astrid Koch
Geschäftsführer: Dr. Roland Lauterbach
Beisitzer: Prof. Dr. Hans-Joachim Schwier, Dipl. Päd. Brunhilde Marquardt-Mau
Kooptiertes Mitglied: Prof. Dr. Diethard Cech

Dritter Vorstand: 1995 bis 1997

1. Vorsitzender: Prof. Dr. Walter Köhnlein
2. Vorsitzender: Prof. Dr. Hans-Joachim Schwier
Geschäftsführerin: Dr. Brunhilde Marquardt-Mau
Beisitzer: PD Dr. Irene Frohne, Prof. Dr. Diethard Cech
Kooptiertes Mitglied: Prof. Dr. Roland Lauterbach

Vierter Vorstand: 1997 bis 1999

1. Vorsitzender: Prof. Dr. Helmut Schreier
2. Vorsitzende: Dr. Brunhilde Marquardt-Mau
Geschäftsführer: Dr. Hans Baier († 24.08.1998), Prof. Dr. Diethard Cech (kommissarisch)
Beisitzer: PD Dr. Irene Frohne, Prof. Dr. Diethard Cech
Kooptierte Mitglieder: Prof. Dr. Helmut Gärtner (1997/ 1998), Prof. Dr. Gerhard Löffler (1998/ 1999)

Fünfter Vorstand: 1999 bis 2001

1. Vorsitzender: Prof. Dr. Dr. h.c. Helmut Schreier
2. Vorsitzender: Prof. Dr. Hans-Joachim Schwier
Geschäftsführer: Prof. Dr. Diethard Cech
Beisitzer: Prof. Dr. Ute Stoltenberg, Prof. Dr. Gerhard Löffler
Kooptiertes Mitglied: Prof. Dr. Joachim Kahlert (2000)

Sechster Vorstand: 2001 bis 2003

1. Vorsitzender: Prof. Dr. Joachim Kahlert
2. Vorsitzende: Prof. Dr. Ute Stoltenberg
Geschäftsführer: Prof. Dr. Diethard Cech
Beisitzer: Dr. Steffen Wittkowske, Dr. Andreas Hartinger
Kooptierte Mitglieder: Prof. Dr. Hans-Joachim Schwier (2001/ 2002), Prof. Dr. Maria Fölling-Albers (2002/ 2003)

Siebter Vorstand: 2003 bis 2005

1. Vorsitzender: Prof. Dr. Joachim Kahlert
2. Vorsitzende: Prof. Dr. Marlies Hempel
Geschäftsführer: Prof. Dr. Diethard Cech
Beisitzer: Dr. Andreas Hartinger, Dr. Steffen Wittkowske
Kooptierte Mitglieder: Prof. Dr. Hartmut Giest (2003/ 2004), Prof. Dr. Hans-Joachim Fischer (2004/ 2005)

Achter Vorstand: 2005 bis 2007

1. Vorsitzender: Prof. Dr. Dietmar von Reeken
2. Vorsitzende: Prof. Dr. Marlies Hempel
Geschäftsführer: Prof. Dr. Diethard Cech
Beisitzer: Prof. Dr. Hartmut Giest, Prof. Dr. Susanne Miller
Kooptierte Mitglieder: Prof. Dr. Andreas Hartinger (2005/ 2006), Prof. Dr. Jutta Wiesemann (2006/ 2007)

Neunter Vorstand: 2007 bis 2009

1. Vorsitzender: Prof. Dr. Hartmut Giest
2. Vorsitzende: Prof. Dr. Dagmar Richter
Geschäftsführer: Prof. Dr. Diethard Cech († 25.10.2007), Prof. Dr. Roland Lauterbach
Beisitzer: Prof. Dr. Jutta Wiesemann, Prof. Dr. Detlef Pech
Kooptiertes Mitglied: Prof. Dr. Brunhilde Marquardt-Mau (2007/ 2008)

Zehnter Vorstand: 2009 bis 2011

1. Vorsitzender: Prof. Dr. Hartmut Giest
2. Vorsitzende: Prof. Dr. Dagmar Richter
Geschäftsführer: Prof. Dr. Bernd Thomas
Beisitzer: Prof. Dr. Jutta Wiesemann, Prof. Dr. Detlef Pech
Kooptierte Mitglieder: Prof. Dr. Astrid Kaiser (2009/ 2010), Prof. Dr. Eva Heran-Dörr (2010/ 2011)

Elfter Vorstand: 2011 bis 2013

1. Vorsitzender: Prof. Dr. Hans-Joachim Fischer
2. Vorsitzende: Prof. Dr. Eva Heran-Dörr
Geschäftsführer: Prof. Dr. Hartmut Giest
Beisitzer: Prof. Dr. Eva Gläser, Prof. Dr. Claudia Schomaker
Kooptierte Mitglieder: Prof. Dr. Detlef Pech (2011/ 2012), Prof. Dr. Markus Peschel (2012/ 2013)

Zwölfter Vorstand: ab 2013

1. Vorsitzender: Prof. Dr. Hans-Joachim Fischer
2. Vorsitzende: Prof. Dr. Eva Gläser
Geschäftsführer: Prof. Dr. Hartmut Giest
Beisitzer: Prof. Dr. Claudia Schomaker, Prof. Dr. Beate Blaseio
Kooptiertes Mitglied: Prof. Dr. Kerstin Michalik (2013/ 2014)

2 Berichte aus der Arbeit der Vorstände

2.1 Aus der Arbeit der ersten Vorstände 1992 bis 1997 (Walter Köhnlein)

Der förmlichen Gründung der GDSU am 19./20. März 1992 mit 82 Gründungsmitgliedern gingen vielfältige Aktivitäten voraus. Es gab die Tradition der Jahrestagungen des Arbeitskreises Sachunterricht in der Gesellschaft für Didaktik der Chemie und Physik (GDCP) (vgl. die Beiträge von Köhnlein und Lauterbach in diesem Band). Im Hinblickauf den Gründungsakt sind Zusammenkünfte von Interessenten im Januar 1991 in Göttingen und im April 1991 in Münster zu nennen. Neben organisatorischen Fragen beschäftigte uns vor allem die einvernehmliche Klärung der Gründungsideen: Mit Blick auf die Schulen und den Unterricht ging und geht es um die Stärkung des Sachunterrichts in der Praxis, in den Richtlinien und Stundentafeln sowie um die Steigerung seiner Qualität. Mit Blick auf die Didaktik unseres Faches ging es um die Bündelung schulpädagogischer, sozialwissenschaftlicher und naturwissenschaftlicher Orientierungen und damit um die Sicherung der wissenschaftlichen Kommunikation und Zusammenarbeit in einem institutionellen Rahmen. Eine wissenschaftliche Gesellschaft repräsentiert die Disziplin in der Öffentlichkeit. Und schließlich war die Gründungsversammlung vorzubereiten. Wir haben sie eingebunden in eine Tagung unter dem Thema „Brennpunkte des Sachunterrichts“. Es war die erste Jahrestagung der GDSU. Mit seinem Vortrag über „Allgemeinbildung in der Grundschule und der Bildungsauftrag des Sachunterrichts“ hat Wolfgang Klafki unserer Gesellschaft nachhaltige Impulse gegeben.[1] Mit der Resolution „Erhalt der Schulgärten“, die von der Gründungsversammlung verabschiedet wurde, haben wir versucht, ein Stück Schulkultur in den neuen Bundesländern zu erhalten und in den alten zu verstärken.[2]

1. Aufgabe des Gründungsvorstandes (1992 – 1993), eines ihm zugeordneten Gründungsbeirates und der Satzungskommission waren vor allem die Ausarbeitung einer Satzung sowie die Vorbereitung der Frühjahrstagung 1993 in Köthen mit dem Thema „Dimensionen des Zusammenlebens“.[3] Diese Thematik war ein Zeichen für die Hinwendung unserer Gesellschaft zu soziokulturellen Anliegen und Themen; die Wahl des Tagungsortes mit der örtlichen Tagungsleitung von-Hans-Joachim Schwier war zugleich ein Zeichen für die Einheit unserer Gesell-

1 Abgedruckt in Lauterbach, R.; Köhnlein, W.; Spreckelsen, K.; Klewitz, E. (Hrsg.) (1992): Brennpunkte des Sachunterrichts. (= Probleme und Perspektiven des Sachunterrichts, Bd. 3). Kiel: IPN, S. 11–31

2 Abgedruckt in Lauterbach, R.; Köhnlein, W.; Kiper, H.; Koch, I.-A. (Hrsg.) (1993): Dimensionen des Zusammenlebens (= Probleme und Perspektiven des Sachunterrichts, Bd. 4). Kiel: IPN, S. 191

3 Die Jahrestagungen und die wichtigsten Vorträge sind in den Jahresbänden der GDSU unter dem Reihentitel „Probleme und Perspektiven des Sachunterrichts“ dokumentiert. Vgl. dazu die Auflistung der Jahresbände in der Dokumentation von Hartmut Giest in diesem Kapitel.

schaft zwischen Ost und West. Eingerichtet wurde eine Kommission „Sachunterricht in den neuen Bundesländern“, um deren Anliegen angemessenes Gewicht zu geben. Mit der „Köthener Erklärung“, in der die Bedeutung des Sachunterrichts für die Grundlegung der Bildung, die notwendige Kompetenz der Lehrerinnen und Lehrer, das Erfordernis sachspezifischer Studiengänge und die Bedeutung der Förderung des wissenschaftlichen Nachwuchses hervorgehoben werden, haben wir bildungspolitische Akzente gesetzt, die breite Zustimmung fanden und unverändert aktuell sind. Gleichzeitig wurden Kontakte zu Verbänden und bildungspolitischen Institutionen aufgebaut.

Ein Glücksfall war von Anfang an die vertrauensvolle Zusammenarbeit mit dem Institut für die Pädagogik der Naturwissenschaften (IPN) an der Universität Kiel. Ohne Unterstützung und Starthilfe durch das Institut hätte sich die GDSU nicht so rasch konsolidieren und ihre wissenschaftliche Arbeit in Jahresbänden dokumentieren können.

2. Der zweite Vorstand (1993 – 1995) wurde nach Maßgabe der in Köthen von der Mitgliederversammlung beschlossenen endgültigen Satzung gewählt. In diese Amtsperiode fielen die Tagungen in Freiburg (1994) mit dem Thema „Curriculum Sachunterricht“ unter der örtlichen Tagungsleitung von Siegfried Thiel und in Vechta (1995) mit dem Thema „Studieren für den Sachunterricht“; die örtliche Tagungsleitung hatte Diethard Cech. Erstmals wurde ein Beiprogramm für Studierende angeboten.

In Vechta wurde die „Resolution zur Unverzichtbarkeit eines universitären Studiums für das Lehramt an Grundschulen“ diskutiert, die dann der Vorstand endgültig verabschiedet und an etwa 120 bildungspolitische Instanzen versandt hat. Anlass war der Vorschlag des Wissenschaftsrates, die „Studiengänge für das Lehramt für die Primarstufe“ an Fachhochschulen zu verlagern. In zahlreichen Antwortschreiben und insbesondere bei der Kommission Schulpädagogik/ Lehrerbildung der Deutschen Gesellschaft für Erziehungswissenschaft (DGfE) sowie beim Arbeitskreis Grundschule (Grundschulverband) hat die Resolution eine sehr erfreuliche Zustimmung gefunden.

3. Der dritte Vorstand (1995 – 1997) konnte einen weiteren erfreulichen Mitgliederzuwachs und die Konsolidierung der finanziellen Situation der Gesellschaft feststellen. Die Einrichtung einer Arbeitsgruppe „Sachunterricht und geschlechtsspezifische Sozialisation“ wurde durch die Mitgliederversammlung genehmigt. Mit Hilfe themenbezogener Arbeitsgruppen und Kommissionen hat die GDSU zusätzliche Expertise in jeweils aktuellen pädagogischen Feldern gewonnen. In einem Briefwechsel wurde dem Vorstand durch den Staatssekretär im Bundesministerium für Bildung, Wissenschaft, Forschung und Technologie die Absicht mitgeteilt, die Fachhochschulen im Zuge einer Novellierung des Hochschulrahmengesetzes (HRG) auch durch Verlagerung eines Teiles der Lehrerbildung zu stärken. Die „Konferenz der Vorsitzenden der fachdidaktischen Fachgesellschaf-

ten" (KVFF) und die GDSU haben sich nachdrücklich für die uneingeschränkte Beibehaltung und für die Stärkung der universitären Lehrerbildung eingesetzt.
Die fünfte Jahrestagung fand 1996 in Leipzig zum Thema „Forschung zum Sachunterricht" mit der örtlichen Tagungsleitung von Roland Lauterbach statt. In die Tagung integriert war erstmals ein Doktorandenkolloquium. Zur sechsten Jahrestagung 1997 mit dem Thema „Grundlegende Bildung – Gestaltung und Ertrag des Sachunterrichts" unter Leitung von Brunhilde Marquardt-Mau waren wir Gäste am IPN in Kiel. Die Kommissionen für „Nachwuchsförderung" (Vorsitz Kay Spreckelsen) und zur „Erarbeitung eines Qualifikationsprofils für Sachunterrichtsprofessuren" (Vorsitz Hans-Joachim Schwier) wurden im Sommer 1995 eingesetzt, hinzu kamen 1997 die Arbeitsgruppen „Philosophieren mit Kindern" und „Umweltbildung im Sachunterricht". Das GDSU – INFO hat seine bis heute gültige Gestalt bekommen. Eine Befragung zur Lehrerausbildung konnte finanziell unterstützt werden.
In dieser Vorstandsperiode ist es durch das Entgegenkommen des IPN und des Klinkhardt Verlages gelungen, die Jahresbände auf eine verlegerische Basis zu stellen und neben der Reihe „Probleme und Perspektiven des Sachunterrichts" eine zweite Buchreihe „Forschungen zum Sachunterricht" zu begründen. Diese Reihe dient vorzüglich der Publikation umfangreicherer Forschungsbeiträge; die ersten fünf Bände wurden von Walter Köhnlein, Brunhilde Marquardt-Mau (bis 1999) und Helmut Schreier herausgegeben. Erschienen sind in der Amtszeit des dritten Vorstandes der Sammelband „Kinder auf dem Wege zum Verstehen der Welt" und eine empirische Studie von Andreas Hartinger mit dem Titel „Interessenförderung".

2.2 Aus der Arbeit der Vorstände 1997 bis 2001 (Helmut Schreier)

Tagungsthemen der Tagungen in Erfurt, Bielefeld, München und Lüneburg, Namen der Hauptreferenten, die Titel der Jahres- und der Forschungsbände, der Text des Perspektivrahmens und die Bezeichnungen der Kommissionen mit den Namen der Kommissionsvorsitzenden sind dem GDSU-Info Archiv problemlos zu entnehmen.
Ich möchte die Gelegenheit wahrnehmen, die beiden unterschiedlich akzentuierten Hauptaufgaben zu kennzeichnen, denen die Arbeit des 4. und des 5. Vorstands gewidmet war. Während es in der Phase A 1997-1999 vor allem um Integration (im Sinne des Versuchs einer Herstellung oder Wiederherstellung eines gemeinsamen Zusammenhangs) zwischen Ex-DDR und BRD ging, fand die Phase B 1999 bis 2001 ihren Fokus in der Arbeit am Perspektivrahmen für den Sachunterricht.
(Daneben erschien als neue Aufgabe die Kooperation mit der Gesellschaft der Fachdidaktischen Fachgesellschaften, die während dieses Zeitraums am IPN (Prof. Dr. Bayrhuber) vor allem als politische Initiative gegründet wurde, um die Abschaffung der Didaktiken in den Studiengängen zur Lehrerausbildung zu verhin-

dern, die seinerzeit als aktuelle Bedrohung erschien. Der Fachdidaktik-Verband bestand aus den Vorsitzenden der verschiedenen didaktischen Fachgesellschaften – etwa 20 Vertreter nahmen an den Treffen auf Schloss Salzau regelmäßig teil –, die eine Reihe gemeinsamer Stellungnahmen verfassten, in der Absicht, mit deren Hilfe bildungspolitische Entscheidungsprozesse zu beeinflussen.)
Die Integrationsbemühungen der Vorstände 1-3 wurden fortgeführt, in Übereinstimmung mit der Leitvorstellung, die der 1. Vorsitzende Walter Köhnlein seinerzeit formuliert hatte: Wir arbeiten gemeinsam an Themen und Problemen, ohne Unterscheidungen im Hinblick auf Herkunft und Ausbildungswege zu machen. Diese pragmatische Vorgabe erwies sich als außerordentlich hilfreich; sie trug u.a. dazu bei, dass der 4. Vorstand die entscheidend wichtige Position des Geschäftsführers mit Dr. Hans Baier besetzen konnte. Insgesamt (und über die 4. und 5. Vorstände hinaus betrachtet) zeigt die Politik der GDSU ein ausgewogenes Verhältnis zwischen alten und neuen Bundesländern, was die Besetzung der Vorstandspositionen und die Wahl der Tagungsorte angeht. Trotz des auf unseren Verein bezogenen Gelingens eines Fundaments für weitreichende Zusammenarbeit muss in diesem Zusammenhang m.E. auch an die Notwendigkeit erinnert werden, die z.T. traumatisierenden Erfahrungen bei der Abwicklung der Hochschulen der DDR und der Einrichtung von Universitäten nach dem Muster der Bundesrepublik aufzuarbeiten oder wenigstens zu dokumentieren.
Die Idee, einen Perspektivrahmen für den Sachunterricht zu schaffen, war Konsequenz der Versuche, Entscheidungsträger der Bildungspolitik in den einzelnen Bundesländern im Interesse der Sache des Sachunterrichts zu beeinflussen. Es ging dabei vor allem darum, Kürzungen der Stundentafeln für die Grundschule zu Lasten des Sachunterrichts zu verhindern und die Ausbildung von Lehrkräften für das Fach an den lehrerausbildenden Hochschulen zu erhalten. Auch wenn Korrespondenzen in diesen Angelegenheiten teilweise erfolgreich schienen, so herrschte unter den Vorstandsmitgliedern und unter vielen GDSU-Mitgliedern doch der deprimierende Eindruck vor, dass die für den Sachunterricht verfügbaren Ressourcen eher als die anderer Bereiche gekürzt und umgewidmet werden, dass „dem Sachunterricht alle Felle davonschwimmen“. Eine Umfrage und zahlreiche Gespräche zeigten: Die Probleme des Sachunterrichts haben eher mit dem besonderen Anforderungsprofil des Faches selbst zu tun als etwa mit besonders gleichgültigen Einstellungen der Kultusbürokratie gegenüber dem Fach. Die vielfältigen und gegeneinander wie gegenüber anderen Lernbereichen kaum abgrenzbaren Ansprüche des Faches führen dazu, so stellte die zur Entwicklung des Perspektivrahmens eingesetzte Kommission der GDSU im Januar 2000 fest, dass die Gebiete des Sachunterrichts sich mit anderen Lernbereichen besonders leicht verbinden ließen („mangelnde Grenzstärke“). Eine Identifikation der spezifischen Gegenstände des Sachunterrichts und eine Definition seiner Grenzen fehlten bzw. erschienen in den einzelnen Lehr- und Bildungsplänen der Länder derart will-

kürlich und zufällig, dass wir hier übereinstimmend das entscheidende Desiderat feststellten. Wer sollte den fehlenden verbindlichen Rahmen, die dem Fach angemessene Struktur, das tragende Gerüst entwerfen, wenn nicht Mitglieder der GDSU mit ihrem Sachverstand, der die unterschiedlichen Ansätze der Länder und der verschiedenen Traditionen repräsentierte, aber auch überschaute und sie auf einer höheren begrifflichen Synthese-Ebene zusammenzuführen vermochte?
Zur Entwicklung des Perspektivrahmens wurde (Pentagramm aus Fachbezügen) eine Kommission eingesetzt, die sich den einzelnen der fünf Bereiche der Grundfigur annahm. Vorstellung und Diskussion brachten bei der Jahresversammlung kontroverse Vorstellungen ans Licht – die Orientierung an den Fächern und Fachbezügen war schließlich ein Schritt, der die innerhalb der Grundschulpädagogik vorherrschende Leitidee einer bedingungslosen Orientierung an den kindlichen Interessen bzw. an dem, was man als kindliche Interessen wahrnahm, relativierte. Die Einwände wurden in der Kommissionsarbeit so weit als möglich berücksichtigt. Bei der Vorstellung des Perspektivrahmens für die Vertreter der Kultusminister im September 2000 stellte das im Umlaufverfahren bekannt gemachte Ergebnis den Konsens der GDSU-Mitglieder dar. Die Repräsentanten des Sachunterrichts von 15 Ministerien (Senatsverwaltung Bremen war nicht vertreten) waren sehr heterogen zusammengesetzt (Ministerialbeamte und auf Teilzeit abgeordnete Lehrkräfte), aber sie unterstützten das Vorhaben und nahmen das GDSU-Projekt in der Mehrzahl als Arbeitserleichterung für die eigene Tätigkeit wahr. (Tatsächlich stellt das sog. Kerncurriculum Sachunterricht des Landes Niedersachsen die wortwörtliche Übernahme des Perspektivrahmens dar.)
Im Rückblick meine ich, dass die Kooperationsmöglichkeiten mit den Ministerien ein Feld für wechselseitige Informationen, konstruktive Einflussnahme und wahrscheinlich auch für weitere Schritte zur Überwindung der unerfreulichen Kleinstaaterei im deutschen Bildungswesen (in unserem kleinen Bereich) bieten. Dies Potential erscheint mir seit 2001 noch nicht annähernd ausgeschöpft.
Abschließend eine Bemerkung zur fachgesellschaftlichen Strategie der GDSU: Das Übergewicht des akademischen Bereichs hat m.E. seit 2001 zugenommen. Dies ist in gewissem Sinn nur die logische Folge der wissenschaftlichen Orientierung der Fachgesellschaft. Nachwuchspflege und Stellenausschreibungen werden leicht zu Hauptinteressen, neben der Darstellung wissenschaftlicher Untersuchungen und Ergebnisse, die ja Teil des akademischen Geschäftes sind. Während der Zeit des fünften Vorstands rückte zeitweise die Möglichkeit der bildungspolitischen Einflussnahme als weiterer wichtiger Aufgabenbereich der GDSU in den Vordergrund – eine Arbeit, die für den Erhalt des Faches auf Lehrplan und Stundentafel notwendig ist. Über diesen beiden Säulen der fachgesellschaftlichen Tätigkeitsfelder (Forschung – Wissenschaftsgeschäft – und Politik) darf die Verbindung zur Praxis des Sachunterrichts an den Schulen nicht in Vergessenheit geraten: Lehrkräfte erwarten mit Recht Unterstützung für ihre praktische Unterrichtstätigkeit.

Darstellungen gelungenen Unterrichts (auch ohne Anspruch auf wissenschaftlich neuen Erkenntnisgewinn), Einrichtung von Korrespondenzen und Kooperativen zum Sachunterricht, eine alltagstauglich brauchbare und mit Beispielen bestückte Vorstellung von dem, was guten Sachunterricht ausmacht, ein Forum für die Bewältigung aktueller Herausforderungen bei der Unterrichtsarbeit. Die Strategie einer idealen Fachgesellschaft sollte m.E. darauf hinauslaufen, jedem der drei Arbeitsbereiche *Praxis, Politik, Forschung* zu dienen.

2.3 Aus der Arbeit der Vorstände 2001 bis 2005 (Joachim Kahlert)

Im Mittelpunkt der Arbeit des Vorstands stand die Weiterentwicklung des Perspektivrahmens und dessen Verbreitung in fachlichen und bildungspolitischen Kreisen.

Nachdem noch unter dem Vorsitz von Helmut Schreier die erste Fassung des Perspektivrahmens im Februar 2001 veröffentlicht wurde, verständigte sich die Kommission „Perspektivrahmen Sachunterricht“ über grundlegende Ziele einer Überarbeitung. Orientiert an Leitfragen erarbeiteten sechs Arbeitsgruppen unserer Fachgesellschaft einen ersten Entwurf, der in einer Klausurtagung in der Evangelischen Akademie Tutzing im Oktober 2001 mit Vertreterinnen und Vertretern aus Kultusministerien aller 16 Bundesländer diskutiert wurde (vgl. dazu Gesellschaft für Didaktik des Sachunterrichts [GDSU] [2002]: Perspektivrahmen Sachunterricht, Bad Heilbrunn, S. 31f.). Nach intensiver Beratung des Entwurfs auf der 11. Jahrestagung der GDSU in Halle (2002), wurde die im Jahre 2002 publizierte Fassung erstellt.

Der überarbeitete Perspektivrahmen wurde in weiteren fachdidaktischen Gesellschaften sowie auf Tagungen der Deutschen Gesellschaft für Erziehungswissenschaft und auf dem 1. Kongress der Gesellschaft für Fachdidaktik vorgestellt und in einer englischen Fassung publiziert. In den folgenden Jahren beeinflusste der Perspektivrahmen in nahezu allen Bundesländern die Überarbeitung der Lehrpläne im Sachunterricht. Er hat damit länderübergreifend Standards für den Sachunterricht gesetzt.

Der Perspektivrahmen verdankt seinen bildungspolitischen Einfluss und die Resonanz in Fachkreisen vor allem dem Engagement der Mitglieder unserer Gesellschaft. Sie haben auf Tagungen sowie in Publikationen die Grundidee und die Kernaussagen des Perspektivrahmens dargestellt, erläutert und vertreten. So ist der Perspektivrahmen zu einer im fachlichen Diskurs vielzitierten Referenzgröße für die Verständigung über den Bildungsauftrag des Sachunterrichts geworden. Darüber hinaus hat er zur Profilierung unserer Gesellschaft nach außen beigetragen. In den beiden Vorstandsperioden wurden mehrere Tausend Exemplare des Perspektivrahmens verkauft. Dank der großzügigen Unterstützung des Verlegers Andreas Klinkhardt konnte mit dem Erlös eine sichere finanzielle Basis für die Weiterarbeit unserer Fachgesellschaft geschaffen werden.

Die GDSU wurde im März 2002 Mitglied der Gesellschaft für Fachdidaktik (GfD) und intervenierte auf bildungspolitischer Ebene mit einigen Stellungnahmen, zum Beispiel zur Reform der Lehrerbildung in Nordrhein-Westfalen und in Baden-Württemberg, zur Novellierung des Hochschulrahmengesetzes und zur Einführung von Orientierungsarbeiten in der Grundschule in Bayern. Außerdem ging allen Kultusministerien der 16 Bundesländer und der Kultusministerkonferenz sowie verschiedenen Fach- und Elternverbände ein Positionspapier der GDSU zur Entwicklung des Unterrichtsfaches Sachunterricht zu. Das Papier fand Resonanz in grundschulpädagogischen Publikationen; einige Länderministerien nahmen zu unseren Positionen Stellung.

Neben vier Jahresbänden der GDSU erschienen zwei weitere Forschungsbände („Methoden und Untersuchungen empirischer Forschung im Sachunterricht", herausgegeben von Kay Spreckelsen, Kornelia Möller und Andreas Hartinger; „Nachwuchsförderung als Aufgabe der Fachdidaktik", herausgeben von Joachim Kahlert und Andreas Hartinger).

Und schließlich: Im Jahre 2001 ging die GDSU mit einem eigenen Internetauftritt online und sie konnte erstmals einen zweiten Förderpreis, den Faraday-Preis, verleihen.

Dankbar erinnere ich mich an die hervorragende Zusammenarbeit innerhalb unserer Fachgesellschaft.

Viele Kolleginnen und Kollegen haben in schwierigen Situationen mit Rat geholfen. Die vier Jahrestagungen in Halle (2002), Regensburg (2003), Potsdam (2004) und Ludwigsburg (2005) konnten dank des hervorragenden Engagements der jeweils kooptierten Vorstandsmitglieder und ihrer Teams reibungslos und gewinnbringend für unsere Gesellschaft und für unsere Disziplin durchgeführt werden. Allen Mitgliedern der beiden Vorstände möchte ich für die kollegial-freundschaftliche Atmosphäre danken, in der zielstrebig, urteilssicher und ideenreich diskutiert wurde.

Viel dazu beigetragen hat Diethard Cech, unser langjähriger Geschäftsführer. Sein Optimismus, seine Klarheit, die von ihm ausgestrahlte Warmherzigkeit und nicht zuletzt sein Sinn für feine Ironie haben zu einer produktiven und heiteren Grundstimmung beigetragen und dabei geholfen, auch schwierige Situationen gelassen zu überstehen. Ich denke sehr oft an ihn.

2.4 Aus der Arbeit des Vorstands 2005 bis 2007 (Dietmar von Reeken)

Auf der Jahrestagung 2005 in Ludwigsburg wurde der neue Vorstand mit Dietmar von Reeken an der Spitze gewählt. Neben der Vorbereitung der Jahrestagungen 2006 in Hildesheim und 2007 in Kassel befasste sich dieser Vorstand mit mehreren Herausforderungen, die das Selbstverständnis des Sachunterrichts als Schulfach und als Wissenschaftsdisziplin im Kern betrafen: Im Mittelpunkt stand die Herausforderung durch die Kompetenzdebatte. Zwar war die Sachunterrichtsdidaktik

mit der Entwicklung ihres Perspektivrahmens, auch im Vergleich mit anderen Fachdidaktiken, bereits weit vorangekommen, doch war der Bildungsanspruch des Sachunterrichts hier noch nicht systematisch kompetenzorientiert gedacht worden. Hierfür brauchte es auch wissenschaftlicher Anstrengungen, zumal sich viele Länder auf dem Weg zur Entwicklung von Bildungsstandards und Kerncurricula für den Sachunterricht befanden und hierfür aus Sicht der Wissenschaft zuverlässige theoretische und empirische Grundlagen benötigten. Die Bestimmung von sachunterrichtlichen Kompetenzen und die Bedingungen und Möglichkeiten des Kompetenzerwerbs von Grundschulkindern standen daher im Mittelpunkt der Arbeit der Disziplin und des Vereinsvorstands – Früchte dieser Arbeit waren die Jahrestagung in Hildesheim 2006 mit dem Thema „Kompetenzerwerb im Sachunterricht fördern und erfassen", der entsprechende Jahresband der Gesellschaft, der 2007 in unserer Reihe erschien, sowie eine eigene Forschungstagung zum Thema, deren Ergebnisse 2008 unter dem Titel „Kompetenzniveaus im Sachunterricht" in der Forschungsreihe der Gesellschaft veröffentlicht wurden und eine Grundlage darstellten, um eine Weiterentwicklung des Perspektivrahmens in Angriff zu nehmen; letztere wurde bereits 2006 mit der Beauftragung von Hartmut Giest und Walter Köhnlein durch den Vorstand begonnen.
Eine weitere Herausforderung für den Sachunterricht bedeuteten curriculare Entwicklungen in Schule und Hochschule: Der Bologna-Prozess mit der Umstellung auf Bachelor-/Master-Studiengänge stellte in manchen Bundesländern ein eigenständiges Studienfach Sachunterricht in Frage, die Entwicklung der kompetenzorientierten Curricula für die Schulen machte eine kontinuierliche Beobachtung und Begleitung der differenzierten Curriculumsentwicklung erforderlich. Der Vorstand reagierte hierauf, um die Kompetenzen der Gesellschaft in diesen Veränderungsprozessen zur Geltung bringen zu können: Zur stärkeren Profilierung des Sachunterrichts in den anstehenden Akkreditierungsverfahren benannte er eine Reihe von renommierten und erfahrenen Fachvertretern als Gutachter. Und um die sehr unterschiedliche Entwicklung in den Bundesländern auf Hochschul- und Schulebene kontinuierlich begleiten zu können, war eine stärkere gegenseitige Information und Abstimmung nötig; der Vorstand richtete daher 2006 das neue Instrument der „Landesbeauftragten" der GDSU ein. Erfreulicherweise erklärten sich viele Kolleginnen und Kollegen bereit, dieses Amt in ihrem jeweiligen Land zu übernehmen, so dass im Januar 2007 erstmals eine konstituierende Sitzung des neuen Gremiums in Kassel stattfinden konnte. Der Austausch über landesspezifische Probleme und Aufgaben hat seitdem die Entwicklung der Disziplin sehr befördert.
Die geschilderten Prozesse bedeuteten auch eine permanente kritische Anfrage an das Selbstverständnis des Sachunterrichts. Da die GDSU eine kommunikationsfreudige Gesellschaft war und ist, wurde ein auf Initiative von Frankfurter Kollegen verfasstes Grundsatzpapier zur „Disziplin Sachunterricht in Wissenschaft

und Hochschule“ im GDSU-Info Nr. 34 veröffentlicht, von mehreren Kollegen (Walter Köhnlein, Hans-Joachim Fischer) kritisch kommentiert und auf einem eigens eingerichteten Forum auf der Jahrestagung in Kassel 2007 mit dem Titel „Sachunterricht als wissenschaftliche Disziplin“ diskutiert – die durchaus kontroverse Debatte hat ohne Zweifel zur Schärfung der Disziplin und ihrer Aufgaben beigetragen. Maßnahmen zur weiteren Selbstverständigung nach innen und der stärkeren Sichtbarkeit und Profilierung nach außen waren auch die Gründung einer AG Frühe Bildung 2006, die die Kompetenzen der Sachunterrichtsdidaktik im Bereich des immer stärker professionalisierten vorschulischen Lernens zur Geltung bringen sollte, das Bemühen um eine stärkere thematische Fokussierung der Jahrestagungen und der daraus entstehenden Jahresbände, ein Ausbau des Internetauftritts der Gesellschaft und nicht zuletzt auch der erste systematische Blick über die Grenzen Deutschlands mit einer gemeinsamen Tagung mit österreichischen Kolleg/inn/en in Feldkirch 2005.
Möglich wurden diese weitere Professionalisierung und Profilierung der Vereinsarbeit durch das starke Engagement der am Sachunterricht Interessierten in Hochschulen, Seminaren und Schulen, die sich auch in den stabilen Mitgliederzahlen der GDSU und den guten Besucherzahlen bei den Jahrestagungen widerspiegelten, und nicht zuletzt auch durch die unermüdliche Arbeit des Geschäftsführers der GDSU, Diethard Cech, der es den ja immer mal wieder wechselnden Mitgliedern des Vorstandes sehr erleichterte, sich in die Vorstandsarbeit einzufinden und ihren Beitrag für die Weiterentwicklung des Sachunterrichts zu leisten.

2.5 Aus der Arbeit der Vorstände 2007 bis 2011 (Hartmut Giest)

Die Übernahme der Wahlfunktion des 1. Vorsitzenden der GDSU durch Hartmut Giest erfolgte, nachdem er seit 2004 als örtlicher Tagungsleiter der Jahrestagung in Potsdam in den Vorstand der GDSU kooptiert und 2005 zum Beisitzer in diesen gewählt wurde. In dieser Zeit war er verantwortlich für die Länderbeauftragten der GDSU, die regelmäßig vor den Jahrestagungen zu ihrer Sitzung zusammentrafen und sich vor allem für die Situation der Lehrerbildung für den Sachunterricht in den Ländern engagierten. Die Hauptaufgaben in den Jahren 2007 bis 2011 betrafen einerseits die Weiterentwicklung des Perspektivrahmens und die Förderung der vor allem empirischen Forschung mit dem Ziel, die Visibilität der Wissenschaftsdisziplin „Didaktik des Sachunterrichts“ in den vor allem erziehungswissenschaftlichen und bildungswissenschaftlichen Wissenschaftsdisziplinen zu erhöhen. Gleichzeitig wurde durch die im Zusammenhang mit dem Bologna-Prozess stehenden Akkreditierungsverfahren, in die von der GDSU vorgeschlagene Kollegen, darunter auch Hartmut Giest, einbezogen waren, eine aktualisierte Stellungnahme der GDSU zur Lehrerbildung dringend erforderlich. Wie schwer die Verabschiedung eines solchen Dokuments angesichts der Heterogenität der Bedingungen der Lehrerbildung in den einzelnen Ländern ist, zeigte

sich daran, dass es erst im März 2010 während der Oldenburger Tagung gelang, diese Stellungnahme einvernehmlich zu verabschieden. Eine darüber hinausgehende Positionierung zu Mindeststandards in der Ausbildung an den Universitäten konnte trotz großer Bemühungen nicht vorgelegt werden und befindet sich gegenwärtig noch in der Beratung.
Die Arbeit des Vorstands wurde zunächst dadurch erschwert, dass der damalige Geschäftsführer, Diethard Cech, schwer erkrankte und dann am 25.10. 2007 verstarb. Dies machte es erforderlich, einen neuen Geschäftsführer zu suchen und in den Vorstand zu kooptieren, der sich mit Roland Lauterbach glücklicherweise auch bald fand. Dennoch behinderte diese Situation den Vorstand bei der Realisierung der wichtigen in Angriff genommenen Aufgaben. Auch die nun gebildete Kommission „Weiterentwicklung des Perspektivrahmens" konnte aus Personalgründen zunächst nicht ganz optimal arbeiten. Dadurch bedingt lag zeitweilig die gesamte Arbeit beim 1. Vorsitzenden. Dennoch muss eingeschätzt werden, dass die optimistische Zeitplanung eher durch die Widerspenstigkeit der Sache selbst nicht einzuhalten war. Die Weiterentwicklung des Perspektivrahmens (siehe Kapitel 3) erwies sich als sehr komplex und erforderte mehr Zeit zur Diskussion und Bearbeitung, weil die Umsetzung der angestrebten Kompetenzorientierung (Entwicklung, Diskussion und Anwendung eines Kompetenzmodells, detaillierte Beschreibung der anzuzielenden Kompetenzen, Klärung der Probleme der Anschlussfähigkeit sowie Verdeutlichung des didaktisch-methodischen Anspruchs durch beispielhafte Lernsituationen und -aufgaben) sehr hohe Ansprüche stellte.
Mit Blick auf die Förderung der empirischen Unterrichtsforschung in der Didaktik des Sachunterrichts wurde eine Kommission „Drittmittelforschung" eingesetzt, die sich das Ziel stellte, einen Forschungs-Paketantrag zu entwickeln und bei der DFG zur Förderung einzureichen. Dadurch sollte einerseits die Sichtbarkeit der GDSU bzw. der Didaktik des Sachunterrichts als forschende Disziplin in den Fachdidaktiken und der Erziehungswissenschaft unterstützt und andererseits durch Vernetzung zur Bildung von Forschungsverbünden beigetragen werden. Die Kommission hatte einen naturwissenschaftlich ausgerichteten Forschungsschwerpunkt. Obwohl das ursprüngliche Ziel „Paketantrag" nicht erreicht werden konnte, war die Arbeit der Kommission durchaus erfolgreich, konnten doch aus der Gruppe immerhin 4 der 6 eingereichten Projekte durch die DFG gefördert werden. Eine analoge Strategie war auch für Forscher der GDSU mit einem gesellschaftswissenschaftlichen Schwerpunkt geplant, konnte aber nach anfänglichen Bemühungen nicht weiter verfolgt werden, weil kein Rahmenthema für einen solchen Forschungszusammenhang gefunden werden konnte.
Was die Publikationsaktivitäten betrifft, so konnten in der Zeit zwischen 2007-2011 drei Forschungsbände herausgegeben werden. Ferner wurde die Webpräsens der GDSU neu geschaffen, was ausschließlich in der Verantwortung von Hartmut Giest und größtenteils durch ihn selbst erfolgte. Die Website, davon zeugten die

jährlich steigenden Besucherzahlen und Suchanfragen, ist eine inzwischen unverzichtbare Instanz der Information und Kommunikation geworden. Sie präsentiert eine Fülle von Informationen über den Vorstand, die Arbeitsgruppen und Kommissionen der GDSU, Satzung, Mitgliedschaft, die GDSU-Förderpreise, den Perspektivrahmen der GDSU, Positionspapiere (z.B. zur Lehrerbildung), Personalia, die GDSU-Infos inklusive eines Archivs zurückliegender Ausgaben, Publikationen der GDSU, Stellenanzeigen, Universitätsstandorte des Sachunterrichts und seiner Didaktik sowie ein Archiv zu den zurückliegenden Jahrestagungen. Ferner sind in der Website ein News-Modul, das vor allem über die Jahrestagungen und Aktivitäten der GDSU informiert, ein Forum und ein Blog zum neu geschaffenen GDSU-Journal integriert. Das neu geschaffene GDSU-Journal ist ein Angebot zur Publikation und Diskussion von Forschungsarbeiten im Sinne eines „work in progress" und versteht sich vor allem als Angebot für Nachwuchswissenschaftler. Der Nachwuchsförderung dient auch die Einrichtung einer jährlich neben der Jahrestagung stattfindenden Doktorand/innentagung. Hinsichtlich des Verbandslebens wurden in der GDSU veränderte Beitragsmodalitäten, Modi und Orientierungen zur Qualitätssicherung der Jahresbände, der Förderung von Initiativen einzelner Mitglieder oder Mitgliedergruppen festgeschrieben sowie ein Frühbucherrabatt für die Teilnahme an der Jahrestagung und eine Veränderung im Modus der Arbeit des Vorstandes eingeführt. Diese bezog sich vor allem auf eine klare Festlegung der Verantwortlichkeit für einzelne Aufgaben. Auch bei den GDSU- Preisen erfolgten Veränderungen, die sich a) auf den Namen des GDSU-Preises, nun Ilse-Lichtenstein-Rother-Preis, und die Einführung eines Preises für die Praxis (Lehrer/innenpreis) bezogen. Nicht beendet werden konnten die Arbeiten am Perspektivrahmen, der erst im Jahr 2013 druckfertig vorlag sowie an einer geplanten Broschüre über die GDSU (der nun vorliegende Band), welche vom nachfolgenden Vorstand weitergeführt wurden.

2.6 Aus der Arbeit der Vorstände 2011 bis 2013 und ab 2013 (Hans-Joachim Fischer)

In der Zusammensetzung der Vorstände nach der Wahl 2011 und 2013 bildete sich unübersehbar ein Generationenwechsel ab, der schon seit Jahren das Erscheinungsbild der GDSU-Tagungen prägte. Mit Eva Heran-Dörr, Eva Gläser, Claudia Schomaker und später Beate Blaseio übernahmen erstmals Kolleginnen für die GDSU Verantwortung, die den Sachunterricht bereits in ihrer eigenen Schulzeit als Grundschulfach erfahren hatten. Dem ersten dieser Vorstände stellte sich gleich zu Beginn die Aufgabe, eine Jubiläumstagung zum 20jährigen Bestehen der GDSU vorzubereiten. Damit verband sich das Anliegen einer Rückbesinnung auf die Ursprünge der Gesellschaft, aus denen sich eine Standortbestimmung für die Gegenwart begründen, aber auch ein Ausblick auf Möglichkeiten und Grenzen, Chancen und Gefahren der weiteren Entwicklung nehmen lässt. Zu diesem

Zweck wurde am Gründungsort der GDSU, der Freien Universität Berlin, ein Jubiläumsforum 20 Jahre GDSU mit Walter Köhnlein, Helmut Schreier und Roland Lauterbach durchgeführt[4], das in Beiträgen zum Jahresband 2012 vertieft wurde. Auch der vorliegende GDSU-Band ist als ein weiterführender Beitrag zur Klärung und Präsentation des Selbstverständnisses der GDSU aus der Vorstandsarbeit entstanden. Darin zeigt sich einerseits das gewachsene Selbstbewusstsein der Gesellschaft, die bis heute einen kontinuierlichen Mitgliederzuwachs verzeichnet, auf eine nachhaltig solide finanzielle Grundlage gestellt ist, unter den fachdidaktischen Gesellschaften einen wichtigen Platz behauptet und 2013 erstmals eine Tagung im deutschsprachigen Ausland realisieren konnte. Andererseits ist die Stellung des Sachuntrrichts und seiner Didaktik im deutschsprachigen Bildungsraum nicht gänzlich gesichert und muss daher nach außen begründet und erläutert werden.
Die Arbeit an der Neufassung des Perspektivrahmens war auch für diesen Vorstand zentral. Zusammen mit der Kommission Perspektivrahmen und Andreas Hartinger, der das Projekt in der entscheidenden Phase koordinierte, wurde die Drucklegung vorbereitet. Dazu gehörte die Diskussion des Kompetenzmodells und seiner Konkretisierung in den Perspektiven und den perspektivenvernetzenden Bereichen mit Experten aus den Kulusministerien der Länder auf einer Tagung im November 2011. Die Publikation wurde, nicht zuletzt durch eine baden-württembergische Sonderausgabe, ein großer Erfolg. Schon nach wenigen Monaten war dic Startauflage von 16.000 Exemplaren vergriffen. Die zweite Auflage belief sich auf 5.000 Exemplare. Neu ist, dass der Perspektivrahmen künftig über den Buchhandel und nicht mehr über die GDSU vertrieben wird. Der Preis konnte trotz erheblich erhöhter Seitenzahlen mit 5 Euro sehr niedrig gehalten werden. Eine englische Übersetzung für die Homepage ist geplant. 2013 und 2014 fanden Informationsveranstaltungen statt, die sich an Multiplikatoren in den Ländern (Ausbilder/innen der 2. Phase und Schuladministration: Ministerien, Regierungspräsidien, Schulämter, Seminare) richteten. Entscheidend für die Wirkung des Perspektivrahmens wird es nämlich sein, wie sehr er bei den für Bildung Verantwortlichen beachtet und kommuniziert wird und in allen Phasen der Lehrerbildung kompetent vermittelt werden kann. Darüber hinaus haben Vorbereitungen für Anschlusspublikationen begonnen. Für jede Perspektive soll ein eigener Begleitband mit Aufgabenbeispielen erstellt werden, die auch dem Anliegen der Vernetzung Rechnung tragen.
Ein weiterer Schwerpunkt der Vorstandsarbeit hängt mit der Situation des Studienfaches Sachunterricht zusammen, die bereits mit zur Gründung der GDSU und zu kontinuierlichen Bemühungen seiner Konsolidierung in allen Vorständen

---

4 Das Forum fand unter der Leitung des Vorstands der GDSU statt und wurde von Marlies Hempel und Steffen Wittkowske moderiert.

geführt hat. Bereits oben wurde die problematische Vielfalt, Unabgestimmtheit, ja Unverbindlichkeit der Ausbildungsinhalte und -formen mit erheblichen Qualitätsunterschieden in den verschiedenen Bundesländern angesprochen (vgl. Kap 1). Deswegen hat der Vorstand die Institution der Landesbeauftragten bestätigt, aktualisiert und um Vertreter der Schweiz und Österreichs erweitert. Neben dem kontinuierlichen Austausch ist in Einzelfragen die Zusammenarbeit mit den verantwortlichen Kollegen in den Ländern gesucht worden, um auf bildungspolitische Entscheidungen vor Ort einzuwirken. Die Vorstandsmitglieder Gläser und Schomaker haben darüber hinaus Foren angeboten und Tagungen durchgeführt mit dem Ziel, eine genauere Situationsbeschreibung in den Ländern zusammenzutragen und zu dokumentieren und entsprechende Informationen auf der Website der GDSU zur Verfügung zu stellen. Darüber hinaus soll es darum gehen, Standards für eine sachunterrichtsbezogene Lehrerbildung zu erarbeiten. Mit diesem Auftrag wurde 2013 in Solothurn eine eigene Kommission „Lehrerbildung Sachunterricht“ (Leitung: Eva Gläser, Claudia Schomaker) eingerichtet.
Der Vorstand sah eine seiner wichtigsten Aufgaben darin, innerhalb der Gesellschaft als Brückenbauer zu wirken. Die Gesellschaft vereinigt mehr denn je Menschen mit unterschiedlichen Verantwortungen und Zuständigkeiten im Bildungsfeld des Sachunterrichts und seiner Didaktik, mit unterschiedlichen fachlichen Herkünften, Forschungs- und Erkenntnisinteressen und mit unterschiedlichen methodologischen und wissenschaftstheoretischen Präferenzen und Ausrichtungen. Die Didaktik des Sachunterrichts und ihre Fachgesellschaft, die GDSU, müssen und dürfen die Spannungen, die sich daraus ergeben, aushalten und produktiv nutzen. Darin liegt ein Reichtum, aus dem die Sachunterrichtsdidaktik wie keine andere Fachdidaktik schöpfen kann. Die Jahrestagungen 2012 und 2014 sowie die aktuellen Jahresbände und weitere Publikationen, wie auch der vorliegende GDSU-Band, wurden deshalb inhaltlich so konzipiert, dass sie einen Bezugsrahmen aufspannen, innerhalb dessen die Forschungen der Mitglieder in ihren methodologischen Begründungen, ihren theoretischen Anbindungen und ihren praktischen Verantwortungen kommuniziert und diskutiert werden können. Dabei ist der Begriff „Bildung“ weiterhin ein unverzichtbares Regulativ, welches immer wieder in seinen erziehungs-, sozial-, und naturwissenschaftlichen Bezügen interdisziplinär bedacht und aktualisiert werden muss.

3 Bilanz und Würdigung

Überblickt man die Arbeit der Vorstände in den gut zwei Dekaden seit der Gründung der GDSU, so lässt sich eine Reihe inhaltlicher Schwerpunkte identifizieren und deren Entwicklung im zeitlichen Verlauf verfolgen. Manche Schwerpunkte betreffen eher die frühen, andere eher die späteren Jahre. Darüber hinaus fallen jedoch Schwerpunkte ins Auge, die die Arbeit aller oder doch der meisten Vorstände prägen. Insgesamt ergibt sich dabei ein Bild relativer Kontinuität in den grundlegenden und übergreifenden Strukturen, Einrichtungen und Aktivitäten der Gesellschaft. Ein Wandel findet weniger in den Überschriften der Kapitel statt, die die Gesellschaft schreibt, als in den Details ihrer Ausführung. Alle Kapitel haben letztlich mit der Konstitution, Entwicklung und Profilierung der GDSU als einer wissenschaftlichen Fachgesellschaft zu tun. Dabei liegt die Konstituierung eher in den Anfängen. Es ist die Leistung der Gründer, die heterogenen und disparaten Strukturen und Prozesse, in denen sich der Sachunterricht zu Beginn der 1990er Jahre wissenschaftlich artikulierte, an eine konsensfähige und tragfähige Zielsetzung zu binden, das Band zu institutionalisieren und die dazu nötigen Verabredungen, Übereinkünfte und Einrichtungen zu organisieren. Die Ausarbeitung einer Satzung durch den Gründungsvorstand ist dazu grundlegend. Ebenso wichtig ist die Einrichtung einer eigenen wissenschaftlichen Publikationsplattform nach außen und einer internen Informations- und Kommunikationsplattform für die Mitglieder der Gesellschaft. Dazu wurden drei wissenschaftliche Reihen, Jahresbände, Forschungsbände und (in jüngerer Zeit) das GDSU-Journal sowie das GDSU-Info und die GDSU-Website geschaffen – das meiste davon schon in den Anfangsjahren oder – wie die Jahresbände – als Fortführung einer Vorläuferreihe. Von entscheidender Bedeutung für diese Publikationen und sonstigen Aktivitäten einer wissenschaftlichen Gesellschaft sind ausreichende finanzielle Spielräume auf der Grundlage einer gesunden Mitgliederstruktur. Bereits der zweite Vorstand konnte einen Mitgliederzuwachs und eine Konsolidierung der Finanzen vermelden. In den Folgejahren wirkte sich vor allem der Perspektivrahmen Sachunterricht, der zunächst eine durchaus teure Investition war, überaus förderlich auf die finanzielle Situation der Gesellschaft aus, die derzeit hervorragend ist. Ähnliches gilt für die Entwicklung der Mitgliederzahlen.

Arbeitsgruppen und Kommissionen sind dazu da, die satzungsgemäßen Ziele wissenschaftlicher Gesellschaften an speziellen Aufgaben zu konkretisieren, die sich zeitbedingt oder dauerhaft stellen. Die Anfangsjahre der GDSU sind vom Prozess der deutschen Einigung geprägt. Dies spiegelt sich nicht nur in der Wahl der Tagungsorte (Köthen, Leipzig, Erfurt, Halle, Potsdam) und in der personellen Zusammensetzung der Vorstände, sondern auch in der Einrichtung einer Kommission „Sachunterricht in den neuen Bundesländern“ bereits in der Gründungsphase wider.

Thematische Schwerpunkte werden vor allem durch die Jahrestagungen, aber auch durch Arbeitsgruppen definiert. Dies gilt für das Thema „Schulgarten", ebenfalls ein Erbe der Sachunterrichtstradition in den neuen Bundesländern. Es gilt darüber hinaus für die Themen der geschlechtsspezifischen Sozialisation und des Philosophierens mit Kindern. Hier zeigt sich, wie bei den Jahrestagungen, schon früh eine Öffnung für Themen jenseits der naturwissenschaftlichen Bildung – eine wichtige Weichenstellung angesichts der Herkunft der GDSU aus Ursprüngen, die vor allem in der Naturwissenschaftsdidaktik liegen. Eine weitere thematisch ausgerichtete AG greift die wachsende Bedeutung digitaler Medien in Gesellschaft und Bildung auf.

Drei Aufgabenstellungen haben sich in der Entwicklung der GDSU von so grundlegender Bedeutung erwiesen, dass sie kontinuierlich durch Arbeitsgruppen bzw. Kommissionen behandelt oder doch periodisch immer wieder aufgegriffen werden müssen. Dazu gehört die Platzierung der Didaktik des Sachunterrichts in der Lehrerbildung, die nicht nur entscheidend für die Qualität des Unterrichtsfachs Sachunterricht an den Schulen, sondern auch für die Existenz der Wissenschaftsdisziplin an den Universitäten und Hochschulen ist. Von wachsender Bedeutung für die Profilierung der Didaktik des Sachunterrichts als wissenschaftliche Disziplin hat sich daneben die Aufgabe der Forschung und – damit zusammenhängend – der Nachwuchsförderung erwiesen. Eine dritte Aufgabe ist schließlich geradezu zu einer Kern- und Leitaufgabe der GDSU avanciert: Die Orientierung der Bildungspläne und der Bildungspraxis anhand eines Perspektivrahmens Sachunterricht.

Darüber hinaus wird die neue gesellschaftliche Beachtung frühkindlicher Bildungsprozesse auch innerhalb der GDSU in einer eigenen AG thematisiert.

Gegenüber der gesellschaftlichen und vor allem der bildungspolitischen Öffentlichkeit hat die GDSU immer wieder durch Positionspapiere auf wichtige Anliegen, Probleme und Fragen des Sachunterrichts aufmerksam gemacht. Im Zentrum stehen dabei Entwicklungen des Unterrichtsfachs Sachunterricht und Strukturen einer sachunterrichtsbezogenen Lehrerbildung. Weil die Entwicklung des Sachunterrichts und seiner Didaktik in die separaten Verantwortungen der verschiedenen Bundesländer gegeben ist, wurde die Institution von Landesbeauftragten geschaffen, die regelmäßig konferieren, einen Austausch von Informationen ermöglichen und die Gesellschaft bei der noch uneingelösten Aufgabe unterstützen, Mindeststandards für das Studium des Sachunterrichts zu definieren. Weil die Didaktik des Sachunterrichts in mancherlei Hinsicht die Strukturprobleme anderer Fachdidaktiken teilt, ist sie Mitglied der Gesellschaft für Fachdidaktik.

Seit der Jahrtausendwende ist das Forschungsanliegen, das eng mit der Profilierung einer wissenschaftlichen Gesellschaft zusammenhängt, immer deutlicher zu Tage getreten. Erstmals in Leipzig zum expliziten Tagungsthema gemacht, stützen sich mittlerweile alle Jahrestagungen überwiegend auf Beiträge, in denen über

Forschungen berichtet wird. Die Jahrestagungen avancieren dabei immer mehr zu Plattformen, auf denen sich der wissenschaftliche Nachwuchs präsentiert. Die Jahresbände können längst den Reichtum an Beiträgen, der in der Gesellschaft jährlich generiert wird, nicht mehr hinreichend abbilden. Deshalb wurde inzwischen, wie bereits oben erwähnt, ein ergänzendes Journal geschaffen. Neben das Doktorandenkolloquium ist zudem eine jährliche Doktorandentagung als Fördereinrichtung für Nachwuchswissenschaftler getreten. Leider hat diese expansive Entwicklung sich noch nicht positiv auf die Nutzung der Forschungsbände als Publikationsplattform für ambitionierte und qualitativ hochwertige Forschungen ausgewirkt. Die Reihe stagniert derzeit. Auch die beiden Preise, die die GDSU für hervorragende wissenschaftliche Nachwuchsarbeiten jährlich auslobt, finden nicht immer Bewerber/innen. Eine Initiative, innerhalb der GDSU Forschungsverbünde zu schaffen und sie für die Einwerbung von Drittmitteln zu nutzen, wurde bislang nicht fortgeführt. Hier bleiben Aufgaben für die Zukunft.

Forschung ist auch dadurch zu fördern, dass sie wissenschaftstheoretisch reflektiert, an Theorie gebunden und in praktische Verantwortung gestellt wird, wobei der Bildungsbegriff einen unerlässlichen Kompass darstellt. Auch dazu gibt es unübersehbare und wichtige Initiativen: die Potsdamer Tagung 2004, die Forschung und Praxis aufeinander bezog, die Jubiläumstagung in Berlin 2012, die Bestände prüfte und Zukunftsperspektiven entwarf, immer wieder Jahrestagungen, in denen der Bildungsbegriff in den Mittelpunkt gestellt wird (Kiel 1997, Ludwigsburg 2005, Hamburg 2014) und Diskussionsforen zur wissenschaftstheoretischen Selbstbesinnung der Sachunterrichtsdidaktik.

In den Themen der Jahrestagungen spiegelt sich der satzungsgemäße Auftrag der Gesellschaft. Dieser verpflichtet zur Förderung des Sachunterrichts als Unterrichtsfach, als Studienfach und als wissenschaftliche Disziplin. Die meisten bisherigen Tagungen thematisieren den Sachunterricht als schulisches Bildungsfeld. Sie sind Aspekten des Lehrens und Lernens und der curricularen Begründung gewidmet: Lernwege und Aneignungsformen, Kompetenzerwerb, Konstruktion und Instruktion, Inklusion, Aufgabenkultur, Curriculum Sachunterricht. Dabei werden auch die Anschlüsse zur frühen Bildung einerseits und zur weiterführenden Bildung sowie zur Wissenschaft andererseits gesucht.

Die Frage nach dem curricularen Begründungszusammenhang des Sachunterrichts wurde zu einer Schlüsselaufgabe. Durch den Perspektivrahmen Sachunterricht wurden unverzichtbare und vielfach beachtete Grundlagen für die Bildungspraxis geschaffen. Gleichzeitig wurde der dazu erforderliche Diskurs mit verantwortlichen Persönlichkeiten in der Bildungsverwaltung und Bildungspolitik geführt. Der Perspektivrahmen ist darüber hinaus ein Markenzeichen der GDSU geworden, das den internen Reichtum an unterschiedlichen fachlichen Orientierungen und Schwerpunktsetzungen zusammenführt zu einem vielperspektivisch angelegten, gleichwohl in sich homogenen Bildungskonzept. Alle Vor-

stände haben gemeinsam mit der Kommission Perspektivrahmen an dieser integrativen Aufgabe mitgewirkt. Vor gut zehn Jahren konnte dann eine erste Fassung des Perspektivrahmens publiziert werden, die in die Bildungspläne aller Länder Eingang gefunden hat. Schon bald begann, beeinflusst durch die Kompetenzdebatte, die ihren Höhepunkt in den Fachdidaktiken erst noch erreichen sollte, ein Prozess der Überarbeitung des Perspektivrahmens, der fast zehn Jahre dauern sollte. Das Ergebnis liegt 2013 vor. Der neue Perspektivrahmen ist nicht nur kompetenztheoretisch präziser begründet und in den Perspektiven konsequenter ausgearbeitet, er verfolgt auch eine zusätzliche Zielsetzung, die der Orientierung von Praktikern bei der Planung und Durchführung des Sachunterrichts hilft.
Die Bilanz, die die GDSU nach gut zwei Dekaden vorlegen kann, ist das Werk aller Mitglieder. Sie stützt sich auf bewährte Einrichtungen und Strukturen und baut auf persönliche Initiativen. Es ist ein Glücksfall, dass in den Vorständen markante Persönlichkeiten zur Verfügung standen, um die Ziele der Gesellschaft mit Sachverstand, Augenmaß und Leidenschaft unter schwierigen politischen Rahmenbedingungen voranzubringen. Letztlich ist die GDSU auch ein soziales Netzwerk, das von Menschen getragen wird, die zueinander in Beziehungen treten. In einem solchen Netzwerk entstehen Bindungen und Zugehörigkeiten, die sich auf die gemeinsame Sache beziehen, aber nicht darin erschöpfen. Deshalb ist Geselligkeit ein wichtiges Element jeder Jahrestagung. Das Netzwerk GDSU hat längst einen Generationenwechsel vollzogen. Dabei hat es unmerklich jene Stützen und Halteseile abgelegt, die die Gründergeneration in Form von gemeinsamen Zugehörigkeiten und Herkünften sowie institutionellen Anbindungen noch eingebracht hat. Längst trägt sich das Netzwerk GDSU aus eigener Kraft. Dass dies auch in Zukunft möglich ist, dafür sprechen nicht nur die vielen Nachwuchswissenschaftler auf den Jahrestagungen, sondern auch die unübersehbare rege Beteiligung von Studierenden. Die jüngeren Generationen prägen inzwischen deutlich das Erscheinungsbild der GDSU. Zu diesem Erscheinungsbild gehören aber immer noch Persönlichkeiten aus der Gründergeneration, die nicht nachgelassen haben, sich in die aktuellen Diskurse einzumischen. Die GDSU ist angetreten, den Sachunterricht und seine Didaktik als wissenschaftliche Disziplin, als Studienfach und als Unterrichtsfach an Grund- und Förderschulen zu fördern. Zu diesem Zweck baut sie Brücken, Brücken zwischen erziehungs-, sozial- und naturwissenschaftlichen Zugehörigkeiten, zwischen Theorie, Forschung und Praxis, zwischen den Generationen, zwischen den Bundesländern mit ihren verschiedenen Bildungsvoraussetzungen und schließlich über die deutsche Landesgrenze hinaus zu unseren Nachbarn und zur universellen Scientific Community. Kein Lernfeld ist so komplex wie das des Sachunterrichts. Es kann nur gedeihen, wenn die Brücken tragen und einen reichen geistigen Austausch ermöglichen.

Kongresse, Publikationen und bildungspolitische Initiativen (Dokumentation)

zusammengestellt und kommentiert von Hartmut Giest

1 Kongresse

Die GDSU führt jährlich eine Arbeitstagung durch, die satzungsgemäß mit der Mitgliederversammlung verbunden wird. Seit der Gründung der GDSU im Jahr 1992 fanden 22 Jahrestagungen statt:

1. Jahrestagung 1992 (19. bis 21. März) an der Freien Universität Berlin
   Tagungsthema: „Brennpunkte des Sachunterrichts"
2. Jahrestagung 1993 (18. bis 20. März) an der Pädagogischen Hochschule Halle-Köthen
   Tagungsthema: „Dimensionen des Zusammenlebens"
3. Jahrestagung 1994 (17. bis 19. März) an der Pädagogischen Hochschule Freiburg
   Tagungsthema: „Curriculum Sachunterricht"
4. Jahrestagung 1995 (16. bis 18. März) an der Hochschule Vechta
   Tagungsthema: „Studieren für den Sachunterricht"
5. Jahrestagung 1996 (14. bis 16. März) an der Universität Leipzig
   Tagungsthema: „Forschung zum Sachunterricht"
6. Jahrestagung 1997 (13. bis 15. März) am IPN Kiel
   Tagungsthema: „Grundlegende Bildung im Sachunterricht"
7. Jahrestagung 1998 (12. bis 14. März) an der Pädagogischen Hochschule Erfurt
   Tagungsthema: „Umwelt – Mitwelt – Lebenswelt"
8. Jahrestagung 1999 (11. bis 13. März) an der Universität Bielefeld
   Tagungsthema: „Sachunterricht – Zwischen Fachbezug und Integration"
9. Jahrestagung 2000 (09. bis 11. März) an der Ludwig-Maximilians-Universität München
   Tagungsthema: „Wissen, Können und Verstehen – über die Herstellung ihrer Zusammenhänge im Sachunterricht"
10. Jahrestagung 2001 (08. bis 10. März) an der Universität Lüneburg
    Tagungsthema: „Die Welt zur Heimat machen?"

11. Jahrestagung 2002 (07. bis 09. März) an der Martin-Luther-Universität Halle-Wittenberg
Tagungsthema: „Lernwege und Aneignungsformen im Sachunterricht"
12. Jahrestagung 2003 (06. bis 08. März) an der Universität Regensburg
Tagungsthema: „Lehrerkompetenzen für den Sachunterricht"
13. Jahrestagung 2004 (11. bis 13. März) an der Universität Potsdam
Tagungsthema: „Zwischen Grundlagenforschung und Unterrichtspraxis – Erwartungen an die Didaktik des Sachunterrichts"
14. Jahrestagung 2005 (10. bis 12. März) an der Pädagogischen Hochschule Ludwigsburg
Tagungsthema: „Bildungswert des Sachunterrichts"
15. Jahrestagung 2006 (02. bis 04.März) an der Universität Hildesheim
Tagungsthema: „Kompetenzerwerb im Sachunterricht fördern und erfassen"
16. Jahrestagung 2007 (08. bis 10. März) an der Universität Kassel
Tagungsthema: „Kind und Wissenschaft"
17. Jahrestagung 2008 (13. bis 15. März) an der Universität Bremen
Tagungsthema: „Lernen und kindliche Entwicklung – Elementarbildung und Sachunterricht"
18. Jahrestagung 2009 (12. bis 14. März) an der Humboldt- Universität zu Berlin
Tagungsthema: „Anschlussfähige Bildung aus der Perspektive des Sachunterrichts"
19. Jahrestagung 2010 (04. bis 06. März) an der Carl von Ossietzky Universität Oldenburg
Tagungsthema: „Bildung für alle Kinder im Sachunterricht – auf dem Weg zur Inklusion"
20. Jahrestagung 2011 (10. bis 12. März) an der Otto-Friedrich Universität in Bamberg
Tagungsthema: „Lernen und Lehren im Sachunterricht – Zum Verhältnis von Konstruktion und Instruktion"
21. Jahrestagung 2012 (01. bis 03. März) an der Humboldt-Universität zu Berlin
Tagungsthema: „Der Sachunterricht und seine Didaktik – Bestände prüfen und Perspektiven entwickeln"
22. Jahrestagung 2013 (07. bis 09. März) an der Pädagogischen Hochschule FHNW in Solothurn/ Schweiz
Tagungsthema: „Förderliche Lernsituationen und kompetenzorientierte Aufgabenkultur im Sachunterricht"

2 Publikationen

Die GDSU gibt regelmäßig und unregelmäßig erscheinende Publikationen heraus. Jährlich erscheint ein Band in der Reihe „Probleme und Perspektiven des Sachunterrichts" (Jahresband). Dieser wurde zunächst gemeinsam mit dem Institut für die Pädagogik der Naturwissenschaften (IPN), wo der Druck auch verantwortet wurde, herausgegeben. Ab 1996 erscheint die Reihe im Klinkhardt-Verlag, ab 1999 ist die GDSU alleiniger Herausgeber der Reihe. Das GDSU-Info erscheint seit 1995 in 3 Heften jährlich (Juli, November und Februar – das Programmheft zur Jahrestagung). Wurden zunächst alle Hefte sowie ein jährlich erscheinendes Mitgliederverzeichnis in Papierform an alle Mitglieder verschickt, werden ab 2007, den in der Scientific Community nun vorzufindenden Modi entsprechend, die im November und Februar erscheinenden Infos nur noch als Download in der Website zur Verfügung gestellt (vgl. auch http://www.gdsu.de/wb/pages/gdsu-info.php).
Seit 2011 gibt der Vorstand zusätzlich das GDSU-Journal heraus, welches in der Website als Online-Journal veröffentlicht wird. Das Heft 1 ist auch als Printfassung erschienen.
Neben den regelmäßig erscheinenden Publikationen erscheinen in unregelmäßigen Abständen Bände in der Reihe *Forschungen zur Didaktik des Sachunterrichts.* Herausgeber dieser Reihe sind im Auftrag des Vorstands derzeit Andreas Hartinger und Joachim Kahlert. Ferner hat die GDSU den Perspektivrahmen Sachunterricht (vgl. GDSU 2002 und Kapitel 3 in diesem Band) herausgegeben, die weiterentwickelte Fassung ist 2013 erschienen (siehe auch Kapitel 3 in diesem Band). Beide Publikationen werden im Klinkhardt Verlag besorgt, wobei der Vertrieb des Perspektivrahmens durch die Geschäftsstelle der GDSU und neuerdings in der vollständig überarbeiteten und erweiterten Fassung von 2013 auch über den Buchhandel erfolgt. Nachfolgend werden die bislang erschienenen Bände in beiden Reihen aufgelistet.

2.1 Probleme und Perspektiven des Sachunterrichts

Band 1: Lauterbach, Roland; Köhnlein, Walter; Spreckelsen, Kay; Bauer, Herbert F. (Hrsg.) (1991): Wie Kinder erkennen. Kiel: IPN (ISBN 3-89088-057-6).
Band 2: Lauterbach, Roland; Köhnlein, Walter; Spreckelsen, Kay; Klewitz, Elard (Hrsg.) (1992): Wege des Ordnens. Kiel: IPN (ISBN 3-89088-063-0).
Band 3: Lauterbach, Roland; Köhnlein, Walter; Spreckelsen, Kay; Klewitz, Elard (Hrsg.) (1992): Brennpunkte des Sachunterrichts. Kiel: IPN (ISBN 3-89088-071-1).
Band 4: Lauterbach, Roland; Köhnlein, Walter; Kiper, Hanna; Koch, Inge-Astrid (Hrsg.) (1993): Dimensionen des Zusammenlebens. Kiel: IPN (ISBN 3-89088-081-9).

Band 5: Lauterbach, Roland; Köhnlein, Walter; Koch, Inge; Wiesenfarth, Gerhard (Hrsg.) (1994): Curriculum Sachunterricht. Kiel: IPN (ISBN 3-89088-092-4).
Band 6: Marquardt-Mau, Brunhilde; Köhnlein, Walter; Cech, Diethard; Lauterbach, Roland (Hrsg.) (1996): Lehrerbildung im Sachunterricht. Bad Heilbrunn: Klinkhardt (ISBN 3-7815-0850-7).
Band 7: Marquardt-Mau, Brunhilde; Köhnlein, Walter; Lauterbach, Roland (Hrsg.) (1997): Forschung zum Sachunterricht. Bad Heilbrunn: Klinkhardt (ISBN 3-7815-0876-7).
Band 8: Marquardt-Mau, Brunhilde; Schreier, Helmut (Hrsg.) (1998): Grundlegende Bildung im Sachunterricht. Bad Heilbrunn: Klinkhardt (ISBN 3-7815-0929-X).
Band 9: Baier, Hans; Gärtner, Helmut; Marquardt-Mau, Brunhilde; Schreier, Helmut (Hrsg.) (1999): Umwelt, Mitwelt, Lebenswelt im Sachunterricht. Bad Heilbrunn: Klinkhardt (ISBN 3-7815-0974-5).
Band 10: Löffler, Gerhard; Möhle, Volker; Reeken, Dietmar von; Schwier, Volker (Hrsg.) (2000): Sachunterricht – Zwischen Fachbezug und Integration. Bad Heilbrunn: Klinkhardt (ISBN 3-7815-1081-6).
Band 11: Kahlert, Joachim; Inckemann, Elke (Hrsg.) (2001): Wissen, Können und Verstehen – über die Herstellung ihrer Zusammenhänge im Sachunterricht. Bad Heilbrunn: Klinkhardt (ISBN 3-7815-1137-5).
Band 12: Engelhardt, Wolf; Stoltenberg, Ute (Hrsg.) (2002): Die Welt zur Heimat machen? Bad Heilbrunn: Klinkhardt (ISBN 3-7815-1190-1).
Band 13: Cech, Diethard; Schwier, Hans-Joachim (Hrsg.) (2003): Lernwege und Aneignungsformen im Sachunterricht. Bad Heilbrunn: Klinkhardt (ISBN 3-7815-1261-0).
Band 14: Hartinger, Andreas; Fölling-Albers, Maria (Hrsg.) (2004): Lehrerkompetenzen für den Sachunterricht. Bad Heilbrunn: Klinkhardt (ISBN 3-7815-1325-4).
Band 15: Cech, Diethard; Giest, Hartmut (Hrsg.) (2005): Sachunterricht in Praxis und Forschung – Erwartungen an die Didaktik des Sachunterrichts. Bad Heilbrunn: Klinkhardt (ISBN 3-7815-1389-1).
Band 16: Cech, Diethard; Fischer, Hans-Joachim; Holl-Giese, Waltraud; Knörzer, Martina; Schrenk, Marcus (Hrsg.) (2006): Bildungswert des Sachunterrichts. Bad Heilbrunn: Klinkhardt (ISBN 3-7815-1451-5).
Band 17: Lauterbach, Roland; Hartinger, Andreas; Feige, Bernd; Cech, Diethard (Hrsg.) (2007): Kompetenzerwerb im Sachunterricht fördern und erfassen. Bad Heilbrunn: Klinkhardt (ISBN 3-7815-1532-1).
Band 18: Giest, Hartmut; Wiesemann, Jutta (Hrsg.) (2008): Kind und Wissenschaft. Bad Heilbrunn: Klinkhardt (ISBN 978-3-7815-1609-0).

Band 19: Lauterbach, Roland; Giest, Hartmut; Marquardt-Mau, Brunhilde (Hrsg.) (2009): Lernen und kindliche Entwicklung. Bad Heilbrunn: Klinkhardt (ISBN 978-3-7815-1675-5).
Band 20: Giest, Hartmut; Pech, Detlef (Hrsg.) (2010): Anschlussfähige Bildung im Sachunterricht. Bad Heilbrunn: Klinkhardt (ISBN 978-3-7815-1731-8).
Band 21: Giest, Hartmut; Kaiser, Astrid; Schomaker, Claudia (Hrsg.) (2011): Sachunterricht – auf dem Weg zur Inklusion. Bad Heilbrunn: Klinkhardt (ISBN 978-3-7815-1798-1).
Band 22: Giest, Hartmut; Heran-Dörr, Eva; Archie, Carmen (Hrsg.)(2012): Lernen und Lehren im Sachunterricht. Bad Heilbrunn: Klinkhardt (ISBN 978-3-7815-1851-3).
Band 23: Fischer, Hans-Joachim; Giest, Hartmut; Pech, Detlef (Hrsg.) (2013): Der Sachunterricht und seine Didaktik. Bestände prüfen und Perspektiven entwickeln. Bad Heilbrunn: Klinkhardt (ISBN 978-37815-1904-6).

2.2 Forschungen zur Didaktik des Sachunterrichts

Band 1: Köhnlein, Walter; Marquardt-Mau, Brunhilde; Schreier, Helmut (Hrsg.) (1997): Kinder auf dem Wege zum Verstehen der Welt. Bad Heilbrunn: Klinkhardt (ISBN 3-7815-0914-6).
Band 2: Hartinger, Andreas (1997): Interessenförderung – Eine Studie zum Sachunterricht. Hrsg. v. Köhnlein,Walter; Marquardt-Mau, Brunhilde; Schreier, Helmut. Bad Heilbrunn: Klinkhardt (ISBN 3-7815-0877-3).
Band 3: Köhnlein, Walter; Marquardt-Mau, Brunhilde; Schreier, Helmut (Hrsg.) (1999): Vielperspektivisches Denken im Sachunterricht. Bad Heilbrunn: Klinkhardt (ISBN 978-3-7815-0972-9).
Band 4: Köhnlein, Walter; Schreier, Helmut (Hrsg.) (2001): Innovation Sachunterricht – Befragung der Anfänge nach zukunftsfähigen Beständen. Bad Heilbrunn: Klinkhardt (ISBN 3-7815-1148-0).
Band 5: Spreckelsen, Kay; Möller, Kornelia; Hartinger, Andreas (Hrsg.) (2002): Ansätze und Methoden empirischer Forschung zum Sachunterricht. Bad Heilbrunn: Klinkhardt (ISBN 3-7815-1187-3).
Band 6: Hartinger, Andreas; Kahlert, Joachim (Hrsg.) (2005): Förderung des wissenschaftlichen Nachwuchses. Perspektiven fachdidaktischer Forschung. Bad Heilbrunn: Klinkhardt (ISBN 3-7815-1388-4).
Band 7: Giest, Hartmut; Hartinger, Andreas; Kahlert, Joachim (Hrsg.) (2008): Kompetenzniveaus im Sachunterricht. Bad Heilbrunn: Klinkhardt (ISBN 978-3-7815-1610-6).
Band 8: Banholzer, Agnes (2008): Die Auffassung physikalischer Sachverhalte im Schulalter. Hrsg. u. eingel. v. Feige, Bernd; Köster, Hilde. Bad Heilbrunn: Klinkhardt (ISBN 978-3-7815-1613-7).

Band 9: Fischer, Hans-Joachim; Gansen, Peter; Michalik, Kerstin (Hrsg.) (2010): Sachunterricht und frühe Bildung. Bad Heilbrunn: Klinkhardt (ISBN 978-3-7815-1732-5).

3 Bildungspolitische Initiativen

In den frühen 80er Jahren gab es in der Gesellschaft für die Didaktik der Chemie und Physik (GDCP), vor allem in der Sektion „naturwissenschaftlich orientierter Sachunterricht" Bemühungen, einen eigenen Fachverband zu gründen, um auch den gesellschaftswissenschaftlichen Sachunterricht mit einzubeziehen. Aus dieser Initiative erwuchs schließlich die Gründung der GDSU 1992 in Berlin und es wurde eine wissenschaftliche Gesellschaft geschaffen, die sich in zahlreichen bildungspolitischen Initiativen dafür einsetzte, die Konstituierung des Faches Sachunterricht in der Schule (Lehrpläne) sowie der Disziplin Didaktik des Sachunterrichts in den Universitäten und Hochschulen (Lehre und Stellen, Professuren) als auch der Forschung (Dissertationen, Habilitationen im Fach) zu unterstützen. Vor allem nachdem 1995 die Hochschulrektorenkonferenz eine „Abschaffung der Fachdidaktik" mehr oder weniger direkt vorantrieb; die Lehrerbildung (außer für das gymnasiale Lehramt) in Fachhochschulen (zurück)verlagert werden sollte, Fachdidaktik-Stellen (u.a. für den Sachunterricht) nicht besetzt wurden und in der Folge schließlich Zusammenlegungen als Bereichsprofessuren (z.B. für Sachunterricht und Englisch in Halle) erfolgten[1], reagierte die GDSU mit einer Reihe von Resolutionen und wandte sich mit Schreiben an die politisch Verantwortlichen in Bund und Ländern.
Hinsichtlich der Probleme in der Lehrerbildung erfolgte schon in der Mitgliederversammlung 1994 eine Resolution zur Unverzichtbarkeit eines universitären Studiums für das Lehramt an Grundschulen. Im Jahr 1996 wurde die GDSU Mitglied der 1995 gegründeten „Konferenz der Vorsitzenden der Fachdidaktischen Fachgesellschaften" (KVFF) – später (ab 2001) Gesellschaft für Fachdidaktik (GFD), die als Reaktion auf die Forderungen der Hochschulrektorenkonferenz zur Abschaffung der Fachdidaktiken gegründet wurde. Seit dieser Zeit setzt sich die GDSU intensiv für die Verbindung von Theorie und Praxis (schulpraktische Studien) im Rahmen des Universitätsstudiums und der zweiten Phase der Lehrerbildung ein, wirkt darauf ein, dass das Fachdidaktische im Rahmen der Lehrerbildung stärkere Beachtung findet (Studienanteile, Erhöhung des Professionsbezuges, Stärkung der Forschung und des forschenden Studierens), tritt für eine wissenschaftliche Lehrerfortbildung unter Betonung der Verantwortung der

1 Siehe auch Giest, Hartmut (2005): Fachdidaktik – Eine Standortbestimmung. In: Jahresband 15, S. 57-72.

Hochschulen und damit verbunden die Sicherung der Universität bzw. Hochschule als Ort der Lehrerbildung ein.
Im Folgenden wird ein Überblick über die von den Mitgliedern der GDSU verabschiedeten Resolutionen gegeben.

Resolution „Schulgärten" auf der Gründungsversammlung 21.03. 1992 in Berlin (vgl. GDSU-Dokumentation 1992-1999, 1999)

Die Gründungsversammlung der Gesellschaft für Didaktik des Sachunterrichts (GDSU) vom 19.-21. März 1992 in Berlin fordert die Kultusminister und -senatoren der Bundesländer auf,

1. sich für den Erhalt von Schulgärten vor allem in den neuen Bundesländern energisch einzusetzen,
2. die personellen, finanziellen, curricularen und organisatorischen Voraussetzungen für den Erhalt der Schulgärten sicherzustellen,
3. Bemühungen um die Weiterentwicklung und Verbreitung der in der pädagogischen Schulgartenarbeit gewonnenen Erfahrungen im ganzen Bundesgebiet zu unterstützen,
4. Angebote für eine auf die pädagogische Schulgartenarbeit bezogene Lehreraus-, -fort- und -weiterbildung in allen Regionen einzurichten bzw. zu fördern.

Die pädagogische Arbeit im Schulgarten erschließt vielfältige Möglichkeiten

- der Wiedergewinnung unmittelbarer primärer Erfahrungen,
- des ästhetisch-sinnlichen Erlebens,
- des Kennenlernens ursprünglicher Arbeitsvorgänge,
- der Entwicklung von Freude und Wertschätzung praktischen Tätigseins,
- der Sensibilisierung für Umweltphänomene und Umweltprobleme,
- des Verstehens von Naturkreisläufen und Lebenszusammenhängen,
- des Engagements für den Erhalt von Ökosystemen,
- des Aufbaus verbraucherkritischen Verhaltens,
- des Einübens gesunder Lebensführung.

Die pädagogische Arbeit im Schulgarten kann zugleich wichtige Impulse für die ganztägige Gestaltung des Schullebens sowie für die Öffnung von Unterricht und Schule vermitteln. Sie ist ein Element für die kindorientierte Weiterentwicklung der Grundschule.
Berlin, den 21.03.1992

Köthener Erklärung der Gesellschaft für Didaktik des Sachunterrichts zur Situation des Sachunterrichts und seiner Didaktik (vgl. GDSU-Dokumentation 1992-1999, 1999)

Die Mitgliederversammlung der GDSU hat im Rahmen der Jahrestagung 1993 die Situation des Sachunterrichts und seiner Didaktik erörtert und folgende Erklärung verabschiedet:

Die gesellschaftliche Bedeutung von Erziehung und grundlegender Bildung ist in den alten und neuen Bundesländern in den letzten Jahren in besonderer Weise sichtbar geworden. Die von der Forschung festgestellte Veränderung der Kindheit ist Folge von zum Teil drastischen Wandlungen der gesellschaftlichen Bedingungen, unter denen Kinder aufwachsen. Für die Schule ergeben sich nachhaltig neue und verschärfte Herausforderungen. Diese sind u.a. verursacht durch

- den Abbau frühkindlicher Geborgenheit und sozialer Bindungen,
- die Einflüsse eines steigenden Medienkonsums,
- die kinderfeindliche Veränderung des städtischen Lebensraumes und die Entfremdung von unmittelbaren Naturerfahrungen,
- die Gewalt gegen Kinder und die zunehmende Gewaltbereitschaft von Kindern selbst,
- die Häufung von Verhaltens- und Lernschwierigkeiten,
- den gesellschaftlich noch nicht verarbeiteten multikulturellen Hintergrund der Schulklassen und ausländerfeindlichen Haltungen,
- dem Mangel an pädagogischen Angeboten (z.B. Kindergärten, Horte, Ganztagsschulen).

Eine verantwortbare Bildungs- und Erziehungsarbeit verlangt heute eine intensivere, längere und individuellere Zuwendung zu den Kindern. Sachunterricht ist primär der Ort in der Grundschule, wo grundlegende Erfahrungen des Zusammenlebens und -arbeitens gemacht und verarbeitet, Begegnungen mit Natur und Zugänge zur Technik ermöglicht, Regeln sozialen Verhaltens erarbeitet und erprobt sowie erste Einsichten in demokratische Strukturen gewonnen werden müssen. Dieser Aufgabenkomplex erfordert viel Zeit und großen persönlichen Einsatz.

Die notwendige pädagogische Kompetenz und didaktische Qualifikation der Lehrerinnen und Lehrer lässt sich nur erreichen, wenn der Didaktik des Sachunterrichts im Studium, im Referendariat sowie in der Weiterbildung die erforderliche Aufmerksamkeit gewidmet und wenn eine angemessene Personalausstattung des Faches gewährleistet wird.

Die GDSU stellt deshalb fest:

1. Weitere Kürzungen der Anzahl von Wochenstunden und Erhöhungen von Klassenfrequenzen sind pädagogisch nicht vertretbar. Das Fach Sachunterricht ist als eines der Kernfächer der Grundschule zentral für die Grundlegung der Bildung, für die Erkenntnisentwicklung der Kinder und ihre Orientierung in

einer komplexen Lebenswelt. Deshalb ist es in den Stundentafeln den Fächern Deutsch und Mathematik gleichzustellen.

2. Die Didaktik des Sachunterrichts hat in der Ausbildung der Grundschullehrerinnen und -lehrer übergreifende Bedeutung. Sie muss in der ersten wie in der zweiten Phase von eigens dafür zuständigen Lehrenden verantwortet werden. Deshalb müssen – soweit noch nicht geschehen – Professorenstellen für Didaktik des Sachunterrichts an allen Hochschulen eingerichtet werden, die Studiengänge für das Lehramt an Grundschulen oder an Grund- und Hauptschulen führen. Die Einführung von Studienseminaren zum Sachunterricht in allen Bundesländern ist zu gewährleisten.
3. Um qualifizierte Lehre und Forschung in der Didaktik des Sachunterrichts auch in Zukunft gewährleisten zu können, ist der Pflege des wissenschaftlichen Nachwuchses besondere Aufmerksamkeit zu widmen. Es wird empfohlen, jungen Lehrerinnen und Lehrern durch Beurlaubung Promotion und Habilitation zu ermöglichen sowie an den Hochschulen flexible Stellenstrukturen für Nachwuchsförderung aus dem Berufsfeld Schule zu schaffen.

Köthen, den 19.03.1993

Resolution zur Unverzichtbarkeit eines universitären Studiums für das Lehramt an Grundschulen (vgl. GDSU-Dokumentation1992-1999, 1999)

Der Wissenschaftsrat hat in seinen „10 Thesen zur Hochschulpolitik" vom 22.01.1993 (Wissenschaftsrat: 10 Thesen zur Hochschulpolitik. Drs. 1001/93) vorgeschlagen, die „Studiengänge für das Lehramt für die Primarstufe" an Fachhochschulen zu verlagern oder „die Bedingungen dieser Studiengänge den für Fachhochschulen geltenden" anzupassen (S. 41). Er hat dies mit dem Wunsch begründet, Ressourcen für Fachhochschulen zu gewinnen. Inzwischen haben verschiedene Institutionen und Gremien solche Vorschläge aufgegriffen. Die Gesellschaft für Didaktik des Sachunterrichts wendet sich mit Nachdruck gegen diese Bestrebungen und stellt dazu folgendes fest:

1. Die Empfehlungen enthalten eine gravierende Fehleinschätzung der Anforderungen, die an die Ausbildung von Lehrerinnen und Lehrern generell zu stellen sind. In der Grundschule werden die Grundlagen für die Fähigkeit der Kinder gelegt, später in umfassendere Wissensbereiche einzudringen und ein auf verantwortliche Mitarbeit angewiesenes demokratisches Gemeinwesen mitzugestalten. Grundschule ist der Ort grundlegender Bildung für alle Kinder. In einer Zeit beschleunigten gesellschaftlichen Wandels und der Abhängigkeit unseres Lebens von Wissenschaft und Technik muss die erzieherische und didaktische Kompetenz der Lehrerinnen und Lehrer sowie ihre Bereitschaft und Fähigkeit zu Neuorientierung und Requalifizierung gesteigert werden. Dies gilt insbesondere für die Primarstufe.

a) Die geistig-gesellschaftliche Situation der Gegenwart hat die Aufgaben von Erziehung und Unterricht sehr viel komplexer und ihre Erfüllung schwerer gemacht. Im Studium müssen diese Schwierigkeiten im Verbund von aktueller Forschung und Lehre aufgedeckt, analysiert und differenzierte Konzepte zu ihrer Bewältigung erarbeitet werden.
b) Um Lernprozesse im Hinblick auf das Weiterlernen von Anfang an richtig initiieren und weiterführen zu können, sind für Lehrerinnen und Lehrer der Primarstufe ein in wissenschaftlicher Auseinandersetzung gewonnenes Wissen und eine kritisch reflektierte Methodenkompetenz grundlegende Voraussetzungen der Berufsfähigkeit. Dabei fällt den Fachdidaktiken eine Schlüsselrolle zu.
c) Die Betonung des fächerübergreifenden Unterrichts und die zunehmend notwendige Anbahnung überfachlicher Einsichten, insbesondere im Sachunterricht der Grundschule, machen es erforderlich, dass sich die Studierenden die für sie zunächst ungewohnte integrative Sichtweise in enger Berührung mit der didaktischen Forschung (z.B. durch Beteiligung an Forschungsprojekten) erarbeiten.

Der gesellschaftliche Auftrag an künftige Grundschullehrerinnen und -lehrer erfordert es, dass das Konzept des forschenden Lernens in noch stärkerem Maße zum unabdingbaren Bestandteil des Studiums wird, denn anders lässt sich die Befähigung, sich auch künftig mit dem aktuellen Forschungsstand vertraut zu machen, grundlegende Erziehungsarbeit zu leisten, demokratische und sozialverträgliche Verhaltensmuster aufzubauen, den Kindern ihre immer schwerer durchschaubare Lebenswelt zu erschließen und dabei Begabungen zu erkennen und zu fördern, nicht erreichen. Forschendes Lernen als Beteiligung der Studierenden an Forschungsprozessen ist nur möglich, wo die Einheit von Forschung und Lehre konstitutives Element der Ausbildungsinstitution ist, d.h. an Universitäten.

Aus solchen Gründen nimmt in den anderen hochindustrialisierten Staaten der Europäischen Union die Tendenz zu, die Lehrerbildung auch für die frühen Schulstufen den Universitäten zu übertragen.

1. Die Qualität und das Profil des Studiums sind wichtige Momente für die Leistungsfähigkeit einer demokratischen Schule. Ein universitäres Studium gibt künftigen Lehrerinnen und Lehrern die Möglichkeit, Wissenschaft als lebendigen Prozess kennenzulernen, in Freiheit ihren eigenen intellektuellen Horizont zu erweitern, im forschenden Umgang mit dem zukünftigen Praxisfeld Sensibilität für die Ansätze kindlicher Vernunft, Vorstellungs- und Ausdruckskraft zu entwickeln und die ethischen, anthropologischen und pädagogischen Implikationen von Bildung und Erziehung zu reflektieren. Die Beteiligung an der Unterrichtsforschung ist geeignet, Kreativität und Verantwortungsbereitschaft frühzeitig und nachhaltig zu fördern sowie praktisches Können anzubahnen.

Die Ansiedlung des Studiums an der Universität trägt darüber hinaus mindestens drei Aspekten gesellschaftlicher Notwendigkeit Rechnung:

a) Die Universität mit ihrem breiten Fächerspektrum und ihrer langen geisteswissenschaftlichen Tradition ist – trotz faktischer Beschränkungen – ein Ort innerer Freiheit, verpflichtet der Wissenschaft als einem öffentlichen Gut. Es ist wichtig, dass die Studierenden diese Freiheit und Verpflichtung erfahren, so weit wie möglich internalisieren und auf ihr späteres Berufsfeld übertragen.

b) Die Universität ist der Ort, an dem Wissenschaftsverständigkeit, produktive Findigkeit (Hervorbringen eigener Einfälle und Entdeckungen) und kritisches Vermögen (rationale Kontrolle der Ideen, Vorschläge und Ergebnisse) als Ziel der für Lehrerinnen und Lehrer aller Schulstufen wünschenswerten wissenschaftlichen Bildung am besten erreichbar erscheinen. Ein Moment wissenschaftlicher Bildung ist der konstruktive Umgang mit dem sich rasant vermehrenden Wissen und seine Integration in ein Weltbild.

c) Die Universität bereitet auf Berufsrollen vor, von deren Trägern erwartet wird, dass sie notwendige Entscheidungen auch in unsicheren Situationen möglichst rational fällen können. Die Aufgaben von Schule, Bildung und Erziehung in einer sich wandelnden, zunehmend offeneren und pluralistischeren Gesellschaft sind von wechselnden Unsicherheiten belastet. Insofern ist ein universitäres Studium Voraussetzung für verantwortliches erzieherisches und didaktisches Handeln in der Grundschule. Dagegen würde eine Ausbildung, die vorwiegend auf Vermittlung von Handlungsanweisungen für einzelne definierte Erziehungs- und Lernsituationen abzielt, den Anforderungen nicht gerecht. Bildung in der Universität ist eine Grundausstattung, welche das Weiterlernen und die erforderliche Flexibilität im Hinblick auf beschleunigt sich verändernde Verhältnisse fundiert, unter denen sich heute und in absehbarer Zukunft Bildung in der Schule vollziehen muss. Die Ausgliederung eines Teiles der Lehrerbildung aus der Universität wäre ein bildungs- und hochschulpolitischer Rückschritt, der angesichts der steigenden Anforderungen nicht zu rechtfertigen wäre. Vielmehr sind die Studiengänge für das Lehramt für die Primarstufe als Teile der Einheit universitärer Lehrerbildung zu verstehen; durch diese Einheit wird der Gesamtzusammenhang im Bildungsbereich Schule gesichert. Die notwendigen Akzentuierungen des Studiums, die das differenzierte Berufsfeld Schule verlangt, geben keine Rechtfertigung, bei der Qualität der Lehrerausbildung Unterschiede zu machen.

d) Im Übrigen trifft die Einschätzung des Wissenschaftsrates, dass der Studiengang für das Lehramt an Grundschulen „nach Zielsetzung und Ausgestaltung dem Profil von Fachhochschulstudiengängen" entspräche, für keines der Bundesländer zu. Außerdem qualifiziert der Studiengang in mehreren Ländern für ein einheitliches Lehramt an Grund- und Hauptschulen. Die Vorschläge sind offenbar von der Vorstellung getragen, dass die Inhalte des Studiums für diesen

Lehramtsbereich „keiner wissenschaftlich-kritischen Vermittlung" bedürften. Die Realisierung des Vorschlages würde in den alten Bundesländern die Ausbildung für das Lehramt an Grundschulen auf den Stand vor der Gründung und dem Ausbau der Pädagogischen Hochschulen, d.h. um etwa vierzig Jahre, zurückwerfen. In den neuen Bundesländern würde sie einen hoffnungsvoll begonnenen Aufbau zerstören. Mit dem Ausbau der Pädagogischen Hochschulen zu wissenschaftlichen Hochschulen und schließlich mit ihrer Integration in die Universitäten in fast allen Bundesländern wurde die Verknüpfung von Forschung und Lehre in allen Lehramtsstudiengängen zum festen Bestandteil des deutschen Bildungswesens.
Allen Vorschlägen zu erneuten Strukturveränderungen müsste zumindest eine vergleichende Analyse und Evaluation der Konzepte, die für die Ausbildung an Universitäten entwickelt worden sind, vorausgehen. Sie müssten außerdem von konstruktiven Reformbestrebungen getragen sein.

e) Über den aktuellen Anlass hinaus ergeben sich aus den genannten Gesichtspunkten folgende Forderungen:
   - Die für das Studium der künftigen Grundschullehrerinnen und -lehrer zuständigen Fachbereiche und Institute sind in allen Belangen (Personal, Räume, Etat) so auszustatten wie die übrigen universitären Institutionen. Insbesondere ist die Verknüpfung von Forschung und Lehre zu gewährleisten.
   - Die Ausbildung des eigenen wissenschaftlichen Nachwuchses, insbesondere auch in den Fachdidaktiken, muss in enger Verzahnung mit den Forschungs- und Lehraufgaben der für die Lehrerbildung zuständigen Universitätsinstitute erfolgen, denn nur so lässt sich der kontinuierliche Zusammenhang praxisbezogener Forschung und forschungsbezogener Grundschullehrerausbildung auch für die Zukunft sichern.
   - Der institutionalisierte Zusammenhang des Studiums für die Lehrämter an den verschiedenen Schulstufen muss gewahrt werden. Denn nur auf diese Weise ist zu sichern, dass die Studierenden einen direkten Einblick in die Entwicklungen, Fragen und Probleme nachfolgender oder vorausgehender Abschnitte der Schullaufbahn von Kindern und Jugendlichen bekommen. Hieraus folgt zwingend die Notwendigkeit einer integriert-differenzierten universitären Ausbildung für alle Lehrämter.
   - Die Zusammenarbeit mit den außeruniversitären Einrichtungen der Lehrerfort- und -weiterbildung muss verstärkt und institutionell abgesichert werden.

Die Resolution wurde nach Beratung durch die Mitgliederversammlung in Freiburg – 18.03.1994 – vom Vorstand der GDSU am 12.11.1994 beschlossen.

Positionspapier zum Sachunterricht (vgl. GDSU-INFO, 1998, H. 10)

Das folgende Positionspapier wurde als Entwurf vom Januar 1998 der Mitgliederversammlung in der Jahrestagung von 1998 vorgelegt. In ihm werden die seit Gründung der GDSU immer wieder kontrovers diskutierten Fragen zum Namen des Schulfaches sowie der Disziplin, der darauf bezogenen Lehrerbildung und Forschung diskutiert. Das Positionspapier wurde an die entsprechenden Ministerien der Länder verschickt sowie im Mitteilungsblatt des Arbeitskreises Grundschule vollständig und im Oktoberheft der Zeitschrift „Grundschule“ in Auszügen veröffentlicht.

Gesellschaftliche Herausforderungen

In einer sich rasch wandelnden offenen Gesellschaft differenzieren sich die individuellen und kulturellen Erfahrungs- und Entwicklungsmöglichkeiten ständig aus. Nach wie vor wachsen Kinder unter von Ungleichheit geprägten Lebensbedingungen auf. Zugleich nimmt die Vielfalt von Einflüssen und Handlungsbedingungen zu, die jeder einzelne bewältigen und bei der Verfolgung eigener Pläne und Lebensziele berücksichtigen muss. Um dieser Komplexität moderner Lebensumstände Rechnung tragen zu können, ist es erforderlich, die Bedingungen und Folgen eigenen Handelns für sich und andere umsichtig zu analysieren. Voraussetzung dafür ist eine in der Sache fundierte und an der Aufklärung von Sachverhalten interessierte Urteilskraft sowie die Fähigkeit und Bereitschaft, sich mit anderen in einer sozial und sachlich angemessenen Form zu verständigen. Dies gilt für die Gestaltung des privaten und öffentlichen Lebens ebenso wie für das Berufsleben mit seinen Anforderungen an sachliche Kompetenz, intellektuelle Flexibilität, Kooperationsfähigkeit und fachübergreifende Zusammenarbeit. Der Sachunterricht greift diese Herausforderungen gezielt auf.

Sachunterricht als Schulfach

Sachunterricht ist neben Sprache und Mathematik ein Kernfach der Grundschule (und der Sonderschulen). Das Fach befasst sich mit Fragen und Problemen des gesellschaftlichen Umfeldes und der physischen Welt, die für Kinder zugänglich und bedeutsam sind. Dadurch fördert er sachliches Wissen, Verstehen und kompetentes Handeln.

In der Bezeichnung des Faches bedeutet das Wort „Sache“ nicht allein „Gegenstand“ oder „Ding“, sondern einen Sachverhalt, einen Streitfall, eine Angelegenheit, eine Aufgabe oder eine Pflicht. Damit betrifft der Begriff der Sache stets auch ein offenes und produktives Verhältnis zu den Fragen und Normen des menschlichen Zusammenlebens ebenso wie zu den Beständen der Kultur.

Das Wort „Unterricht“ (Sachunterricht) entspricht der Tradition der Aufklärung eher als das Wort „Kunde“ (Sachkunde), das ambivalent ist. Denn einerseits spielt

„Kunde" auf „Sich kundig machen" an, andererseits legt das Wort auch Assoziationen des „Verkündens" und „Von etwas Künden" nahe, die ein anderes Verhältnis zur Welt als das des kritischen Prüfens und Aneignens bezeichnen. In einer zunehmend komplexen Welt und unter heterogenen Lebensumständen müssen Erfahrungsdefizite ausgeglichen und Normen gemeinsamer Arbeit sowie des Zusammenlebens aufgebaut werden. Die sachbezogene Auseinandersetzung im planvoll arrangierten Sachunterricht bietet Kindern Gelegenheit zur Entfaltung ihrer individuellen Fähigkeiten und Kräfte; sie dient der Entwicklung von Interessen, der Erarbeitung von Zugangsweisen und tragfähigen Vorstellungen, insbesondere auch solcher, welche die außerschulische Lebenswelt der Kinder nicht vermittelt, und schließlich der Kultivierung von Lernfähigkeit. Dadurch trägt der Sachunterricht im Sinne grundlegender Bildung zur Kompetenzerweiterung und Identitätsentwicklung der Kinder bei.

Im Hinblick auf international vergleichende Studien entstehen für den Sachunterricht neue Herausforderungen für die Grundlegung natur- und gesellschaftswissenschaftlichen Denkens: Sachunterricht setzt Anfangspunkte für das weiterführende Lernen in den natur- und sozialwissenschaftlichen Sachfächern der nachfolgenden Schulstufen, und er versucht, Interessen für diese Zugriffsweisen auf die Welt anzustoßen.

Sachunterricht kann in dem oben skizzierten Fachverständnis eine zentrierende und integrierende Funktion im Rahmen der Grundschule übernehmen. Durch die Möglichkeit, kindliche Lebenswirklichkeit hochgradig differenzierend zu erschließen, ist Sachunterricht in besonderem Maße in der Lage, sozial und kulturell integrativ zu wirken.

Das für den Sachunterricht erforderliche Methodenrepertoire – handelnder Umgang mit Dingen, erprobende Bearbeitung von Problemen, projektförmige Verfahren, Experimentieren und Konstruieren sowie die Einbeziehung außerschulischer Experten und Lernorte – ist vielfältig und zeitaufwändig. Es führt zu besonderen Anforderungen an die Lehrerinnen und Lehrer und an die Lehrerbildung, insbesondere aber zu Konsequenzen für die Stundentafel. Um die vorschulischen Erfahrungen der Kinder aufgreifen zu können, muss Sachunterricht bereits im Rahmen des Anfangsunterrichts beginnen.

In den Jahrgängen 1 und 2 sind drei Wochenstunden, in den Jahrgängen 3 und 4 jeweils drei Doppelstunden als Minimum anzusehen.

Die Disziplin „Didaktik des Sachunterrichts"

Zur Begründung und Erforschung von Lehr- und Lernprozessen, von Bildungsaufgaben und -inhalten sowie Formen der Auseinandersetzung im Sachunterricht besteht eine eigene wissenschaftliche Disziplin, die Didaktik des Sachunterrichts. Ihr Forschungsgegenstand ist die Auseinandersetzung von Kindern mit physischen, technischen und gesellschaftlichen Erscheinungen.

Wie jede Fachdidaktik greift die Didaktik des Sachunterrichts auf Grundlagenwissenschaften wie Erziehungswissenschaft und Psychologie zurück; ebenso bestehen Verbindungen zu den fachlichen Bezugsdisziplinen des Sachunterrichts. Die Gesellschaft für Didaktik des Sachunterrichts (GDSU) nimmt die Aufgabe wahr, die Theoriebildung, Entwicklung und Forschung voranzutreiben. Sie bietet ein Forum für den wissenschaftlichen Diskurs, vertritt die Disziplin Didaktik des Sachunterrichts und trägt zum Ausbau entsprechender Forschungszusammenhänge bei.

Zur Lehrerbildung

Wissenschaftliche Lehrerbildung muss Kompetenzen für einen Sachunterricht entwickeln, der durch die Paradigmen Effizienz, Zukunftsfähigkeit und Vernetzung charakterisiert ist und grundlegende Bildungsprozesse bei Kindern fördert. Folgende Grundqualifikationen sind unverzichtbare Bestandteile universitärer Lehrerbildung für die Didaktik des Sachunterrichts:

- die wissenschaftliche Auseinandersetzung mit Theorien zur Didaktik des Sachunterrichts;
- Einführung in naturwissenschaftliche und sozialwissenschaftliche Inhalte und Methoden;
- fächerübergreifendes Arbeiten im Rahmen praxisbezogener Projekte;
- die exemplarische Einführung in eine der Bezugsfachdisziplinen.

Ein Studium von 40 Semesterwochenstunden Umfang ist für die vier Qualifikationsfelder unerlässlich. Wegen der außerordentlich großen Bedeutung der Lehrperson für produktive Lernprozesse ist es für die Lehrerbildung im Sachunterricht notwendig, die „Liebe zu Sachen" zu entwickeln, also für konkrete Inhalte Wissensdurst zu wecken, Aufmerksamkeit zu fokussieren, vertiefendes Verstehen zu ermöglichen, Gründlichkeit in der Analyse und intellektuelle Aufrichtigkeit zu fördern. Die Studierenden müssen lernen, Sachverhalte auch aus der Perspektive von Kindern zu sehen, und sie müssen sich didaktische und methodische Konzeptionen aneignen, die Unterrichtsinhalte auch von hier aus erschließen. Hierfür müssen in Hochschulen und Studienseminaren entsprechende institutionelle und personelle Rahmenbedingungen geschaffen werden.

Um Lehrerbildung im Sachunterricht möglichst kontinuierlich und effizient gestalten zu können, ist eine intensive Kooperation der beteiligten Institutionen unabdingbar.

Die Spezifik der Didaktik des Sachunterrichts macht wissenschaftliche Veranstaltungen mit Werkstattcharakter sinnvoll. Forschendes Lernen als Grundmodell des Studierens bedingt, dass jeder Studierende prinzipiell die Chance zur Partizipation an Forschungsprozessen hat. Dies wiederum setzt die institutionell gegebene Verknüpfung von Forschung und Lehre in der Lehrerbildung, d.h. ihren universitären Charakter, voraus und erfordert die Ausstattung mit entsprechend denominierten Personalstellen und angemessenen materiellen Ressourcen. Die Einrichtung von Instituten für die Didaktik des Sachunterrichts ist notwendig. In Verbindung damit ist die Gründung von Lernwerkstätten anzustreben.

Zur Forschungslage

Die Vielfalt der Ansätze und Entwürfe, welche Didaktiker der jungen Disziplin Sachunterricht hervorgebracht haben, belegt die anregende Wirkung des Feldes und die kreative Kraft der Forschenden. Dies gilt in gleicher Weise für empirisch-qualitative, empirisch-quantitative, historische und hermeneutische Forschungen. Die Kultur eines forschungsorientierten wissenschaftlichen Austauschs zwischen den Vertretern der didaktischen Theorie und Praxis des Sachunterrichts muss gefördert werden. Unabdingbar notwendig ist die Einrichtung von Nachwuchsstellen, die den spezifischen Forschungsbedarf der Disziplin Didaktik des Sachunterrichts durch Dissertationen und Habilitationsarbeiten befriedigen helfen. Nach einer Erhebung der GDSU-Kommission „Qualifikationsanforderungen an den wissenschaftlichen Nachwuchs" ist der in Zukunft zu erwartende Bedarf an zu besetzenden Stellen durch die Inhaber der wenigen vorhandenen Nachwuchsstellen nicht gedeckt. Die Zahl der Nachwuchsförderungs- und Assistentenstellen muss dem Bedarf an freiwerdenden Professorenstellen mindestens entsprechen, um einer planvoll betriebenen und auf thematische Stränge bezogenen Forschung zur Didaktik des Sachunterrichts nachzukommen. Mit der Berücksichtigung der fachdidaktischen Forschung bei der Auswahl der Fachgutachter für die Deutsche Forschungsgemeinschaft ist zu gewährleisten, dass für die Beurteilung von Forschungen zur Didaktik des Sachunterrichts einschlägige Sachkenntnis auf Seiten der Fachgutachter vorhanden ist.

Die Mitgliederversammlung der GDSU hat das Positionspapier zum Sachunterricht am 13.03.1998 in Erfurt verabschiedet. Damit verfügt unsere Fachgesellschaft über eine abgestimmte Grundlage, die bei bildungspolitischen Diskussionen und Verhandlungen hilfreich sein wird.

Stellungnahme der GDSU zur Novellierung des Hochschulrahmengesetzes 21. März 2002 (vgl. GDSU-INFO, 2002, H. 22)

Während der Mitgliederversammlung in Halle wurde die Problematik der Novellierung des Hochschulrahmengesetzes (HRG) thematisiert (siehe GDSU-Info, Nr. 22). Die folgende Stellungnahme ist Frau Bundesministerin Edelgard Bulmahn am 21. März 2002 übermittelt worden.

Sehr geehrte Frau Ministerin,

die Gesellschaft für Didaktik des Sachunterrichts hat auf ihrer Mitgliederversammlung am 8. März 2002 in Halle/Saale erhebliche Bedenken gegen die Novellierung des Hochschulrahmengesetzes bekundet.

Im Kern richten sich die Bedenken dagegen, dass das Gesetz eine befristete Einstellung von Nachwuchswissenschaftlerinnen und -wissenschaftlern auf Drittmittelstellen nur für eine Zeit von 12 Jahren, d.h. 6 Jahre vor und 6 Jahre nach der Promotion, erlaubt.

Damit wird der promovierte Nachwuchs bestraft, der nicht sofort eine unbefristete Stelle erhalten hat. Gegenwärtig dürfte dies – vor allem in den neuen Bundesländern – eine sehr große Zahl promovierter (und habilitierter) Nachwuchswissenschaftlerinnen und -wissenschaftler treffen, auf deren innovatives Potential wir in Forschung und Lehre nicht verzichten können. Da auch Tätigkeiten als Wissenschaftliche Hilfskräfte o.ä. mitzählen, weitet sich der Kreis der Betroffenen deutlich aus. Die Neuregelung verschlechtert somit nicht nur die Qualifizierungschancen des Nachwuchses, sondern engt zudem die Bandbreite und Qualität von Forschung und Lehre ein.

Der beabsichtigte Stellenabbau soll zur Finanzierung der Juniorprofessuren dienen und wird dazu führen, dass Wissenschaftlerinnen und Wissenschaftler unterhalb des Professorenstatus nur noch 12 Jahre beschäftigt werden dürfen. Dies führt zu einer „Verschrottung“ (Originalzitat eines Beamten im Wissenschaftsministerium, laut Süddeutscher Zeitung vom 9. Januar 2002, S. 13) des derzeitigen wissenschaftlichen Nachwuchses und hat eklatante Einbrüche in der Lehre zur Folge, die bisher wesentlich von erfahrenen, teilweise habilitierten Wissenschaftlerinnen und Wissenschaftlern getragen wird.

In Zukunft werden hochqualifizierte Wissenschaftlerinnen und Wissenschaftler nicht mehr zur Verfügung stehen, da die einen aufgrund ihres Alters oder ihrer Beschäftigungszeiten, ungeachtet ihres hohen Engagements, ausgesondert, die anderen das unkalkulierbare Wagnis einer akademischen Laufbahn scheuen werden. Frauen werden davon besonders betroffen sein.

Gerade die Disziplinen und Institutionen, die sich in Forschung, Lehre und Praxis mit Schule beschäftigen, können nicht auf die Erfahrung hochqualifizierter und engagierter Wissenschaftlerinnen und Wissenschaftler verzichten. Die für Wissenschaftlerinnen und Wissenschaftler in der Lehrerausbildung bisher in der Regel geltenden Anforderungen, neben den üblichen universitären Graden auch über mehrjährige Erfahrungen in einem Lehramt zu verfügen, führt zu verlängerten Qualifikationszeiten. Diese Verlängerungen sind nicht den betroffenen Einzelpersonen anzulasten.

Die Didaktik des Sachunterrichts als junge, interdisziplinäre und innovative wissenschaftliche Disziplin trifft diese Neuordnung besonders hart.

Seitdem das Fach in einigen Bundesländern universitär verankert ist, betreiben wir eine systematische Nachwuchsförderung. Dabei sind wir auch auf die Nachwuchskräfte angewiesen, die nach einer Zeit der Schulpraxis wieder an die Universität gehen. Die Neuregelung erschwert die Sicherung von Kontinuität, Qualität und Funktionsfähigkeit von Lehr- und Forschungseinrichtungen erheblich.

Dem stehen Anforderungen an Qualitätssicherung und -verbesserung der Lehrerausbildung entgegen.

Die Gesellschaft für Didaktik des Sachunterrichts hat sich intensiv den Herausforderungen gestellt, die heute an die Grundschule, und damit an die Ausbildung von Lehrerinnen und Lehrern, gerichtet werden. Wir sind um Konzepte und praktische Unterrichtsprojekte zur Integration natur- und sozialwissenschaftlicher Grundbildung bemüht, die gerade jetzt wieder, nach Vorliegen der PISA-Ergebnisse, zu Recht eingeklagt wird.

In dieser Situation, die allen engagiert arbeitenden Wissenschaftlerinnen und Wissenschaftlern auch persönlich viel zusätzliche Zeit und Kraft abverlangt, ist ein Eingriff in kontinuierliche Arbeitsplanung und in die kollegiale Zusammenarbeit verschiedener Gruppen in der Hochschule, wie ihn die Neuregelung mit sich bringt, kontraproduktiv. Die Forschungs- und Lehrsituation wird auf nicht kalkulierbare Weise verändert.

Neben dem arbeitsrechtlichen und universitären Aspekt möchten wir auch den menschlichen Aspekt nicht außer Acht lassen, der es verbietet, auf zynische Weise mit Menschen umzugehen.

Deshalb fordert die GDSU

- eine Überarbeitung der Novelle,
- die ersatzlose Streichung der Befristungsregelungen in §§ 47 und 57,
- eine Anpassung des Arbeitsrechtes an die Bedingungen wissenschaftlicher Tätigkeit in Lehre und Forschung.

Mit freundlichen Grüßen

gez. Joachim Kahlert

2002 Stellungnahme zur Reform der Lehrerbildung in NRW März 2002 (vgl. GDSU-INFO, 2002, H. 22)

Während der Mitgliederversammlung in Halle wurde die Problematik der Neuorientierung der Lehrerbildung in Nordrhein-Westfalen beraten (siehe GDSU-Info, H. 22). Die folgende Stellungnahme ist Frau Ministerin Gabriele Behler am 21. März 2002 übermittelt sowie dem ersten und dem stellv. Vorsitzenden des Ausschusses für Schule und Weiterbildung, Herrn Dr. Heinz-Jörg Eckold und Herrn Hans Frey, zur Kenntnis gegeben worden.

Sehr geehrte Frau Ministerin,

mit Schreiben vom 28.10.2001 habe ich mich als Vorsitzender der Gesellschaft für Didaktik des Sachunterrichts an Sie gewandt, um die Sorge meines Verbandes über mögliche Beeinträchtigungen für das Studium der Didaktik des Sachunterrichts als Folge der geplanten Aufhebung einer auf Stufenlehrämter bezogenen universitären Lehrerbildung vorzubringen. Für die Antwort Ihres Hauses durch Frau MR Dr. Brunckhorst-Hasenclever danke ich Ihnen sehr.

In der Zwischenzeit hat die GDSU auf Grund der aktuellen Entwicklung auf ihrer Mitgliederversammlung im März 2002 eine Resolution beschlossen, die einige weitere Überlegungen ins Spiel bringt. Wir würden uns freuen, wenn Sie diese Überlegungen berücksichtigen könnten.
Fragen von Bildung und Erziehung werden gegenwärtig in einer breiten Öffentlichkeit unter bildungspolitischen Aspekten diskutiert. Diese Diskussion hat mit der Veröffentlichung der Ergebnisse der PISA-Studie an Intensität gewonnen, nicht zuletzt durch die Präsentation unterschiedlicher Vorschläge zu Folgerungen und Konsequenzen, die aus der Studie zu ziehen sind, um die erkennbaren Mängel zu beheben.
Die Gesellschaft für die Didaktik des Sachunterrichts (GDSU) hat sich in ihrer Jahrestagung auf Bundesebene vom 7.- 9. März 2002 neben der Erörterung von fachwissenschaftlichen und fachdidaktischen Fragestellungen auch mit der aktuellen bildungspolitischen Situation in den Bundesländern, vor allem bezogen auf den Sachunterricht, befasst.
Es bestand Einigkeit darüber, dass, vor dem Hintergrund der PISA-Studie, auf allen Ebenen des Bildungswesens ein teilweise erheblicher Veränderungsbedarf besteht. Dabei sollten die Fragen zum Beispiel

- der Qualität von Unterricht und Erziehung allgemein,
- der effektiveren Förderung im sprachlichen, sowie im mathematisch-naturwissenschaftlichen Bereich,
- der notwendigen curricularen Veränderung und
- der Optimierung der Lehreraus- und -fortbildung im Vordergrund stehen.

Als Vertreter des Sachunterrichts, eines Kernfachs der Grundschule, das naturwissenschaftliche, technische, historische, geographische wie auch sozialwissenschaftliche Inhalte umfasst und der Vorbereitung auf späteres fachliches Lernen dient, begrüßen wir es ausdrücklich, dass die Stärkung der Grundschule und der vorschulischen Bildung und Erziehung in dieser Diskussion einen erkennbaren Schwerpunkt darstellt. Es besteht Einigkeit darüber, dass alle denkbaren Veränderungen einer intensiven längeren Behandlung bedürfen und Entscheidungen erst nach sorgfältiger Analyse des Ist-Zustandes und der Abwägung von Handlungsalternativen, insbesondere jedoch unter Einbeziehung der Folgenschätzung, getroffen werden sollten.
Vorschnelle Entscheidungen sind kontraproduktiv, weil sie ein hohes Risiko beinhalten, Wirkungen zu erzeugen, die den beabsichtigten Zielen und Intentionen zuwider laufen.
Mit der beabsichtigten Novellierung des LABG in NRW (vgl. Gesetzesentwurf vom 18.12.2001, Drucksache 13/2084) tritt diese Situation nach unserer Auffassung ein:

- Das neue kombinierte Lehramt für die Grundschule, die Hauptschule, die Realschule und die Gesamtschule für die Jahrgänge 5-10 kann die Ansprüche an eine wissenschaftliche, qualifizierte und praxisnahe Lehrerausbildung für die Grundschule nicht einlösen. Die Ausbildung in zwei Fächern für die Jahrgänge 1-10 ist notwendigerweise so angelegt, dass die erforderliche Fokussierung auf die besonderen Erfordernisse der Grundschule nicht gelingen kann. Das vorgesehene didaktische Grundlagenstudium in den Fächern Mathematik oder Deutsch kann dieses grundsätzliche Problem nicht beseitigen. Damit ist unabdingbar eine Verschlechterung der Qualität der Lehrerausbildung für die Grundschule verbunden. Nach PISA dürfte es aber unbestritten sein, dass der qualifizierte Unterricht in der Grundschule, in der in der Lernbiografie von Kindern bildungswirksamsten Zeit, die Grundlagen für späteres erfolgreiches Lernen legt.

- Die im Gesetzentwurf vorgesehene Beschränkung des Studiums auf zwei Unterrichtsfächer reduziert das Qualifikationsspektrum der Lehrerinnen und Lehrer erheblich, insbesondere bezogen auf das Fach Sachunterricht, das bisher als Studienfach Sachunterricht bzw. als Lernbereich Naturwissenschaft/ Technik oder als Lernbereich Gesellschaftslehre studiert werden konnte. Die bildungspolitisch beabsichtigte Stärkung und Vertiefung des naturwissenschaftlichen Lernens in der Grundschule wird keinesfalls erreicht, wenn zukünftig Lehrerinnen und Lehrer dieses Fach unterrichten, die in ihrem Studium jeweils nur ein Unterrichtsfach, wie z.B. Geschichte, Politik, Sozialwissenschaft, Geografie, Physik, Chemie oder Biologie abgedeckt haben. Der Qualitätsstandard im Fach Sachunterricht wird unvermeidbar sinken, da ein großer Anteil des späteren Sachunterrichts von fachfremdem Lehrpersonal unterrichtet werden muss. Der naturwissenschaftlich-technische Bereich des Schulfaches Sachunterricht ist hiervon in besonders negativer Weise betroffen. Eine Stärkung des naturwissenschaftlich-technischen Lernens in der Grundschule kann auf diesem Wege nicht erreicht werden.
- Vor diesem Hintergrund fordert die GDSU als die wissenschaftliche Vereinigung in Deutschland für den Sachunterricht Sie auf, die unbestritten notwendigen Veränderungen in der Lehrerausbildung so zu gestalten,
- dass ein deutlich ausgeprägter stufenspezifischer Studienschwerpunkt Grundschule erhalten bleibt,
- dass Lehramtsstudierende mit dem Schwerpunkt Grundschule das Fach Sachunterricht bzw. einen Lernbereich Sachunterricht studieren können,
- dass dieser Studiengang nicht an einzelne Studienfächer angebunden wird, sondern naturwissenschaftlich-technische und sozial- und kulturwissenschaftliche Fachinhalte verbindlich umfasst,
- dass frühe Praxisphasen vorgesehen werden, damit der Blick der Studierenden auf die berufswissenschaftlichen Fragestellungen und Inhalte gelenkt wird.

Mit Blick auf die gegenwärtig in der Entwicklung befindlichen Modellvorhaben konsekutiver Studiengänge und unter Hinweis auf die im Herbst 2002 zu er-

wartenden PISA-Ergebnisse auf der Ebene der einzelnen Bundesländer sowie auf die im Frühjahr 2003 vorliegenden Ergebnisse der „Internationalen-Grundschul-Lese-Untersuchung" (IGLU), die auch Aussagen zum mathematisch-naturwissenschaftlichen Lernen in der Grundschule beinhalten werden, regen wir an, die abschließenden Entscheidungen zur Novellierung des LABG jetzt nicht zu treffen.
Wir würden uns freuen, wenn wir mit Ihnen zu den von uns aufgeworfenen Fragen und Anregungen in einen Dialog eintreten könnten.
Mit freundlichen Grüßen
gez. Joachim Kahlert

Stellungnahme der GDSU zur Novellierung der Prüfungsordnung GHPO I des Landes Baden-Württemberg (vgl. GDSU-INFO, 2002, H. 22)

Die folgende Stellungnahme zur Novellierung der GHPO I des Landes Baden-Württemberg ist Frau Ministerin Dr. Annette Schavan am 16. Mal 2002 übermittelt worden. Zur Kenntnis erhielten diese Stellungnahme Herr MRdgt. Horstmann (Ministerium für Kultus, Jugend und Sport und Herr MR Gerber (Ministerium für Wissenschaft, Forschung und Kunst).

Sehr geehrte Frau Ministerin,
bitte erlauben Sie mir, dass ich mich in meiner Eigenschaft als Vorsitzender der Gesellschaft für Didaktik des Sachunterrichts (GDSU) an Sie wende.
Kolleginnen und Kollegen aus Baden-Württemberg haben auf der diesjährigen Jahrestagung unserer Gesellschaft in Halle vorgetragen, dass in Ihrem Bundesland die Integration des Heimat- und Sachunterrichts in einen neu zu schaffenden Fächerverbund „Mensch, Natur und Kultur" geplant wird. Unser Fachverband, die GDSU, möchte dazu raten, bei der vorgesehen Umgestaltung des Bildungsplanes weiterhin ein eigenständiges Curriculum für den Sachunterricht zu formulieren. Nur so lässt sich der Tendenz zur Trivialisierung des Unterrichts an Grundschulen außerhalb der Kulturtechniken wirksam entgegen arbeiten. Die GDSU bemüht sich um die Formulierung von Standards für den Sachunterricht. Mit der Formulierung eines Perspektivrahmens wurde dazu ein wichtiger Schritt getan. Unsere zahlreichen Mitglieder aus Ihrem Bundesland sind sicherlich gerne bereit, bei der Planung eines neuen Curriculums Sachunterricht konstruktiv mitzuarbeiten.
Mit großer Sorge hat die GDSU die Pläne zur Novellierung der Prüfungsordnung für das Lehramt an Grund- und Hauptschulen zur Kenntnis genommen.
Offensichtlich ist eine völlige Abschaffung des Studienfaches Heimat- und Sachunterricht geplant. Ich möchte Sie dringend darum bitten, diesen Schritt nicht zu gehen. An den Pädagogische Hochschulen Baden-Württembergs besteht gerade im Heimat- und Sachunterricht ein großes „Know-how" im integrativen Unterrichten, in der Erforschung kindlicher Denkmuster und in grundschulspezifischen Lehr- und Lernformen. Obwohl der Heimat- und Sachunterricht an den Hochschulen im Vergleich mit den klassischen Fachrichtungen sehr gering

ausgestattet ist, trägt dieses Fach erheblich dazu bei, dass Studierende die heute besonders erforderliche Kompetenz zum integrativen Denken, Problemlösen und Bearbeiten von Unterrichtsthemen erwerben.
Zwar ist wohl geplant, Elemente der Sachunterrichtsdidaktik in das zukünftige Verbundfächerstudium zu integrieren. Aber es wird ohne ein eigenständiges Studienfach Heimat- und Sachunterricht in absehbarer Zeit keine Dozenten mehr geben, die dies als ihr eigentliches Lehr- und Forschungsgebiet ansehen. Dann wird das von Ihrem Hause geplante fachintegrative Verbundfachstudium in der Realität sich zu nur wenig mehr als einem fachadditiven Studium entwickeln. Die alleinige Verantwortung für die fachdidaktischen Studienanteile in die Hände der traditionell stark fachlich ausgerichteten Kollegen aus den natur- und sozialwissenschaftlichen Disziplinen zu legen, wird in der Praxis einen Rückschritt in die 70-er Jahre bedeuten, als man nach der Formel lehrte „viel Fachwissen = sehr gute Lehrerinnen und Lehrer". Die Überlegungen zur Novellierung der Lehrerbildung in Baden-Württemberg dürfen nicht primär nach personalpolitischen Strategien der Hochschulen organisiert werden.
Sie haben an den Pädagogischen Hochschulen in Baden-Württemberg in den Reihen der Sachunterrichtsdidaktiker hochqualifizierte Experten und wissenschaftlichen Nachwuchs auf dem Gebiet des fachintegrativen Unterrichtens unter Berücksichtigung entsprechender kindlicher entwicklungs- und kognitionspsychologischer Voraussetzungen. Im Interesse der zukünftigen Schülerinnen und Schüler an Grund- und Hauptschulen bitte ich Sie darum, diesem Personenkreis nicht den „Boden unter den Füßen wegzuziehen", sondern ihn vielmehr durch eine feste Verankerung des Heimat- und Sachunterrichts als Prüfungsfach zu stärken. Gerade die PISA-Studie hat gezeigt, welche große Bedeutung ein anwendungsbezogener und problemorientierter Unterricht für den Schriftspracherwerb, die Lesefähigkeit und das mathematische Verständnis hat. Die zukünftigen Lehrerinnen und Lehrer können gerade von Sachunterrichtsdidaktikern Anwendungs- und Problembezug lernen.
Selbstverständlich kann im Rahmen des Studiums für das Lehramt an Grund- und Hauptschulen nicht auf die fachlichen Kompetenzen der Kolleginnen und Kollegen aus den natur- und sozialwissenschaftlichen Disziplinen verzichtet werden. Jede Interdisziplinarität setzt ein gutes Maß an Disziplinarität voraus. Das Anliegen des Ministeriums für Kultus und Sport Baden-Württemberg ist es aber sicherlich auch, eine berufsfeld- und aufgabenspezifische wissenschaftliche Lehrerbildung zu etablieren. Dazu benötigen Sie auch die Sachunterrichtsdidaktiker. Die reinen Fachdidaktiker sind promovierte Sozial- oder Naturwissenschaftler, die – wenn überhaupt – oft nur über schulpraktische Erfahrungen im gymnasialen Bereich verfügen.
Ich bitte Sie daher:

- Erhalten Sie den Heimat- und Sachunterricht als eigenständiges Fach im Studium.
- Achten Sie darauf, dass bei der Novellierung der GHPO I grundschulspezifische und fachintegrative Kompetenzen verstärkt in den Studiengang für das Lehramt an Grund- und Hauptschulen eingebracht werden.
- Setzen Sie sich für eine berufs- und aufgabenbezogene wissenschaftliche Lehrer(innen)bildung ein.
- Stärken Sie jene Wissenschaftlerinnen und Wissenschaftler an den pädagogischen Hochschulen, die sich mit grundschulspezifischen Fragestellungen – gerade auch im natur- und sozialwissenschaftlichen Bereich auseinandersetzen.
- Lassen Sie es nicht zu, dass personalstrategische Überlegungen (Auslastung kleiner Fächer/ Besetzung mit mindestens zwei Professuren) dazu führen, dass nur fachadditiv statt fachintegrativ studiert wird.

Unsere Mitglieder an den Pädagogischen Hochschulen in Ihrem Lande werden Sie sicherlich gerne bei den Plänen zur Novel1ierung der GHPO I in diesem Sinne unterstützen.
Mit freundlichen Grüßen
gez. Joachim Kahlert

Schreiben der GDSU zur beabsichtigen Erfassung des Leistungsstandes von Grundschülern in Bayern: Orientierungsarbeiten in der Grundschule ohne Sachunterricht (vgl. GDSU-INFO, 2002, H. 22)

Der Vorstand der GDSU hat sich mit dem folgenden Schreiben am 09. Juli 2002 an Frau Staatsministerin Monika Hohlmeier gewandt:

Sehr geehrte Frau Staatsministerin,
bitte erlauben Sie mir, dass ich mich heute als Vorsitzender der Gesellschaft für Didaktik des Sachunterrichts an Sie wende.

Unser Fachverband begrüßt den Versuch, den Leistungsstand von Grundschulkindern in bildungsrelevanten Lernbereichen zu erfassen. Wenn dies angemessen gelingt, erhalten Lehrerinnen und Lehrer damit eine Hilfe, den Lernerfolg in ihrer Klasse und an ihrer Schule realistisch zu beurteilen.

Mit Sorge sehen wir jedoch, dass die Ermittlung des Leistungsstandes sich lediglich auf die Fächer Mathematik und Deutsch bezieht. Dabei besteht die Gefahr,dass Lehrerinnen und Lehrer, aber auch Schülerinnen und Schüler sowie Eltern den Sachunterricht als nachrangig einschätzen werden. Dies würde weder den Zielsetzungen des neuen bayerischen Lehrplans gerecht noch den Anforderungen an eine solide grundlegende Bildung in den naturwissenschaftlichen und sozialwissenschaftlichen Lernbereichen.

Die Dringlichkeit einer soliden grundlegenden Bildung im Fach Sachunterricht wird nicht nur von unserem Verband, sondern auch von anderen Fachverbänden unterstrichen. So hat die Gesellschaft Deutscher Chemiker im April 2002 in den

„Empfehlungen zur Ausbildung von Primarstufenlehrern/ Primarstufenlehrerinnen im Fach Sachunterricht“ hervorgehoben, dass dem Sachunterricht im Fächerkanon der Grundschule „neben den anerkannt wichtigen Fächern Deutsch und Mathematik eine besondere Bedeutung zukommt“ (Seite 3).
Sicherlich ist es schwierig, geeignete und zuverlässige Aufgabenstellungen zur Überprüfung des Leistungsstands im Sachunterricht zu entwickeln. Allerdings zeigen die Erweiterungen der IGLU/E-Studie um Aufgaben zur Erfassung der naturwissenschaftlichen Grundbildung, dass diese Probleme im Prinzip lösbar sind.
Wir würden uns freuen, wenn die Bemühungen in Bayern zur regelmäßigen Erfassung des Leistungsstandes von Grundschülerinnen und Grundschülern dem Bildungsauftrag der Grundschule und des bayerischen Lehrplans angemessener gerecht werden könnte als dies mit einer Beschränkung auf die Fächer Mathematik und Deutsch möglich ist.
Mit freundlichen Grüßen
gez. Joachim Kahlert

Sachunterricht nach PISA und IGLU – Positionspapier der GDSU

Der Vorstand der GDSU hat das folgende Positionspapier für die Internationale Tagung „Konsequenzen aus PISA: Perspektiven der Fachdidaktiken“ der Gesellschaft für Fachdidaktik e.V. (GFD) vom 14. bis 16. September 2003 in Berlin erarbeitet und im Rahmen der öffentlichen Podiumsdiskussion während dieser Tagung vorgetragen (vgl. GDSU-INFO, 2003, H. 26).

Grundlegende Aufgabe des Sachunterrichts ist es, Kinder dabei zu unterstützen, sich zuverlässiges Wissen über die soziale, natürliche und technisch gestaltete Umwelt anzueignen und sich in der modernen Welt mit ihren vielfältigen Sachproblemen zunehmend selbstständig zu orientieren. In dem Maße, wie dies gelingt, trägt Sachunterricht dazu bei, die jungen Menschen zu befähigen, in gegenwärtigen und zukünftigen Lebenssituationen kompetent zu handeln – verständig in der Sache und verantwortungsvoll in der Wahl von Zielen und Mitteln.
Zudem schafft Sachunterricht die fachlichen Grundlagen für die Lern- und Leistungsentwicklung in den natur- und sozialwissenschaftlichen Sachfächern der weiterführenden Schulen.
Die Ergebnisse der internationalen Vergleichsstudien PISA und IGLU lassen, zumindest für den Bereich der naturwissenschaftlichen Sachfächer, vermuten, dass das zum Ende der Grundschulzeit vorhandene Interesse und Sachwissen im Unterricht der weiterführenden Schulen noch nicht in pädagogisch wünschenswerter Weise aufgegriffen und weiterentwickelt wird. Allerdings zeigt die IGLU-Studie auch, dass bisher keineswegs alle Schülerinnen und Schüler zufriedenstellend gefördert werden.
Die folgenden sieben Thesen ziehen daraus Schlussfolgerungen für die Weiterentwicklung des Sachunterrichts.

1. Unterrichtsqualität: Wie zahlreiche nationale und internationale Expertisen zeigen, wird nachhaltig und flexibel verfügbares Wissen vor allem dann grundgelegt, wenn der Erwerb neuen Wissens verstehensorientiert erfolgt. Daher muss Sachunterricht Kinder dazu anregen, sich mit ihren bisherigen Vorstellungen über natürliche, soziale und technische Phänomene und Gegebenheiten sowie mit neuen Inhalten gründlich auseinander zu setzen. Dazu muss er eine Lernumgebung bieten, in der die Kinder sich Wissen problemorientiert, anwendungsnah und unter verschiedenen Perspektiven aneignen können.
2. Ausreichende Unterrichtszeit: Förderung von Verstehen und Entwicklung von Handlungskompetenzen benötigt Zeit. Zeit ist auch erforderlich, um Lern- und Kompetenzzuwachs angemessen erheben und evaluieren zu können. Die sich in einigen Bundesländern abzeichnende Tendenz, Sachunterricht als Verfügungsmasse zu gebrauchen und Unterrichtszeit für Sachunterricht zu kürzen, muss nachdrücklich zurückgewiesen werden.
3. Angemessene Ausstattung: Damit Schülerinnen und Schüler lernen, sachgemäß zu denken und zu arbeiten, benötigen Grundschulen eine sachangemessene Ausstattung, zum Beispiel mit historischem Quellenmaterial, mit Materialien zur Durchführung naturwissenschaftlicher Experimente oder mit technischem Werkzeug.
4. Lehrerkompetenz: Um den spezifischen und heterogenen Lern- und Leistungsvoraussetzungen im Grundschulalter gerecht werden zu können, benötigen Lehrerinnen und Lehrer für Sachunterricht neben fachlichen Kompetenzen vor allem auch die diagnostische Kompetenz, sich das Vorwissen sowie die Vorstellungs- und Denkweisen der Kinder zu den jeweiligen Unterrichtsinhalten zu erschließen. Darüber hinaus benötigen sie didaktische und methodische Kreativität, um ihren Unterricht abwechslungsreich einzustellen und zu gestalten. Außerdem erfordert die fachliche Vielfalt der im Sachunterricht zu behandelnden Inhalte, dass Lehrerinnen und Lehrer Sachverhalte aus verschiedenen Perspektiven erschließen und fächerübergreifend denken und planen können.
5. Lehreraus- und -fortbildung: Die Sicherung dieser Lehrerkompetenzen erfordert eine gründliche sachunterrichtsdidaktische Ausbildung bereits im Studium und eine regelmäßige sachunterrichtsspezifische Fortbildung. Dies gilt unabhängig davon, ob es ein eigenständiges Primarstufenstudium gibt oder ob das Studium verschiedener Lehrämter kombiniert wird. Sachunterrichtsspezifische Diagnosekompetenz und die Fähigkeit zur fächer- und perspektivenübergreifenden didaktischen Analyse und Planung können nur mit Themen, Inhalten und Methoden des Sachunterrichts grundgelegt, geübt und weiterentwickelt werden. Eine Ausbildung in den Sachfächern und Fachdidaktiken für weiterführende Schulen reicht dafür nicht aus.
6. Übergänge gestalten: Um die im Sachunterricht geschaffenen Grundlagen erfolgreich weiterführen zu können, müssen die Lehrerinnen und Lehrer so-

wohl an Grundschulen als auch an weiterführenden Schulen mehr von den didaktischen Herausforderungen und Lösungsstrategien der jeweils anderen Schulstufe wissen. In der Aus- und Fortbildung von Lehrerinnen und Lehrern für beide Schulstufen müssen daher gezielt Kompetenzen für eine pädagogisch angemessene Bewältigung von Problemen des Übergangs grundgelegt und entwickelt werden.

7. Bildungsstandards: Bildungsstandards für den Sachunterricht müssen zum einen hinreichend Spielräume lassen, damit Lehrerinnen und Lehrer in diesem inhaltlich vielseitigen Fach angemessen auf Schülervorstellungen und heterogene Leistungsvoraussetzungen eingehen können. Zum anderen sollen sie aber auch dazu beitragen, dass Sachunterricht verlässlich anschlussfähige Grundlagen für die Sachfächer in weiterführenden Schulen legt. Die Gesellschaft für Didaktik des Sachunterrichts (GDSU) hat mit dem Perspektivrahmen Sachunterricht kompetenzorientierte Bildungsstandards und Vorschläge zur Evaluation ausgearbeitet. Sie sind sowohl in deutscher als auch in englischer Fassung verfügbar.

Sachunterricht in der Grundschule und in der Lehrerbildung (vgl. GDSU-INFO, 2003, H. 25)

Die Gesellschaft für Didaktik des Sachunterrichts e.V. (GDSU) nimmt hiermit Stellung zur Position des Faches Sachunterricht in der bildungspolitischen Diskussion und Praxis der Länder. Aktueller Anlass sind Entscheidungen zur Reduzierung des Sachunterrichts in der Stundentafel der Grundschule und im Bereich der Lehrerbildung.

Diese Maßnahmen gefährden ausgerechnet jenen Lernbereich, der in der Grundschule zur Entwicklung des Wissens über die soziale und natürliche Umwelt beiträgt.

Wie die internationale Vergleichsuntersuchung IGLU zusammen mit der Ergänzungsstudie IGLU-E zeigt, ist das Leistungsniveau der Grundschülerinnen und Grundschüler in Deutschland gerade im Bereich der naturwissenschaftlichen Kompetenzen erfreulich gut. Außerdem erweisen sich die Schülerinnen und Schüler am Ende der Grundschulzeit als interessiert und aufgeschlossen gegenüber naturwissenschaftlichen Phänomenen und Problemen.

Der Sachunterricht in der Grundschule ist das Fach, in dem sowohl naturwissenschaftlich-technische als auch sozial- und kulturwissenschaftliche Kompetenzen grundgelegt werden. Die Gefährdung der Leistungsfähigkeit dieses Faches erfüllt die Gesellschaft für Didaktik des Sachunterrichts mit Sorge.

Die Gründung (1992) und Arbeit der GDSU sind durch das Anliegen motiviert, eine angemessene und für weiteres Lernen anschlussfähige naturwissenschaftliche, technische, sozial- und kulturwissenschaftliche Grundbildung als Aufgabe der Grundschule zu verankern und stetig weiterzuentwickeln.

I. Ein Ergebnis der Arbeit der GDSU ist der Perspektivrahmen Sachunterricht (2002), der als Beitrag zur Formulierung von Bildungsstandards verstanden werden soll. Er geht aus von aktuellen lern- und wissenstheoretischen Einsichten, die darauf aufmerksam machen, dass Lernen Konzepte und Vorstellungen von Kindern aufnehmen muss, um diese in ihren Fragen und Erkenntnissen weiterführen zu können. Zugleich benennt der Perspektivrahmen, welche Grundeinsichten und Methoden Gegenstand des Sachunterrichts sein sollten, damit Kinder tragfähige und zuverlässige Orientierungen gewinnen und anschlussfähige, fachspezifische Grundlagen erwerben können.

Die Arbeitsweise des Sachunterrichts ist an disziplinübergreifenden Sachverhalten, Problemstellungen und Aufgaben orientiert. Das ist zum einen sinnvoll, weil sich Kinderfragen und -interessen in der Regel nicht disziplinspezifisch artikulieren. Zum anderen sind heute für eine Lebensgestaltung, die sowohl individuell als auch beruflich und gesellschaftlich als produktiv erfahren wird, Kompetenzen gefordert, die vernetztes Denken auf der Grundlage fachspezifischen und allgemeinen Wissens sowie kreatives Problemlösen ermöglichen.

Bildung für eine nachhaltige Entwicklung, wie sie von der Bund-Länder-Kommission für Bildungsplanung und Forschungsförderung 2001 als Leitlinie künftiger Bildungspolitik festgeschrieben wurde und wie sie international, nicht zuletzt auch von der UNESCO und der OECD, angestrebt wird, begründet die Notwendigkeit dieser Kompetenzen für alle Bildungsstufen.

Der Sachunterricht ist das Fach in der Grundschule, in dem das geforderte Wissen und die geforderten Kompetenzen ausgebildet werden können. Er setzt sich explizit und systematisch mit Schlüsselfragen gegenwärtiger und zukünftiger Entwicklung auseinander und behandelt exemplarische Inhalte und Methoden der Natur-, Technik- und Sozial-/ Kulturwissenschaften.

Damit dieses angemessen gelingt, muss das Fach Sachunterricht entsprechend seiner Bedeutung für Wissenserwerb und Kompetenzentwicklung in den Stundenplänen der Grundschule angemessen berücksichtigt werden.

II. Zudem ist sicher zu stellen, dass künftige Lehrkräfte für die Grundschule eine spezifische Ausbildung für den Sachunterricht und seine Didaktik erhalten. Diese beinhaltet insbesondere

- die Auseinandersetzung mit naturwissenschaftlich-technischen sowie sozial- und kulturwissenschaftlichen Grundlagen und Methoden (vgl. Perspektivrahmen Sachunterricht),
- die Auseinandersetzung mit didaktischen Konzepten zur Durchführung eines anspruchsvollen, wissenschaftsbasierten integrierten Unterrichts,
- die Erprobung eigener Kompetenzen in Unterrichtsplanung, Unterrichtsanalyse und Unterrichtsgestaltung durch begleitete schulpraktische Anteile im Studium,

- die kritische Reflexion eigener Wissensbestände und Sichtweisen sowie der Bedeutung von wissenschaftlicher Arbeit und von Praxiserfahrungen unter der Perspektive beruflicher Anforderungen.

III. Angesichts der herausragenden Bedeutung des Sachunterrichts für eine zeitgemäße grundlegende Bildung erfüllen einige aktuelle bildungspolitische Entscheidungen die in der Gesellschaft für Didaktik des Sachunterrichts vereinten Fachleute mit großer Sorge. Während im Anschluss an die PISA-Studie einerseits ein bildungspolitisch breiter Konsens über die Notwendigkeit einer frühen Förderung problemorientierten Lernens und anwendungsbezogenen Umgangs mit Wissen zu bestehen scheint, werden andererseits Entscheidungen getroffen, die der Rolle des Sachunterrichts dabei nicht gerecht werden.

So hat zum Beispiel Baden-Württemberg 2003 mit einer neuen Prüfungsordnung den Sachunterricht als integratives Studienfach abgeschafft. Stattdessen wurden acht Studienfächer zur Auswahl gestellt (eines oder zwei davon können gewählt werden), die dem ausdifferenzierten Fächerspektrum der Hauptschule entsprechen. Die Fächer waren aufgefordert, jeweils einen eigenen fachdidaktischen Schwerpunkt „Grundschule" auszuweisen. Zentrale Anliegen des Sachunterrichts gingen dabei verloren. Einen grundschuldidaktischen Bezug herzustellen, konnte vielfach kaum gelingen. Vor allem wurden damit Bemühungen auf der Ebene des Bildungsplans konterkariert, einen integrativen Lernbereich „Mensch, Natur und Kultur" zu begründen, der Inhalte und Kompetenzen des Sachunterrichts mit denen musisch-ästhetischer Fächer zu verbinden sucht. Die Studienreform 2001, die an die Stelle der Einzelfächer „Kompetenzbereiche" aus additiv zusammengestellten Einzelfächern auswies, verstärkte diese Probleme eher, als sie zu lindern.

In Niedersachsen wurde die Prüfungsordnung von 1998 um die Möglichkeit erweitert, statt eines Langfachs mit zwei Kurzfächern für das Grundschullehramt auch zwei Langfächer studieren zu können. Dabei wurde allerdings festgelegt, dass Sachunterricht als Langfach nur mit Deutsch oder Mathematik als dem anderen Langfach verbunden werden kann. Für Deutsch oder Mathematik gibt es jedoch keine einschränkende Wahlvorschrift. Diese Regelung steht der Gleichwertigkeit der Kernfächer Deutsch, Mathematik und Sachunterricht in der Grundschule entgegen und übersieht die Diskussion um die wachsende Bedeutung von „scientific literacy" und einer an natur-, technik-, sozial- und kulturwissenschaftlichen Grundfragen ausgebildeten Persönlichkeit im Grundschulalter.

Die Ministerpräsidentin und die Ministerpräsidenten der Länder, die eine Bildung für eine nachhaltige Entwicklung als Ziel aller Schulstufen festgeschrieben haben, fordern wir daher auf, der Entwicklung der dafür notwendigen Kompetenzen durch eine Absicherung des Faches Sachunterricht in der Schule sowie der Didaktik des Sachunterrichts in Hochschule und Weiterbildung angemessen Raum zu geben.

- Wir fordern die Kultusministerinnen und Kultusminister der Länder auf, dafür Sorge zu tragen, dass mehr Zeit für das Fach Sachunterricht in den Stundentafeln der Grundschule vorgesehen wird.
- Wir fordern die für die Lehrerbildung verantwortlichen Ministerinnen und Minister auf, das Fach Sachunterricht als gesondertes Studienfach einzuführen bzw. abzusichern. Die zu erwerbenden Qualifikationen für interdisziplinäres und problemorientiertes Arbeiten sind auch in der Sekundarstufe unbedingt notwendig. Das Fach Sachunterricht entspricht mit seinen Inhalten und Verfahrensweisen in hervorragender Weise den modernen Erfordernissen von individueller, beruflicher und gesellschaftlicher Qualifizierung.
- Wir bitten die Elternvertretungen, sich für eine zukunftsorientierte Bildung ihrer Kinder einzusetzen und auf einem qualifizierten Sachunterricht zu bestehen.
- Wir fordern die Interessenvertretungen der Lehrerschaft auf, sich für eine qualifizierte wissenschaftsfundierte Lehreraus- und -fortbildung im Sachunterricht einzusetzen.
- Wir bitten die Studierenden, sich ihrer Verantwortung für die Entwicklung von persönlicher und gesellschaftlicher Kompetenz und für einen breiten Wissenserwerb in grundlegenden natur- und sozialwissenschaftlichen Fragen bewusst zu werden und eine entsprechende inhaltliche und hochschuldidaktische Gestaltung des Studiums zu fordern und mitzugestalten.

Die in der GDSU organisierten Wissenschaftlerinnen und Wissenschaftler an Universitäten und Hochschulen werden sich darum bemühen, den hohen Anspruch des Perspektivrahmens Sachunterricht durch eine wissenschaftliche und praxisbezogene Lehre zu realisieren.

Wir bitten alle bildungspolitisch Engagierten, die Frage einer sozial- und kulturwissenschaftlichen sowie naturwissenschaftlich-technischen Grundbildung in der Grundschule öffentlich zum Thema zu machen. Eine zukunftsfähige Entwicklung beginnt mit einer fachlich fundierten und zugleich an Gestaltungskompetenz orientierten Bildung in der Grundschule. Der Sachunterricht ist der Bereich, der dafür gestärkt werden muss in Schule und Lehrerbildung.

München, April 2003

Schreiben der GDSU an den Kultusminister des Landes Sachsen-Anhalt (vgl. GDSU-INFO 2007, Heft 37)

Die Philosophische Fakultät 2 der Martin Luther Universität Halle-Wittenberg hat im März 2007 eine Professur mit der Denomination Sachunterricht/ Grundschuldidaktik Englisch ausgeschrieben. Die GDSU hat mit dem folgenden Brief des 1. Vorsitzenden an den Kultusminister des Landes Sachsen-Anhalt reagiert.

Sehr geehrter Herr Minister Prof. Olbertz,

mit Bestürzung haben wir die Ausschreibung einer Stelle einer Professur Sachunterricht/ Grundschuldidaktik Englisch von der Philosophischen Fakultät 2 der Martin Luther Universität Halle-Wittenberg (vgl. Zeit vom 01.03.07) zur Kenntnis nehmen müssen. In diesem Zusammenhang wende ich mich im Auftrag der Mitgliederversammlung (08.03.2007) und im Namen der Gesellschaft für Didaktik des Sachunterrichts e.V. (GDSU) an Sie mit folgender dringlichen Bitte: Nach PISA und Co. ist eine Welle von Initiativen in Gang gekommen, Kindern Wissenschaft nahe zu bringen, die ihren Niederschlag z.B. in den Kinderuniversitäten und in der Schaffung von Science-Labs für Kinder findet. Die Möglichkeiten frühkindlicher Bildungsprozesse, auch mit Blick auf Wissenschaften, bestimmen den aktuellen Diskurs in Bildungspolitik und Pädagogik (auch an den Universitäten).

Die jüngste Tagung der GDSU hat sich besonders mit dem Thema Kind und Wissenschaft beschäftigt. Nicht nur die in diesem Zusammenhang geführte Diskussion, sondern auch einschlägige wissenschaftliche Untersuchungen (Metaanalysen) belegen, dass nur eine didaktisch begleitete, pädagogisch qualifiziert gestaltete Begegnung des Kindes mit Wissenschaft nachhaltige bildende Wirkung hat. Dies gilt im Übrigen auch für die Nutzung moderner Technologien, über die Arenhövel (1994, S. 17) ausführte: „Wenn die Grundschule keine Einführung für einen sinnvollen Umgang mit den neuen Technologien leistet, dann macht es jemand anderes, oder die Kinder leisten es selbst. Ob allerdings eine ‚unqualifizierte' oder gar eine ‚autodidaktische' Einführung wünschenswert und pädagogisch sinnvoll ist, möchte ich bezweifeln."

Was hier für den Umgang mit dem Computer gesagt wird, gilt in gleicher Weise auch für den Umgang mit den Wissenschaften, was übrigens zum Zeitpunkt der Diskussion über die neuen Technologien in Schule und Unterricht nicht in Frage gestellt wurde. Es bestürzt uns daher, dass dies gegenwärtig nicht mehr der Fall zu sein scheint. Soll die Begegnung von Kindern mit Wissenschaft ‚unqualifiziert' oder ‚autodidaktisch' erfolgen? Der Sachunterricht ist der Ort in der Schule, an dem bildende Begegnung der Kinder mit Wissenschaft hauptsächlich ermöglicht wird. Um hier weiter voran zu kommen, bedarf es der Intensivierung didaktischer Forschung und einer gediegenen, die Spezifik des Schulfaches berücksichtigenden Lehre, welche professionell nur von Spezialisten auf diesem Fachgebiet geleistet werden kann. Erforderlich ist daher die strukturelle Ausstattung der Universitäten mit Professuren für den Sachunterricht und die Gewährleistung ihrer Forschungsfähigkeit. Die Verbindung völlig inkompatibler Fächer in der Denomination einer Professur, wie es z.B. Sachunterricht/ Grundschuldidaktik Englisch darstellt, ist angesichts der oben gekennzeichneten Aufgabenstellung sowohl mit Blick auf den Sachunterricht und seine Didaktik als auch mit Blick auf den frühen Fremdsprachenunterricht kontraproduktiv. Auch dürfte die betreffende Universität erhebliche Schwierigkeiten haben, Studiengänge akkreditiert zu bekommen, die auf Grund einer in der Denomination der betreffenden Professur ersichtlichen Zuständigkeit dieser für zwei inkompatible Wissenschaftsdisziplinen nicht fachge-

recht wissenschaftlich betreut werden können. Hinzu kommen erhebliche Zweifel an der Forschungsfähigkeit der betreffenden Professur. Aus diesem Grund bittet die GDSU Sie mit aller Dringlichkeit, die Entscheidung zur Ausschreibung und Besetzung der betreffenden Professur noch einmal zu überdenken bzw. rückgängig zu machen und falls dies nicht möglich sein sollte, dafür Sorge zu tragen, dass die Forschungsfähigkeit der Professur auf dem Gebiet der Didaktik des Sachunterrichts gesichert wird.
Mit freundlichen Grüßen
gez. Hartmut Giest

Sachunterricht in Schule und Lehrerbildung (vgl. GDSU-INFO, 2010, H. 46)

Die *Gesellschaft für Didaktik des Sachunterrichts e.V. (GDSU)* nimmt hiermit Stellung zur Position des *Faches Sachunterricht* in der bildungspolitischen Diskussion und Praxis der Länder und leitet daraus *Forderungen* für seine Stärkung in Grundschule und Lehrerbildung ab. Aktueller Anlass sind erste Erfahrungen und Probleme bei der Umstellung des Studiums auf Bachelor und Master Studiengänge, der KMK Beschluss zu „Ländergemeinsame[n] inhaltliche Anforderungen für die Fachwissenschaften und Fachdidaktiken in der Lehrerinnen- und Lehrerbildung der Studiengänge“ sowie aktuelle bildungspolitische Tendenzen, die den Sachunterricht in Schule und Lehrerbildung gefährden.[2]

Seit ihrer Gründung (1992) ist die Arbeit der *GDSU* durch das Anliegen motiviert, eine angemessene und für weiteres Lernen anschlussfähige naturwissenschaftliche, technische, sozial- und kulturwissenschaftliche Grundbildung als Aufgabe der Grundschule zu verankern und stetig weiterzuentwickeln.

Die GDSU hat als eine der ersten Fachgesellschaften mit einem Grundsatzdokument zum Unterricht (Perspektivrahmen Sachunterricht 2002) einen Beitrag zur Formulierung von Bildungsstandards geleistet. Inzwischen ist dieses Dokument Grundlage für die Weiterentwicklung zahlreicher Rahmen(lehr)pläne in den Ländern. Der Perspektivrahmen geht aus von aktuellen sachunterrichtsdidaktischen, entwicklungspsychologischen und lerntheoretischen Einsichten, die darauf aufmerksam machen, dass Lernen Konzepte und Vorstellungen von Kindern aufnehmen muss, um diese in ihren Fragen und Erkenntnissen weiterführen zu können. Zugleich benennt der Perspektivrahmen, welche Grundeinsichten und Methoden Gegenstand des Sachunterrichts sein sollten, damit Kinder tragfähige und zuver-

---

2 Ferner wird Bezug genommen auf: Mindeststandards am Ende der Pflichtschulzeit/ Erwartungen des Einzelnen und der Gesellschaft – Anforderungen an die Schule. Positionspapier der Gesellschaft für Fachdidaktik e.V. (GFD); Beschluss der Kultusministerkonferenz vom 12.06.2008; Beschluss der Hochschulrektorenkonferenz vom 08.07.2008; Ad-hoc-Arbeitsgruppe „Inhaltliche Anforderungen“ (AG Inhalte); „Standards für die Lehrerbildung“; Beschluss der Kultusministerkonferenz vom 16.10.2008 i.d.F. vom 08.12.2008; Ausbildung von Lehrerinnen und Lehrern in Nordrhein-Westfalen Empfehlungen der Expertenkommission zur Ersten Phase.

lässige Orientierungen gewinnen und anschlussfähige, fachspezifische Grundlagen erwerben können. Gegenwärtig wird er mit Blick auf die Formulierung von Basiskompetenzen und ihre Evaluation weiterentwickelt, was zur Formulierung eines Kerncurriculums Sachunterricht führen soll.

(1) Der *Sachunterricht* stellt jenen Lernbereich *in der Grund- und Förderschule* dar, der zur Entwicklung des Wissens über die soziale und natürliche Umwelt beiträgt und in der Schnittstelle zwischen Elementar- und Sekundarstufe entscheidende Voraussetzungen für ein erfolgreiches Lernen in den natur- und gesellschaftswissenschaftlichen Fächern schafft. Diese Funktion kann er nur erfüllen, wenn seine Eigenständigkeit weder durch konturlose Sammelfächer (BW), noch durch Tendenzen der Vorverlegung fachlichen Lernens (HH) bedroht wird. Im Wesentlichen geht es darum, Kindern mit Blick auf Natur, Technik und Gesellschaft grundlegende Orientierungen für ihre Welterschließung zu geben und sie gleichzeitig auf das fachliche Lernen in der Sekundarstufe vorzubereiten. Sie erfahren dadurch sinnstiftend, wie fachliches Wissen dazu beitragen kann, ihre Lebenswirklichkeit besser zu verstehen und ein höheres Maß an Handlungsfähigkeit mit Blick auf die Teilnahme am gesellschaftlichen Leben zu erwerben.

Der Sachunterricht in der Grundschule ist das Fach, in dem sowohl naturwissenschaftlich-technische als auch sozial- und kulturwissenschaftliche Kompetenzen grundgelegt werden.

Der Sachunterricht ist als Kernfach in der Grundschule gemeinsam mit den Kernfächern Deutsch, Mathematik und allen weiteren Fächern wesentlich an der Erfüllung des Bildungsauftrages der Grundschule beteiligt. Dieser bezieht sich in erster Linie auf die Befähigung der Schüler/innen zur Gewinnung einer aktiven Position bei der Gestaltung des eigenen Lebens und bei der Mitgestaltung der Gesellschaft. Er verbindet daher vier Grundaufgaben: Identitätsbildung, Alltagsbewältigung, Sicherung der Anschlussfähigkeit der Bildung (im Sinne eines kumulatives Wissenserwerbs ausgehend von der Elementarstufe sowie in den Sachfächern der Sekundarstufe – bzw. der sechsjährigen Grundschule) sowie Partizipation.[3]

Für den Sachunterricht ist die explizite und systematische Auseinandersetzung mit den Schlüsselfragen gegenwärtiger und zukünftiger Entwicklung essentiell. Er behandelt exemplarische Inhalte und Methoden der Natur-, Technik- und Human- und Sozialwissenschaften eingeordnet in disziplinübergreifende Sachverhalte, Problemstellungen und Aufgaben und fördert so vernetztes Denken auf der

3 Im Vordergrund steht dabei die kognitiv-instrumentelle Modellierung der Welt sowie die normativ-evaluative Auseinandersetzung mit Wirtschaft und Gesellschaft, welche durch ästhetisch-expressive Begegnung und Gestaltung sowie Begegnung mit Problemen konstitutiver Rationalität und ihrer Erfassung ergänzt werden (vgl. zu verschiedenen Modi der Weltbegegnung. Baumert, J. (2002): Deutschland im internationalen Bildungsvergleich. In: Killius, N.; Kluge, J.; Reisch, L. (Hrsg.): Die Zukunft der Bildung. Frankfurt a.M., S. 113).

Grundlage fachspezifischen und allgemeinen Wissens sowie kreatives Problemlösen.
Damit dieses angemessen gelingt, muss das Fach Sachunterricht entsprechend seiner Bedeutung für Wissenserwerb und Kompetenzentwicklung in den Stundenplänen der Grundschule angemessen berücksichtigt werden.
(2) Zudem ist sicher zu stellen, dass künftige Lehrkräfte für den Sachunterricht an Grund- und Förderschulen im *Sachunterricht als Studienfach* eine spezifische Ausbildung erhalten. Diese setzt insbesondere die Entwicklung von Kompetenzen voraus im Umgang

- mit naturwissenschaftlich-technischen sowie sozial- und humanwissenschaftlichen Inhalten und Methoden (dies beinhaltet u.a. einen soliden Überblick über die entsprechenden Wissensgebiete),
- mit didaktischen Konzepten zur Durchführung eines anspruchsvollen, wissenschaftsbasierten integrierten Unterrichts, grundlegenden Kenntnissen zur Unterrichtsplanung, Unterrichtsanalyse und Unterrichtsgestaltung im Rahmen begleiteter schulpraktischer Anteile im Studium sowie
- mit wissenschaftlichem Arbeiten, welches die kritische Reflexion eigener Wissensbestände und Sichtweisen von Praxiserfahrungen unter der Perspektive beruflicher Anforderungen ermöglicht.

(3) Angesichts der herausragenden Bedeutung des Sachunterrichts für eine zeitgemäße grundlegende Bildung erfüllen einige aktuelle bildungspolitische Entscheidungen die in der Gesellschaft für Didaktik des Sachunterrichts vereinten Fachleute mit großer Sorge. Während im Anschluss an internationale und nationale Schulleistungsvergleiche einerseits ein bildungspolitisch breiter Konsens über die Notwendigkeit einer frühen Förderung problemorientierten Lernens und anwendungsbezogenen Umgangs mit Wissen besteht, werden andererseits Entscheidungen getroffen, die der Rolle des Sachunterrichts dabei nicht gerecht werden.
So wurde zum Beispiel in Baden-Württemberg, auf die Einführung des Fächerverbundes „Mensch-Natur-Kultur" reagierend, der Sachunterricht als integratives Studienfach abgeschafft. Stattdessen stehen acht Studienfächer zur Auswahl (eines oder zwei davon können gewählt werden), die dem ausdifferenzierten Fächerspektrum der Hauptschule entsprechen. Die Fächer sind aufgefordert, jeweils einen eigenen fachdidaktischen Schwerpunkt „Grundschule" auszuweisen. Zentrale Anliegen des Sachunterrichts gehen dabei verloren. Auf diese Weise wird es weder gelingen, einen grundschuldidaktischen Bezug herzustellen, sowie den Anforderungen des integrativen Lernbereichs „Mensch, Natur und Kultur" gerecht zu werden und Inhalte und Kompetenzen des Sachunterrichts mit denen musisch-ästhetischer Fächer zu verbinden.
In einigen Ländern der Bundesrepublik, wie z.B. Schleswig-Holstein, Sachsen und z.T. in Niedersachsen ist der Sachunterricht nur im Master als Studienfach vertreten. Bedingt durch die Kombinationsregel (bei stufenübergreifenden Studiengän-

gen muss im Schwerpunkt Primarstufe Deutsch und/ oder Mathematik gewählt werden), wird in einigen Ländern Sachunterricht nur als Dritt- oder Viertfach studiert und es erfolgt keine Ausbildung im Praxissemester oder Referendariat (z.B. Berlin, Brandenburg). Bedingt durch die Kombinationsregelungen werden die Gleichwertigkeit der Kernfächer Deutsch, Mathematik, (Fremdsprache) und Sachunterricht in der Grundschule verletzt und die Diskussion um die wachsende Bedeutung von „scientific literacy" übersehen.

Die Ministerpräsidentinnen und die Ministerpräsidenten der Länder, die sich für die Einführung und Durchsetzung von Bildungsstandards für alle Schulstufen eingesetzt haben, fordern wir daher auf, der dazu notwendigen Absicherung des Unterrichtsfaches Sachunterricht in der Schule sowie des Studienfaches und der Wissenschaftsdisziplin Sachunterricht und seiner Didaktik an den Universitäten und Pädagogischen Hochschulen sowie in der Fort- und Weiterbildung angemessen Raum zu geben.

- Wir fordern die Kultusministerinnen und Kultusminister der Länder auf, dafür Sorge zu tragen, dass mehr Zeit (mindestens durchgängig 4 Wochenstunden) für das Fach Sachunterricht in den Stundentafeln der Grundschule vorgesehen wird.
- Wir fordern die Kultusministerinnen und Kultusminister der Länder auf, dass das Schulfach von für den Sachunterricht qualifizierten Lehrkräften unterrichtet wird.
- Wir fordern die für die Lehrerbildung verantwortlichen Ministerinnen und Minister auf, das Fach Sachunterricht als gesondertes Studienfach einzuführen bzw. abzusichern, dass dies in seiner ganzen Breite, also den naturwissenschaftlich-technischen, wie auch den gesellschaftswissenschaftlichen Schwerpunkt umfassend, studiert werden kann.
- Wir bitten die Elternvertretungen, sich für eine zukunftsorientierte Bildung ihrer Kinder einzusetzen und auf einem qualifizierten Sachunterricht zu bestehen.
- Wir fordern die Interessenvertretungen der Lehrerschaft auf, sich für eine qualifizierte wissenschaftsfundierte Lehreraus-, -fort- und Weiterbildung im Sachunterricht einzusetzen.
- Wir bitten die Studierenden, sich ihrer Verantwortung für die Entwicklung von persönlicher und gesellschaftlicher Kompetenz und für einen breiten Wissenserwerb in grundlegenden natur- und sozialwissenschaftlichen Fragen bewusst zu werden und eine entsprechende inhaltliche und hochschuldidaktische Gestaltung des Studiums zu fordern und mitzugestalten.

Die in der GDSU organisierten Wissenschaftlerinnen und Wissenschaftler an Universitäten und Hochschulen realisieren den hohen Anspruch des Perspektivrahmens Sachunterricht durch eine wissenschaftliche und praxisbezogene, polyvalente und zugleich professionsbezogene Lehre. Gleichzeitig werden sie die For-

schungsarbeiten intensivieren, um den Sachunterricht als Wissenschaftsdisziplin auch hinsichtlich der Visibilität in der Wissenschaftslandschaft voranzubringen.
Wir bitten alle bildungspolitisch Engagierten, die Frage einer sozial- und kulturwissenschaftlichen sowie naturwissenschaftlich-technischen Grundbildung in der Grundschule öffentlich zum Thema zu machen. Eine zukunftsfähige Entwicklung beginnt mit einer fachlich fundierten und zugleich an Gestaltungskompetenz orientierten Bildung in der Grundschule. Der Sachunterricht ist der Bereich, der dafür gestärkt werden muss in Schule und Lehrerbildung.
Oldenburg, März 2010

4 Preisträger GDSU

GDSU Preis (ab 2010 Lichtenstein-Rother-Preis)
Bernd Reinhoffer
Marcus Rauterberg
Eva Gläser
Claudia Tenberge
Beate Blaseio
Simone Seitz
Eva Heran-Dörr
Sandra Tänzer
Claudia Schomaker
Iris Baumgardt

Faraday-Preis (seit 2002, gestiftet durch den Fonds der Chemischen Industrie, dem Förderwerk des Verbandes der Chemischen Industrie e. V. (VCI)
Lydia Murmann,
Brunhild Landwehr
Christina Beinbrech
Hilde Köster
Ute Franz
Michael Haider
Eva Blumberg
Kim Lange
Anne Ewerhardy
Annika Ohle

GDSU-Preis für Lehrerinnen und Lehrer an Grundschulen, seit 2009 gestiftet durch den Fonds der Chemischen Industrie, dem Förderwerk des Verbandes der Chemischen Industrie e. V. (VCI)
Mandy Baack, Grundschule Garßen, Zelle
Antje Fries, Grüne Schule Worms
Kollegium Grundschule Gebrüder-Körting-Schule in Hannover-Badenstedt

5 Arbeitsgruppen und Kommissionen

Arbeitsgruppen
Neue Bundesländer bis 1997
Sachunterricht und geschlechtsspezifische Sozialisation bis 1998
Wirtschaft 1998
Sachunterricht und Umweltbildung (1999 zusammen mit der AG Schulgarten)
Philosophieren mit Kindern
Ausbildung im Sachunterricht in der 1. und 2. Phase der Lehrerausbildung bis 2003
Nachwuchsförderung/Forschung
Schulgartenunterricht ab1999
Außenperspektiven auf den Sachunterricht ab 2001
Wissenschaftstheoretische Grundlegung des Sachunterrichts bis 2001
Frühe Bildung ab 2006
Neue Medien 2009

Kommissionen
Perspektivrahmen (1999-2001)
Weiterentwicklung des PR (2008-2013)
Kommission „Didaktische Forschung“ (Natur/ Gesellschaft) (2008)
Qualifikationsanforderungen an den wissenschaftlichen Nachwuchs
Kommission Lehrerbildung Sachunterricht (ab 2013)

3. Kapitel: Der Perspektivrahmen Sachunterricht

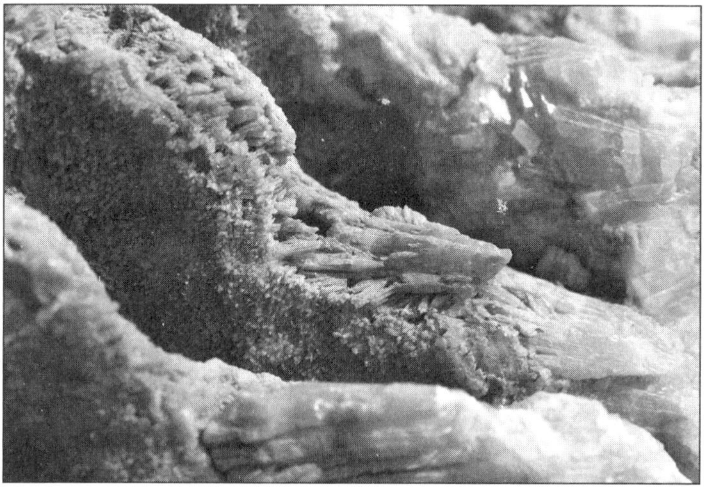

Helmut Schreier

Hintergründe und Zielsetzungen des Perspektivrahmens Sachunterricht[1]

1 Wie es Ende der neunziger Jahre zur Idee kam, einen „Perspektivrahmen" zu entwickeln

Der Stellenwert des Sachunterrichts in Begriffen von Zeitanteilen auf der Stundentafel und Ausbildungsanteilen innerhalb der Lehramtsstudiengänge war in den neunziger Jahren gesunken – eine Abwertung, die in den einzelnen Bundesländern auf unterschiedliche Weise zum Ausdruck kam, zum Beispiel schaffte das baden-württembergische Kultusministerium die Ausbildungsgänge zum Sachunterrichtslehrer an den Pädagogischen Hochschulen des Landes ab, das Sport- und Bildungsministerium im Land Brandenburg kombinierte den Sachunterricht auf der Stundentafel mit anderen Fächern so, dass der Besuch der sechsjährigen Grundschule ohne Sachunterricht möglich wurde, das Ministerium für Bildung in Nordrhein-Westfalen kürzte die Anteile des Sachunterrichts zugunsten des neu eingeführten Englischunterrichts. Mitglieder der GDSU klagten darüber, dass der Sachunterricht in der Praxis des Geschehens der Verkehrserziehung oder Varianten der so genannten Bindestrich-Pädagogik gewidmet wurde.
Die Korrespondenz mit den zuständigen Ministerien zeigte eine vorsichtige Gesprächsbereitschaft – meine Schreiben wurden meist beantwortet, aber an den Beschlüssen änderte sich wenig. Möglicherweise, so spekulierten wir in vielen Gesprächen unter uns, genügt die Strategie des Klagens nicht, weil unsere Forderungen den Entscheidungsträgern in den Ministerien nur auf einen vermeintlichen Besitzstand bezogen erschienen, der durch eine kurze und vergleichsweise schwache Tradition kaum gerechtfertigt war. Die Heimatkunde war in den Ländern der alten Bundesrepublik ja erst im Jahre 1970 von einer amtlich verordneten Wende zum Sachunterricht abgelöst worden, – eine bildungspolitische Entscheidung, die vielen im Zuge der Bildungsreform und der damit verbundenen Euphorie ein

1 Dieser Beitrag ist unter dem Titel „Forum 20 Jahre GDSU: Der Perspektivrahmen Sachunterricht" erstmalig in dem Band „Der Sachunterricht und seine Didaktik. Bestände prüfen und Perspektiven entwickeln", hrsg. v. Fischer, H.-J./ Giest, H./ Pech, D., im Klinkhardt Verlag, Bad Heilbrunn erschienen.

wenig vorschnell getroffen erschien. Die Länder Bayern und Schleswig-Holstein waren mit der Bezeichnung des Faches halb zur Heimatkunde zurück gekehrt, und die neuen Bundesländer hatten den Sachunterricht Anfang der neunziger Jahre als Teil des Pakets von Neuerungen übernommen, das die Wiedervereinigung gebracht hatte, ohne den Aneignungsprozess, der im Westen von teilweise heftigen Auseinandersetzungen begleitet worden war.

Später – Anfang des Jahres 2000 – einigten wir uns in der Kommission, die inzwischen innerhalb der GDSU ihre Arbeit aufgenommen hatte, auf die Formel von der fehlenden Grenzstärke des Sachunterrichts: Das Profil unseres Faches erscheint als derart vage, dass es leicht ist, alle möglichen aktuellen pädagogischen Konzepte anzudocken – leichter als beim Sprach-, Mathematik-, Sport- und Musikunterricht und was es sonst noch an Fachbezügen mit einigermaßen klar umrissenen Bildungsaufträgen in der Grundschule gibt. Die Diagnose führte zu Überlegungen für eine Therapie, und zugleich empfanden wir eine Art Verpflichtung, die in folgender Frage formuliert werden konnte:

Hatten wir als Gesellschaft für Didaktik des Sachunterrichts nicht die Aufgabe, das Profil des Sachunterrichts so darzustellen, dass es allen auf plausible Weise als klar umrissener Bildungsauftrag erschien, die mit dem Fach zu tun hatten: den Eltern und Lehrerinnen und den Sachunterrichtsverantwortlichen in den Ministerien?

Die Aufgabe erschien uns damals unausweichlich, als wichtigstes Mittel, um dem Verfall des Faches entgegenzuwirken. Und wer anders sollte sich ihr unterziehen als wir von der GDSU selber? Die Länder verfolgten jeweils eigene, voneinander weit abweichende Konzepte, ihre Kulturhoheit erschien unter unserer die Bundesrepublik Deutschland mit ihren 16 Kleinstaaten und einige Nachbarländer umfassenden Perspektive eher als Hemmschuh denn als Hilfe für diese Bestimmung. Das IPN in Kiel, das uns von Anfang an mit Wohlwollen und Tatkraft unterstützt hatte, war den naturwissenschaftlichen Aspekten verpflichtet und konnte wenig zu einem Plan beitragen, der Konzeption und Stellenwert der sozialen Fächer einschließen musste. Die Verlage für pädagogische Zeitschriften, auf deren Redaktions- und Beiratssitzungen sich Vertreter des Sachunterrichts aus verschiedenen Bundesländern gelegentlich trafen, verfolgten eigene, eher sporadische Interessen.

Im Lauf des Jahres 1998 traten die Umrisse unserer Aufgabe immer deutlicher hervor, die Bezeichnung „Perspektivrahmen" hatte Uwe Hameyer damals bei einem Gespräch in Kiel ins Spiel gebracht; das Wort gab die Richtung der Arbeit vor, vermied aber, was allzu sehr nach Fixierung und Verbindlichkeit aussah. Wir konnten und wollten in die Lehrplanbestimmung der Ministerien nicht direkt eingreifen, aber einen Rahmen geben, an dem sich diese Bestimmung so orientieren konnte, dass der Sachunterricht in den Freistaaten und Bundesländern Deutschlands ein möglichst vergleichbares Profil erhielt.

Der Perspektivrahmen war von Anfang an konzipiert als bildungspolitisches Instrument.
Es ist nicht überflüssig, die ursprünglich instrumentelle Funktion unseres Entwurfs zu betonen, weil zumal im akademischen Raum die Suche nach einer Art Weltformel des Sachunterrichts nach wie vor als Krönung theoriebezogenen Forschens gilt. Der Perspektivrahmen beanspruchte im Jahre 2000 keineswegs, das ultimative Produkt solchen Theoretisierens zu sein; er sollte einzig als Instrument dienen, um die Mängel der Grenzstärke des Sachunterrichts zu beseitigen in der bildungspolitischen Absicht, die Position des Faches in Curriculum und Stundentafel der Bundesländer zu stärken.

2 Wie der Perspektivrahmen zu seiner Gestalt kam und im September 2000 den Vertretern der Bildungsbehörden vorgestellt wurde

Die Hoffnung, durch eine breit angelegte Fragebogenaktion unter den Mitgliedern der GDSU ein Muster zu finden, das als Strukturgrundlage für ein Konzept des Sachunterrichts dienen könnte – sei es als Konsens, der bestimmte Eckpunkte bezeichnet, sei es als Figur eines ausgeglichenen Zusammenhangs, sei es als angedeutete Ökologie des Ganzen und seiner Teile – diese Hoffnung erfüllte sich nicht.
Darauf hin wurde vom Vorstand eine Kommission gebildet mit kooptierten Mitgliedern in der Hoffnung, durch Austausch und Gespräch in diesem kleineren Zirkel einen brauchbaren Ansatz zu finden. Im Jahr 2000, bei einer Nachtsitzung im winterlichen München, die zuerst dem Austausch von neuen Erfahrungen mit den Kultusbürokratien der Länder gewidmet war, was in meiner Erinnerung eine depressive Stimmung hinterließ, kreiste die Debatte um das, was als „harter Kern" unseres Faches bezeichnet werden könnte. Bei der Suche nach einer Antwort brachte Kornelia Möller die Wendung vom „Wissensbestand der Wissenschaften" ins Spiel, was allen einleuchtete. Wir bestimmten die fünf Fachbezüge, die der Perspektivrahmen umfasst, entwarfen noch in der gleichen Nacht die Grundmuster der einzelnen Fachbezüge und bestimmten dann die für die Ausformulierung dieser Bezüge Zuständigen.
Die folgenden Monate waren besonders arbeitsreich, die Entwürfe der Arbeitsgruppen wurden im dauernden Austausch optimiert, und es gab auch Sondersitzungen, um die Vorstellung des Perspektivrahmens vor der kultusministeriellen Öffentlichkeit der Länder so gut als möglich vorzubereiten, die im September in der Evangelischen Akademie Tutzing stattfinden sollte.

Von den eingeladenen Vertretern der Senats- und Ministeriumsabteilungen der 16 Länder kamen fünfzehn nach Tutzing. Wir stellten ihnen unser Pentagramm (die fünf fachbezogenen Eckpunkte des Perspektivrahmens) Punkt für Punkt vor und trafen auf ein überraschend hohes Maß an Zustimmung.
Tatsächlich ist das Grundmuster des Perspektivrahmens – die Orientierung an einer Reihe von fünf Fachbezügen – seither in die Lehrpläne der meisten Länder der Bundesrepublik mehr oder weniger weit aufgenommen worden, am weitestgehenden in den Lehrplan des Landes Niedersachsen, dessen „Kerncurriculum Sachunterricht" mit dem Perspektivrahmen weitgehend identisch ist.
Auswirkungen zeigen sich auch in der Lehreraus- und -fortbildung; dies ist an der weiten Verbreitung (viele Auflagen) der Druckversion des Perspektivrahmens ablesbar, die freundlicher Weise von Andreas Klinkhardt zum Selbstkostenpreis übernommen worden ist (der Vertrieb und Verkauf ist Sache der GDSU, was die durch die Tutzing-Konferenz geplünderte Vereinskasse wieder füllen half). Auch Zeitschriften zum Sachunterricht („Weltwissen" ist ein Beleg) richten sich nach dem Muster, das im Jahre 2000 zum ersten Mal vorgestellt wurde.

3 Wie ich den Perpektivrahmen-Impuls einschätze

Die Wirkung ist noch da, aber sie wird schwächer. Der Vorstand unserer Fachgesellschaft hat in Kooperation mit der zuständigen Kommission 2013 eine neue Variante des Perspektivrahmens vorgestellt. Ich möchte allerdings bezweifeln, dass der Trick, den wir im Jahr 2000 erfolgreich anwandten, noch einmal funktionieren wird. Es geht nämlich nicht darum, einen Entwurf vorzulegen, der gewissermaßen derart perfekt (aktuell, umsichtig, durchdacht, „wasserdicht" usw.) ist, dass keiner dieses Angebot wird ablehnen können, sondern um einen Gesprächszusammenhang in politischer Absicht.
Die Erfahrung des Zusammenwirkens mit den Vertretern der Ministerien hat vor allem einen Bedarf ans Licht gebracht, der sich aus der Struktur des Bildungswesens in Deutschland ergibt: Die Notwendigkeit eines Forums, das dem Austausch der Vertreter der einzelnen Länder untereinander und mit maßgeblichen Vertretern des Faches Sachunterricht dient.
Wir haben in Tutzing die Tür zu dieser Möglichkeit geöffnet und vielleicht Hoffnungen hervorgerufen, die sich nicht erfüllt haben: die Hoffnung auf einen Gesprächszusammenhang, der die Isolation der Entscheidungsträger überwindet. Dass es die Einrichtung eines regelmäßig stattfindenden Forums nicht gibt in einem Land, dessen Bildungspolitik im kleinstaatlichen Kantönligeist untergeht, bezeichnet einen zum Himmel schreienden Mangel. Ich kann nicht verstehen, weshalb dieses Desiderat, dieser Bedarf, dieses Bedürfnis, dieses Erfordernis nicht

zur Einrichtung eines Gremiums geführt hat oder eines Forums oder was es sonst noch an Instrumenten gibt, um die Ministeriumsvertreter der Ländern miteinander und mit den Experten der Didaktik des Sachunterrichts in den Austausch zu bringen, der notwendig ist, um ein Mindestmass an Ähnlichkeit der amtlichen Vorgaben zu erreichen, denen der Sachunterricht in Deutschland folgt. Hans-Joachim Fischer erwähnt in seinem Rechenschaftsbericht 2012 ein Treffen mit den Ministerialvertretern der Länder im November 2011, dessen Erfolg ich als Beleg für das anhaltende Interesse dieser wichtigen Klientel an einer planvoll ausgebauten Zusammenarbeit werten möchte. Ein lobenswerter erster Schritt (nach elf Jahren Pause) in Richtung Bildungspolitik, die systematisch verfolgt werden muss. Hätte man ein bildungspolitisches Forum, so hätte man Klarheit über die anstehenden Herausforderungen und man hätte Einwirkungsmöglichkeit auf bildungspolitische Entscheidungen. Das Gespräch ist ein machtvolles Instrument. Und wer anders sollte ein solches Forum organisieren als die Fachgesellschaft, die den Fortbestand und die Fortentwicklung des Sachunterrichts zu ihrem Daseinszweck erklärt?

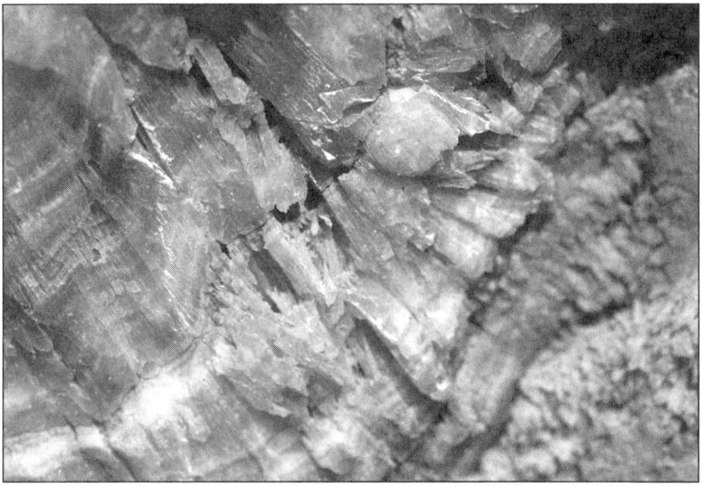

Hartmut Giest

Der Perspektivrahmen 2002 und seine Rezeption in Lehrplänen und Schulen

1 Darstellung und Analyse

Wirft man einen Blick in die letzte Lehrplangeneration in den Bundesländern, zeigt sich vermehrt ein deutlicher Trend zum Sachunterricht in der Bezeichnung, aber auch in der inhaltlichen Anlage des Schulfaches (Efler-Mikat 2009, siehe auch Blaseio o.J.). Fand man beispielsweise vor der Jahrtausendwende die Bezeichnung *Sachunterricht* in neun Bundesländern, in zweien gekoppelt mit Heimat- und Sachunterricht, so findet man diese Bezeichnung gegenwärtig in zwölf bzw. vierzehn Bundesländern. Dies werte ich als Ausdruck des Wirkens der GDSU und insbesondere als Wirkung des Perspektivrahmens der GDSU (GDSU 2002), der offenbar, wie sich zeigen wird, der aktuellen Lehrplanentwicklung zu Grunde gelegt wurde.

Nach 1969 wurde die alte Heimatkunde durch einen fachlich orientierten Sachunterricht ersetzt. Dies war auch begründet durch entwicklungspsychologische und lerntheoretische Annahmen (vor allem solchen von der pädagogischen Förderbarkeit der Lern- und Denkentwicklung des Kindes – einem Aspekt, der zwischenzeitlich wieder etwas in Vergessenheit geriet und nun im Zuge der Kompetenzorientierung des Unterrichts wieder verstärkt aufgegriffen wird (vgl. Lauterbach 1992, Einsiedler 2009). Ferner wurden die Bedeutung fachlichen Wissens und fachtypischer Methoden („Wissenschaftsorientierung“) für die kindliche Welterschließung betont. Sicher gab es in der Folgezeit Vorschläge, die „Wissenschaftsorientierung“ im Sinne eines Unterrichts, der in die entsprechenden Fachwissenschaften einführen sollte (Fachpropädeutik), übertrieben. Anzumerken bleibt, dass die breite Unterrichtspraxis davon weitgehend nicht betroffen war (vgl. Lauterbach 2001). Dies führte dann zu einer Gegenbewegung, die in gewisser Weise einer Renaissance der ganzheitlich orientierten Heimatkunde und letztlich in den 80er Jahren einer „Trivialisierung des Sachunterrichts“ (Schreier 1989, siehe auch Blaseio 2004) Vorschub leistete.

Inzwischen besteht Konsens darüber, dass Welterschließung auf solidem Sach- und auch Fachwissen beruht. Trotz einer deutlich sichtbaren Hinwendung zum Sachunterricht ist die mitunter sehr kontrovers geführte Diskussion zur Konzeption und zum Selbstverständnis des Sachunterrichts (und das betrifft alle drei Aspekte: Schulfach, Studienfach, wissenschaftliche Disziplin) keineswegs abgeebbt (Pech/ Rauterberg 2008, Einsiedler 2009).

Es scheint so, dass seit dem Grundschulkongress der Diskurs um das Grundverständnis des Sachunterrichts, seine Ziele und Aufgaben im Spannungsfeld zwischen emanzipatorisch-demokratischer bzw. funktional-technokratischer Ausrichtung, zwischen Kind und Sache, Leben und Schule eine ständig neue Auflage erfährt.

Zentrale Diskussionspunkte sind dabei Fragen nach

- der *Eigenständigkeit des Sachunterrichts* als Kernfach grundlegender Bildung (aber auch als Studienfach und wissenschaftliche Disziplin) und seiner Stellung zu den Bezugsdiskursen (Didaktiken, Fachwissenschaften ...),
- dem *Anschluss an die Bildungsarbeit* im Elementarbereich sowie an die Unterrichtsfächer der weiterführenden Schulen bzw. ab Klasse 5 und 6, wobei ein neu zu diskutierender Aspekt die Frage nach den Kompetenzmodellen und Bildungsstandards ist (vgl. Giest/ Hartinger/ Kahlert 2008) und
- der *Integration übergreifender Bildungsaufgaben*, die weder disziplinär noch institutionell gebunden sind (Medien, Interkulturalität, Gesundheit ...).

Analysiert man die Lehrpläne danach, ob sich in ihnen

a) explizite Verweise auf den Perspektivrahmen der GDSU finden,
b) die 5 Perspektiven und ggf. weitere sich in inhaltlichen Schwerpunkten/ Lernfeldern/ Themenbereichen wiederfinden lassen bzw.
c) ob konkrete inhaltlich Bezüge zu den Perspektiven des Sachunterrichts und den im Perspektivrahmen aufgenommenen Inhalten aufzufinden sind,

so ergibt sich folgendes Bild (vgl. Tabelle 1).

Tabelle 1: Bewertung der Orientierungswirkung des Perspektivrahmens auf die in den Ländern entwickelten Lehrpläne

Bundesland/ Lehrplan	**Expliziter Bezug zum Perspektivrahmen (PR)**	**Impliziter Bezug zu den inhaltlichen Schwerpunkten**	**Kompetenzorientierung/ Bildungsstandards**	**Bezeichnung**
Baden-Württemberg (2004)	Nein; aber Erwähnung der 5 Perspektiven (S. 96) mit Hinweis „durch ästhetische Zugangsweise erweitert“.	In den „Bereichen der Lebenswirklichkeit“ – Menschliches Leben, – Kulturphänomene und Umwelt und – Naturphänomene und Technik lassen sich alle Perspektiven des PR wiederfinden; diese werden mit musisch-ästhetischen und sprachlichen Aneignungsformen und Kompetenzen verbunden.	Kompetenzbeschreibungen sind explizit aufgenommen worden, Inhalte sind diesen nachgeordnet.	Fächerverbund Mensch, Natur und Kultur
Bayern (2000)	Nein, eine Orientierungswirkung des Perspektivrahmens ist jedoch erkennbar.	Es werden in Jahrgangsstufe 1/2 sieben, in Jahrgangsstufe 3/4 acht Lernfelder ausgewiesen, bei denen zumindest indirekt Bezüge zu den Perspektiven herzustellen sind: – Körper und Gesundheit – Individuum und Gemeinschaft – Zeit und Geschichte – Heimat und Welt – Arbeit und Freizeit – Natur und Technik – Tiere und Pflanzen Diese werden mit Themenfeldern gekreuzt, sodass ein Gitternetz entsteht, bei dem Themenfelder Bezüge zu mehreren Lernfeldern aufweisen und umgekehrt. – Unser eigenesThema – Ich und meine Erfahrungen – Wünsche und Bedürfnisse – Zusammenleben – Leben mit der Natur – Orientierung in Zeit und Raum – Erkunden der Umwelt – Rad fahren (ab Klasse 3/4)	Keine konsequente Kompetenzorientierung, kein zugrunde liegendes Kompetenzmodell erkennbar.	Heimat- und Sachunterricht

Berlin (2004)	Kein expliziter Bezug, aber Erwähnung der fünf Perspektiven (S. 22) wobei auffällt, dass der Bezug zu den beiden zusätzlich aufgenommenen Perspektiven nicht erläutert wird, dafür Betonung der Vernetzung als Erklärung für sieben Themenfelder (fünf Perspektiven werden als Fachbezüge interpretiert).	Die fünf Perspektiven des PR sind erkennbar, sie erscheinen als Themenfelder: – Sich selbst wahrnehmen – Zusammen leben – Naturphänomene erschließen – Räume entdecken – Zeit und Geschichte verstehen – Technik begreifen – Medien nutzen	Explizit werden Bildungsstandards ausgewiesen und mit Bezug zu den Perspektiven beschrieben; die Beschreibungen erfolgen ohne Bezug zu einem erkennbaren Kompetenzmodell (z.B. keine explizite Unterscheidung deklarativen und prozeduralen Wissens).	Sachunterricht
Branden-burg (2004)	Siehe Berlin	Siehe Berlin	Siehe Berlin	Sachunterricht
Bremen (2007)	Kein expliziter Bezug, aber Nennung der fünf Perspektiven (S. 4f.), eine Orientierung am Perspektivrahmen ist klar erkennbar.	Es werden acht Lernfelder ausgewiesen, wobei die fünf Perspektiven des Perspektivrahmens erkennbar als Grundlage genutzt werden, auch wird erwähnt, in welchen Lernfeldern sie als Schwerpunkt behandelt werden. Insgesamt werden Bezüge zu mehreren Perspektiven in den Lernfeldern sichtbar: – Gesellschaft und Individuum – Entwicklung und Persönlichkeit – Region, Raum und Mobilität – Europa und Welt – Zeit, Veränderung und Geschichte – Natur – Technik und Medien – Arbeit, Wirtschaft und Konsum	Bildungsstandards werden explizit ausgewiesen, es werden prozessbezogene und inhaltsbezogene Anforderungen beschrieben, wobei die inhaltsbezogenen Anforderungen einen konkreten Bezug zu den 8 Lernfeldern aufweisen.	Sachunterricht

Hamburg (2011)	Es wird kein expliziter Bezug zum PR hergestellt, aber die fünf Perspektiven werden benannt (S. 12); eine Orientierung am Perspektivrahmen ist klar erkennbar.	Es werden Kompetenzbereiche (Orientierung in unserer Welt, Erkenntnisgewinnung und Urteilsbildung) mit den fünf Perspektiven des Perspektivrahmens verbunden, wobei auch perspektivenübergreifende Kompetenzen ausgewiesen werden: – Leben in Gemeinschaften/ Zusammenleben gestalten/ Zusammenleben beurteilen – Zeit und Geschichte/ Zeit und Geschichte erschließen/ Über Zeit und Geschichte nachdenken – Räume/ Räume erkunden/ Sich mit der Gestaltung von Räumen auseinandersetzen – Naturphänomene/ Naturphänomene untersuchen/ Mit der Natur verantwortlich umgehen – Technik/ Technik begreifen/ Technik bewerten	Die Formulierung erfolgt explizit kompetenzorientiert, wobei im Sachunterricht besonders auf die Methodenkompetenz fokussiert wird.	Sachunterricht
Hessen (1995)	Hier ist eine Analyse nicht sinnvoll, da der PR erst 2002 vorlag.			Sachunterricht
Mecklen-burg-Vorpom-mern (2004)	Siehe Berlin	Siehe Berlin	Siehe Berlin	Sachunterricht

Nieder-sachsen (2006)	Zwar findet sich kein expliziter Bezug auf den PR, aber es werden die fünf Perspektiven klar benannt. Sie bilden Gliederungs-punkte im sog. Kerncurriculum. Die Orientie-rungswirkung des PR ist gut erkennbar.	– Zeit und Geschichte – Gesellschaft und Politik – Raum – Natur – Technik	Es werden fachliche Perspektiven (eben die fünf Perspektiven) und Methoden und Verfahren (Erkenntnisgewinn, Kommunikation, Urteilen und Handeln, Lernstrategien) gliederungsmäßig ausgewiesen und erwartete Kompetenzen darauf bezogen klar beschrieben. Diese werden in Teilkompetenzen (Kenntnisse und Fertigkeiten) präzisiert und es werden mögliche Aufgaben zur Überprüfung angegeben.	Sachunterricht
Nord-rhein-West-falen (2008)	Zwar findet sich kein expliziter Bezug auf den PR, aber es werden die fünf Perspektiven klar benannt. Die Orientierungs-wirkung des PR ist erkennbar.	– Natur und Leben – Technik und Arbeitswelt – Raum, Umwelt und Mobilität – Mensch und Gemeinschaft – Zeit und Kultur Zwar lassen sich deutliche Bezüge zu den Perspektiven erkennen, jedoch sind diese nicht trennscharf, sodass den fünf Lernbereichen jeweils mehrere Perspektiven zugeordnet werden können.	Kompetenzerwartun-gen werden mit Blick auf das Ende der Schuleingangsphase und das Ende der Klassenstufe 4 vor allem hinsichtlich der Aspekte Sach- und Methodenkompetenz formuliert.	Sachunterricht

Rheinland-Pfalz (2006)	Nein, aber Nennung der fünf Perspektiven des PR (Natur, Gesellschaft, Technik, Raum, Zeit), die Orientierung am PR ist gut erkennbar.	Es werden fünf Erfahrungsbereiche und Perspektiven ausgewiesen, die sich am Perspektivrahmen orientieren: – Natur (Erfahrungsbereich „natürliche Phänomene und Gegebenheiten" – Perspektive Natur) – Gesellschaft (Erfahrungsbereich „Ich und andere" – Perspektive Gesellschaft) – Technik (Erfahrungsbereich „bebaute und gestaltete Umwelt" – Perspektive Technik) – Raum (Erfahrungsbereich „Umgebungen erkunden und gestalten" – Perspektive Raum) – Zeit (Erfahrungsbereich „Vergangenheit, Gegenwart, Zukunft" – Perspektive Zeit) Inhaltlich finden sich etliche Bezüge zum Perspektivrahmen.	Kompetenzformulierungen sind auf einer eher abstrakten Ebene vorhanden, werden aber nicht konkret inhaltlich ausformuliert, es finden sich auch keine konkreten Angaben für die zu erreichenden Leistungsstandards bezogen auf Jahrgangsstufen.	Sachunterricht
Saarland (2010)	Ja, sowohl GDSU als auch PR werden genannt (S. 4, PR wird auch zitiert), die Orientierungswirkung des PR ist gut erkennbar.	Vier Themenkomplexe: – Mensch, Tier, Pflanze – Unbelebte Natur, Technik – Raum und Zeit – Individuum, Gruppe und Gesellschaft Die Themenkomplexe sind noch einmal in Themenfelder unterteilt; innerhalb eines Themenkomplexes werden zuerst die verbindlichen Kompetenzerwartungen für jedes Themenfeld und dann die verbindlichen Inhalte zusammen mit Umsetzungsvorschlägen (ebenfalls für jedes Themenfeld) aufgelistet; zusätzlich findet sich am Ende jedes Themenkomplexes eine „Vorgabe zum Erwerb von Methodenkompetenz".	Es findet sich eine klare Orientierung auf Kompetenzen, auch bezogen auf Klassenstufen 1/2 und 3/4, in acht Aspekten erfolgt die Formulierung verbindlicher Kompetenzerwartungen; es werden vier Kompetenzen explizit angesprochen (Sach-, Sozial-, Personal-, Methodenkompetenz).	Sachunterricht

Sachsen (2004, Überarbeitung 2009)	Kein expliziter Bezug, der Lehrplan ist in Lernbereiche gegliedert, in diesen lassen sich inhaltlich 4 der 5 Perspektiven des PR wiederfinden (Technik fehlt), in Sachsen gibt es aber das Grundschulfach Werken, in dem auf diese Perspektive Bezug genommen wird; die Orientierungswirkung des PR ist erkennbar.	Es werden Perspektiven – Raum und Zeit – Sprache und Denken – Individualität und Sozialität – Natur und Kultur und thematische Bereiche ausgewiesen: – Verkehr – Arbeit – Medien – Beruf – Kommunikation – Gesundheit – Kunst – Umwelt – Verhältnis der Generationen – Wirtschaft – Gerechtigkeit – Technik – Eine Welt Die Themenfindung soll dann durch Einordnung in die thematischen Bereiche und Perspektiven erfolgen oder umgekehrt, ausgehend von thematischen Bereichen oder Perspektiven werden Themen abgeleitet, wobei im Schuljahr mindestens zwei Wochen fächerverbindend gelernt werden soll. Gegliedert ist der Lehrplan in Lernbereiche, die den Bezug zu den Fächern der Sekundarstufe deutlich werden lassen sollen: – Zusammen leben und lernen – Mein Körper und meine Gesundheit – Begegnungen mit Pflanzen und Tieren – Begegnung mit Phänomenen der unbelebten Natur – Begegnung mit Raum und Zeit Ferner gibt es Wahlpflichtbereiche.	Für die jeweiligen Klassenstufen werden Ziele (in Form von Kompetenzen) formuliert. Die Teilkompetenzen sind immer vier großen Kompetenzfeldern zugeordnet: – Entwickeln der Fähigkeit, sich in der sozial und kulturell gestalteten Umwelt zurechtzufinden und diese mitzugestalten – Entwickeln der Fähigkeit, sich mit Erscheinungen der Natur auseinander zu setzten – Entwickeln der Fähigkeit, sich in Raum und Zeit zu orientieren – Entwickeln sprachlicher Fähigkeiten und fachspezifischer Verfahrensweisen zur Erschließung und Darstellung von Sachverhalten (hier v.a. Methodenkompetenzen)	Sachunterricht

Sachsen-Anhalt (2007)	Kein expliziter Bezug; es gibt innerhalb der inhaltsbezogenen Kompetenzen fünf Bereiche, vier davon entsprechen Perspektiven des PR (Technik fehlt); die technische Perspektive findet z.T. im Fach Gestalten Berücksichtigung, bei dem ästhetisches und technisches Gestalten zusammengeführt werden, eine Orientierungswirkung des PR ist erkennbar.	Ausgewiesen werden: – Sozial- und kulturwissenschaftlicher Bereich – Raumbezogener Bereich – Verkehrsbezogener Bereich – Naturwissenschaftlicher Bereich – Historischer Bereich	Es werden prozessbezogene (Erkunden, Kommunizieren und Argumentieren, Präsentieren) und inhaltsbezogene Kompetenzen unterschieden, diese finden sich in fünf Bereichen, die Bezüge zu den Perspektiven des Perspektivrahmens aufweisen. Die Perspektiven sind unterschiedlich klar ausgewiesen: Raum und Zeit sind zwar erkennbar, nicht aber vergleichbar klar ausgewiesen wie Natur und Gesellschaft.	Sachunterricht
Schleswig-Holstein (1997)	Hier ist eine Analyse nicht sinnvoll, da der PR erst 2002 vorlag.			Heimat-, Welt- und Sachunterricht
Thüringen (2010)	Nein, explizite Bezüge zum PR sind relativ wenig erkennbar, eine Orientierungswirkung des PR kann unterstellt, aber nicht explizit nachgewiesen werden.	Es werden Lernbereiche ausgewiesen, bei denen man Bezüge zum Perspektivrahmen herstellen kann, es wird aber nicht erkennbar, ob dies intentional bei den Lehrplanautoren der Fall war: – Lebewesen und Lebensräume – Natur und Technik – Raum und Zeit – Individuum und Gesellschaft	Klar ist eine Kompetenzorientierung erkennbar, Denk-, Arbeits- und Handlungsweisen werden perspektivübergreifend als Lern- bzw. Methodenkompetenzen ausgewiesen, fachspezifische Kompetenzen werden mit Blick auf die genannten Perspektiven auf Welt relativ konkret für das Ende der Schuleingangsphase und die Klassenstufe 4 formuliert. Dabei werden die Perspektiven nach inhaltlichen Schwerpunkten bezogen auf Sach-, Methoden-, Selbst- und Sozialkompetenz beschrieben.	Heimat- und Sachkunde

2 Resümee

In nahezu allen in den einzelnen Bundesländern nach dem Erscheinen des Perspektivrahmens Sachunterricht entwickelten Lehrplänen sind Bezüge zum Perspektivrahmen zu erkennen. In gewisser Weise zeigt sich hier die Wirkung der bei seiner Entwicklung angewandten Strategie, die Vertreter der verantwortlichen Ministerien einzubinden, um mit ihnen gemeinsam den Perspektivrahmen zu beraten und weitgehende Möglichkeiten der Mitwirkung zu schaffen (vgl. auch den folgenden Beitrag). Analog wurden auch Fachvertreter in die Entwicklungsarbeiten einbezogen, sodass der Perspektivrahmen insgesamt einen hohen und deutlich genutzten Orientierungswert für die curriculare Entwicklungsarbeit in den Ländern besitzt. Es kann eingeschätzt werden, dass die Vergleichbarkeit der im Sachunterricht in den verschiedenen Ländern zu behandelnden Inhalte und ihres Anspruchs an die Behandlung deutlich zugenommen hat – und dies ungeachtet der Tatsache, dass die erzieherische Konzeption des Unterrichts (Stichwort „Heimatbezug“) z.T. unterschiedlich ist. Auch das Interesse in den einzelnen Schulen, Aus-, Weiter- und Fortbildungsstandorten war (und ist) überaus groß, können wir doch davon ausgehen, dass seit dem Erscheinen des Perspektivrahmens jährlich ca. 1.500 Exemplare, das sind insgesamt weit über 10.000 Exemplare, durch die GDSU ausgeliefert wurden.

Ungeachtet dieser überaus positiven Bilanz muss auf eine Reihe von Problemstellen hingewiesen werden. Diese Problemstellen waren deutlich auch bei der Weiterentwicklung des Perspektivrahmens (siehe nächstes Kapitel) festzustellen.

Nach wie vor stellt der Umgang mit dem Heimatbegriff ein Problem dar. In den Lehrplänen einiger Länder finden sich explizite Bezüge zum Heimatbegriff (Baden-Württemberg, Bayern, Saarland, Sachsen, Thüringen, in Schleswig-Holstein wird der Terminus benutzt, aber nicht inhaltlich konkretisiert), in anderen überhaupt nicht (Berlin, Brandenburg, Mecklenburg-Vorpommern, Bremen, Hamburg, Hessen, Niedersachsen, Nordrhein-Westfalen, Rheinland-Pfalz, Sachsen-Anhalt).

Obwohl fachliche Perspektiven in eigentlich allen Lehrplänen ausgewiesen sind, besteht ein gewisses Problem darin, das Spannungsverhältnis zwischen der in einer Perspektive entfalteten Abstraktionsrichtung (Beachtung der Domänenspezifik, Trennschärfe der Perspektiven) und dem überfachlichen Anspruch des Sachunterrichts curricular auszugestalten. Teilweise werden Gitternetzkonstruktionen herangezogen, um auf Vielperspektivität zu orientieren und gleichzeitig fachliche Perspektiven zu beachten. Schließlich fällt auf, dass die Beschränkung auf fünf Perspektiven offenbar zu Schwierigkeiten führt, weil wichtige Aspekte, die quer zu fachlichen Perspektiven liegen (z.B. Gesundheit, Medien, Mobilität, Wirtschaft – Konsum) nicht genügend Beachtung finden. An diesem Problem wurde im weiterentwickelten Perspektivrahmen besonders gearbeitet. Auch die Benennung der

Perspektiven bereitet den Ländern Probleme, wie auch die Kommission „Weiterentwicklung des Perspektivrahmens“ erfahren musste. In der Tat pendeln die Bezeichnungen zwischen dem Gegenstand (z.B. Natur, Gesellschaft, Ort usf.) und der darauf bezogenen Wissenschaft (naturwissenschaftliche, gesellschafts-, raum- und zeitwissenschaftliche Perspektive). Schließlich bereitet auch das Festlegen von zu erreichenden Kompetenzniveaus Probleme, denn einige Lehrpläne weisen Niveaustufen für den Abschluss der Schuleingangsphase und der Klassenstufe 4 aus, andere übergehen diesen Aspekt.

Literatur

Blaseio, B. (2004): Entwicklungstendenzen der Inhalte des Sachunterrichts: eine Analyse von Lehrwerken von 1970 bis 2000. Bad Heilbrunn (Klinkhardt Forschung).

Blaseio, B. (o.J.): Lehr- und Bildungspläne für sachbezogenes Lernen in Kindergarten und Grundschule. URL: http://www.blaseio.de/beate/sulehr.htm [28.12.2009].

Efler-Mikat, D. (2009): Synopse der Lehrpläne der deutschen Bundesländer für das Fach Sachunterricht (1992-2009). IPN. Kiel. URL: http://www.pedocs.de/volltexte/2009/807/ pdf/ Vorbemerkungen_color.pdf [28.12.09].

Einsiedler, W. (2009): Neuere Ergebnisse der entwicklungs- und der kognitionspsychologischen Forschung als Grundlage der Didaktik des Sachunterrichts. In: Zeitschrift für Grundschulforschung, 2, 1, S. 61-79.

GDSU (2002): Perspektivrahmen Sachunterricht. Bad Heilbrunn.

Giest, H.; Hartinger, A.; Kahlert, J. (Hrsg.): Kompetenzniveaus im Sachunterricht. Bad Heilbrunn.

Lauterbach, R. (1992): Von der Heimatkunde zum Sachunterricht: Erinnerungen für die Zukunft. In: Lauterbach, R.; Köhnlein, W.; Spreckelsen, K.; Klewitz, E. (Hrsg.): Brennpunkte des Sachunterrichts. Kiel, S. 83-106. (Reihe: Probleme und Perspektiven des Sachunterrichts, 3).

Lauterbach, R. (2001): Naturwissenschaftlich-technischer Lernbereich im Sachunterricht. In: Einsiedler, W.; Götz, M.; Hacker, H.; Kahlert, J.; Keck, R.W.; Sandfuchs, U. (Hrsg.): Handbuch Grundschulpädagogik und Grundschuldidaktik. Bad Heilbrunn, S. 504-516.

Pech, D.; Rauterberg, M. (2008): Auf den Umgang kommt es an. www.widerstreit-sachunterricht.de, 5. Beiheft. Frankfurt.

Schreier, H. (1989): Ent-trivialisiert den Sachunterricht! In: Grundschule 21, 3, S. 10-13.

Lehrpläne

Baden-Württemberg (2004): Bildungsstandards zum Fächerverbund „Mensch, Natur und Kultur“ (Grundschule) URL: http://www.bildung-staerkt-menschen.de/service/downloads/Bildungsstandards/GS/GS_MeNuk_bs.pdf [13.08.2013].

Bayern (2001): Lehrplan Heimat- und Sachunterricht URL: http://www.isb.bayern.de/schulartspezifisches/lehrplan/grundschule/ [13.08.2013].

Berlin (2004): Rahmenlehrplan Sachunterricht. URL: http://www.berlin.de/imperia/md/content/senbildung/schulorganisation/lehrplaene/gr_sach_1_4.pdf [13.08.2013].

Brandenburg (2004): Rahmenlehrplan Sachunterricht. URL: http://www.bildung-brandenburg.de/fileadmin/bbs/unterricht_und_pruefungen/rahmenlehrplaene/grundschule/rahmenlehrplaene/pdf/GS-Sachunterricht.pdf [13.08.2013].

Bremen (2007): Sachunterricht - Bildungsplan für die Primarstufe. URL: http://www.lis.bremen.de/sixcms/media.php/13/07-08-23_Sachunterricht.pdf [13.08.2013].

Hamburg (2011): Rahmenplan Sachunterricht. URL: http://www.hamburg.de/contentblob/2481914/data/sachunterricht-gs.pdf [13.08.2013].

Hessen (1995): Rahmenplan Grundschule – Sachunterricht. URL: http://www.iq.hessen.de/irj/servlet/prt/portal/prtroot/slimp.CMReader/HKM_15/IQ_Internet/med/7ad/7ad1d584-b546-821f-012f-31e2389e4818,22222222-2222-2222-2222-222222222222 [13.08.2013].

Mecklenburg-Vorpommern (2004): Rahmenlehrplan Sachunterricht. URL: http://www.berlin.de/imperia/md/content/sen-bildung/schulorganisation/lehrplaene/gr_sach_1_4.pdf [13.08.2013].

Niedersachsen (2006): Kerncurriculum Sachunterricht. URL: http://db2.nibis.de/1db/cuvo/datei/kc_gs_sachunterricht_nib.pdf [13.08.2013].

Nordrhein-Westfalen (2008): Richtlinien und Lehrpläne für die Grundschule – Sachunterricht. URL: http://www.standardsicherung.schulministerium.nrw.de/lehrplaene/upload/LP-Sachunterricht_28.1.08.pdf [13.08.2013].

Rheinland-Pfalz (2006): Rahmenlehrplan Grundschule –Teilrahmenplan Sachunterricht. URL: http://deutsch.bildung-rp.de/fileadmin/user_upload/deutsch.bildung-rp.de/Dokumente/Amtliches/Teilrahmenplan_Sachunterricht.pdf [13.08.2013].

Saarland (2010): Lehrplan Sachunterricht. URL: http://www.saarland.de/dokumente/thema_bildung/KLPSUGS.pdf [13.08.2013].

Sachsen (2004): Lehrplan Sachunterricht. URL: http://www.sachsen-macht-schule.de/apps/lehrplandb/downloads/lehrplaene/lp_gs_sachunterricht.pdf [13.08.2013].

Sachsen-Anhalt (2007): Lehrplan Grundschule/ Sachunterricht. URL: http://www.bildung-lsa.de/pool/RRL_Lehrplaene/Entwuerfe/lpgssach.pdf [13.08.2013].

Schleswig-Holstein (1997): Lehrplan Heimat- und Sachunterricht. URL: http://lehrplan.lernnetz.de/intranet1/links/materials/1107160466.pdf [13.08.2013].

Thüringen (2010): Lehrplan Grundschule - Heimat- und Sachkunde. URL: http://www.schulportal-thueringen.de/web/guest/media/detail?tspi=1264 [13.08.2013].

Hartmut Giest und Andreas Hartinger

Der Perspektivrahmen 2013

1 Kernideen der Überarbeitung

Auch wenn der Perspektivrahmen Sachunterricht (GDSU 2002) mit weit über 10.000 verkauften Exemplaren und seiner breiten Rezeption als Erfolg zu werten ist (vgl. dazu die Ausführungen von Hartmut Giest in diesem Band), gab es innerhalb und außerhalb der GDSU immer wieder Diskussionen und Anregungen zu seiner Weiterentwicklung. Vor allem vor dem Hintergrund der sich in der ersten Dekade des neuen Jahrtausends weiter entfaltenden Debatte um die Output- und Kompetenzorientierung im Unterricht war es naheliegend, ihn zu überarbeiten. Auf der Jahrestagung der GDSU 2007 in Kassel wurde daher eine Arbeitsgruppe eingerichtet, die den Auftrag bekam, Ideen für eine solche Weiterentwicklung zu entwerfen und anschließend in Zusammenarbeit mit dem Vorstand der Gesellschaft umzusetzen.

Die intensiv und z.T. auch kontrovers geführte Diskussion berücksichtigte, dass der Perspektivrahmen inzwischen eine beachtliche Orientierungswirkung für Lehrpläne und Curricula erreicht hatte. Deshalb wurde neben den Ideen zur Veränderung und Überarbeitung auch beschlossen, wichtige Bereiche beizubehalten bzw. explizit weiterzuführen.

Dies betrifft z.B. die grundsätzliche Orientierung an Kompetenzen als Zielkategorien, die gleichwertige Betonung von Inhalten und Verfahren sowie v.a. die Auslegung von Sachunterricht als vielperspektivisches Fach und daran anknüpfend die Grundsatzentscheidung, fünf Perspektiven beizubehalten.

Gleiches gilt auch für die Positionierung des Sachunterrichts als bildungswissenschaftliche Disziplin (vgl. dazu auch Götz et al. 2007). Die Orientierung an einem breiten Verständnis von Bildung und die Einordnung des Sachunterrichts als Fach, das dazu beiträgt, diese Bildung zu unterstützen, und das durch seine Inhalte und Themen ein hohes Bildungspotenzial hat, sollte auch in der neuen Fassung wieder grundlegend und damit eine Folie für die weiteren Ausführungen sein.

Somit wurden – nicht zuletzt aufgrund der Analyse der Rezeption, der Verwendung und der Wirkungen des Perspektivrahmens von 2002 – folgende Schwerpunkte für die Überarbeitung gesetzt.

1. Der Perspektivrahmen von 2002 ist klar an Kompetenzen (als Zielkategorie) ausgerichtet, und es wird der Begriff „Kompetenz“ auch mit Hilfe verschiede-

ner Merkmale dargelegt. Dennoch bleibt dieser Begriff vergleichsweise unspezifisch, was auch daran liegt, dass er hier nicht ausschließlich auf den Sachunterricht bezogen wird. Hinzu kommt, dass, wie auch in vielen Lehrplänen, der Analyse und Beschreibung von Bildungsstandards kein explizit dargestelltes Kompetenzmodell zugrunde liegt. Dies sollte in der Überarbeitung berücksichtigt werden.

2. Erkennbar wirkte sich der Perspektivrahmen als Grundlage für neue Lehrpläne, Richtlinien oder Curricula in den verschiedenen Bundesländern aus; auch in der Lehrerbildung ist sein Einfluss in vielen Studienordnungen gut ersichtlich. Dagegen ist allerdings festzuhalten, dass er mit Blick auf das konkrete Unterrichten in der Grundschule nur geringe Auswirkungen hatte. Auch zeigt ein Blick in einschlägige Fachzeitschriften, dass zwar einerseits in sehr vielen Beiträgen Bezug auf den Perspektivrahmen („GDSU 2002") genommen wird, dass sich dies jedoch andererseits vor allem in praxisorientierten Unterrichtsvorschlägen nicht konkret niederschlägt. Es gibt im Perspektivrahmen auch nur wenige Textpassagen, die dazu Stellung beziehen oder gar genauere Anregungen geben. Eine zentrale Überlegung war deshalb, bei der Überarbeitung darauf zu achten, dass nun hierzu Vorschläge gemacht bzw. Impulse gesetzt werden. Damit sollte dann auch deutlich gemacht werden, dass und wie die – zweifellos anspruchsvollen und nicht immer leicht zu verwirklichenden – Kompetenzbeschreibungen im Sachunterricht der Grundschule konkret realisiert bzw. unterstützt werden können.
3. Auch wenn im Perspektivrahmen von 2002 innerhalb der einzelnen Perspektiven immer die Überschrift „inhalts- und verfahrensbezogene Beispiele" formuliert ist, und damit eine Gleichberechtigung von Inhalten und Verfahren (Methoden bzw. Arbeitsweisen) dargestellt ist, sind beim genaueren Betrachten letztgenannte im Vergleich zu den eher inhaltlich formulierten Kompetenzbeschreibungen eher randständig berücksichtigt. Dies sollte nachjustiert werden.
4. Ebenfalls stärker betont werden sollten die Vernetzungen zwischen den einzelnen Perspektiven. Zwar ist auch im Perspektivrahmen von 2002 deutlich, dass das Fach Sachunterricht als vielperspektivisches Fach zu sehen ist – dies wird sowohl im einleitenden Kapitel als auch durch die Vernetzungsbeispiele klar dargestellt; doch könnte z.B. daraus, dass die Vernetzungsbeispiele innerhalb der einzelnen Perspektiven aufgelistet sind und keine eigenständige Positionierung haben, interpretiert werden, dass sie keine eigenständige Wertigkeit haben.
5. Da es das Fach Sachunterricht in dieser Form nur in der Grundschule gibt, ist es konsequent, dass sich der Perspektivrahmen dann auch auf diese Altersstufe bezieht. Allerdings basiert der Sachunterricht auf den Erfahrungen und den Anregungen, die Kinder vor ihrem Schuleintritt gemacht haben – zugleich ist er die Grundlage für das Lernen in den entsprechenden Fächern der weiterfüh-

renden Schulen. Aus diesem Grund sollte die Anschlussfähigkeit des Lehrens und Lernens bzw. die Platzierung des Faches Sachunterricht im Kontext des lebenslangen Lernens klarer mitbedacht werden.

6. Wie bei allen solchen Überarbeitungen sollten daneben natürlich auch editorische Fragen besprochen und geklärt werden – zu überlegen waren hier insbesondere die Benennungen der Perspektiven, die häufig als recht uneinheitlich empfunden wurden.

2 Vorgehensweise (Chronologie der Überarbeitung)

Der Vorstand der GDSU setzte, nach entsprechendem Beschluss der Mitgliederversammlung 2007 in Kassel, eine Kommission ein, welche die Aufgabe hatte, die Weiterentwicklung des Perspektivrahmens zu initiieren und zu steuern. Neben den beiden Autoren dieses Beitrags war auch Joachim Kahlert, LMU München, Mitglied der Kommission und leitete sie zunächst. Die Kommission entwickelte in einem ersten Schritt einen grundlegenden Arbeitsplan, der auch eine Diskussionsgrundlage für die inhaltliche Ausgestaltung der Weiterentwicklung des Perspektivrahmens vorsah. Diese stützte sich u.a. auf den Forschungsband „Kompetenzniveaus im Sachunterricht" (Giest/ Hartinger/ Kahlert 2008). Gleichzeitig wurde bei den Mitgliedern der Gesellschaft um Mithilfe gebeten und anschließend eine Arbeitsgruppe gebildet, in der die Verantwortlichkeiten für die einzelnen Perspektiven sowie für weitere Teile des zu überarbeitenden Perspektivrahmens festgelegt wurden. Federführend in den Perspektiven waren Marco Adamina (geographische Perspektive), Hartmut Giest (naturwissenschaftliche Perspektive), Kornelia Möller (technische Perspektive), Berit Pleitner und Dietmar von Reeken (historische Perspektive) sowie Dagmar Richter (sozialwissenschaftliche Perspektive). Die allgemeinen Teile und die Koordination der Arbeit der Gruppe übernahmen Hartmut Giest, Andreas Hartinger und Joachim Kahlert. Marco Adamina und Kornelia Möller erarbeiteten einen Vorschlag für ein Rahmenmodell, das heuristische Funktionen bei der Analyse und Beschreibung der den einzelnen Perspektiven und den perspektivübergreifenden Teilen zuzuordnenden Kompetenzen erfüllen sollte. In die konkrete Arbeit waren immer auch die Mitglieder der jeweils amtierenden Vorstände der GDSU einbezogen.

Die Arbeiten an der Weiterentwicklung des Perspektivrahmens wurden vor allem seit 2008 durch eine Reihe von Arbeitssitzungen und Tagungen der Kommission bzw. der Arbeitsgruppe begleitet. Hervorzuheben sind

– eine gemeinsame Tagung mit Vertretern der Fachgesellschaften, die in der Gesellschaft für Fachdidaktik organisiert sind, im September 2008 in Potsdam (vgl. GDSU Info, Nr. 41)

- jeweils Foren auf den Jahrestagungen der GDSU 2009 (vgl. GDSU Info, Nr. 43); 2010 (vgl. GDSU Info, Nr. 46), 2011 (vgl. GDSU Info, Nr. 49)
- Telefonkonferenzen und Tagungen der Kommission/ Arbeitsgruppe im Oktober 2009 in Kassel (vgl. GDSU Info, Nr. 44), im Juni 2010 in Bamberg (vgl. GDSU Info, Nr. 47) sowie zur Jahrestagung 2012 in Berlin (vgl. GDSU Info, Nr. 52)
- eine gemeinsame Tagung der Kommission/ Arbeitsgruppe mit Vertretern der Ministerien der Bundesländer in Fulda am 10. und 11. November 2011 (vgl. GDSU Info, Nr. 50).

Daneben fanden etliche Beratungen in den einzelnen Teilgruppen, die an den Perspektiven arbeiteten, statt.

Ziel der gemeinsamen Tagung mit Vertretern der Fachgesellschaften (vertreten waren die Fächer/ Bildungsbereiche Arbeitslehre, Ernährung und Verbraucherbildung, Biologie, Geographie, Physik, Geschichte, ökonomische Bildung und Verkehrserziehung) war die Verständigung mit den Fachdidaktikern der den Sachunterricht betreffenden Bezugsfächer bezüglich der Anschlussfähigkeit der anzuzielenden Kompetenzen v.a. mit Blick auf die Jahrgänge 3/4 und 5/6.

Im Ergebnis der Beratung kristallisierten sich folgende zu lösende Aufgaben heraus:

1. Die Perspektiven sind hinsichtlich ihrer Bezeichnung und inhaltlichen Orientierung zu überdenken, wobei einerseits die Beachtung übergreifender Inhalte und andererseits die Stringenz der Perspektiven in der inhaltlichen Betonung verstärkt werden sollten. Ferner wurde angeraten zu prüfen, ob die naturwissenschaftliche Perspektive mit Blick auf Biologie/ Lebenswissenschaft bzw. Physik/ Chemie ggf. in Bezug zur Technik (vgl. auch Köhnlein 2012) aufgesplittet werden könnte.
2. Die Orientierungswirkung des Textes mit Blick auf die Leitlinien/ Grundideen der Perspektiven sollte erhöht werden, um Beliebigkeit und Strukturlosigkeit vorzubeugen, wobei in den Perspektiven Grundideen bzw. Kern- oder Basiskonzepte unter Berücksichtigung der Bezugsfächer ausgewiesen werden sollten.
3. Die im Perspektivrahmen formulierten Kompetenzen sollten mit Blick auf ihre Orientierungswirkung überarbeitet werden (z.B. hinsichtlich der stringenteren Berücksichtigung der Einheit von Inhalt und Methode, der Unterscheidung und Bezugsetzung von deklarativem und prozeduralem Wissen); übergreifende und perspektivspezifische Kompetenzen sollten deutlicher akzentuiert werden.
4. Kernkonzepte und Basisprozeduren sollten aus Sicht der Didaktik des Sachunterrichts mit möglichen Niveaustufen gekennzeichnet werden, die Regel- und Mindeststandards erkennen lassen. Gleichzeitig wurde allerdings betont, dass der Erkenntnisstand hierfür noch unzureichend ist. Deshalb wurde vorgeschlagen, Beispielaufgaben (wenn möglich mit Niveaustufen) auszuarbeiten.

Interessant erscheint im Rückblick, dass sich die genannten Aufgaben auch in den internen Diskussionen unter den Mitgliedern der GDSU als überaus relevant erwiesen.

Auf dem Treffen in Kassel (30. Oktober 2009) erfolgte die Verständigung über die Grundanlage der Überarbeitung und vor allem über das Verhältnis von Bewährtem und Neuem, über die Gliederung und über das von Marco Adamina und Kornelia Möller ausgearbeitete und vorgeschlagene sachunterrichtsspezifische Kompetenzmodell. Die Erarbeitung eines solchen Modells war von großer Bedeutung, da die Kommission u.a. durch die Tagung mit den Fachdidaktikern zur Überzeugung kam, dass die dort vorgeschlagene Orientierung an den Modellen der Einzeldisziplinen wegen deren Heterogenität und wegen der Vielperspektivität des Sachunterrichts kein gangbarer Weg ist.

Die Weiterentwicklung des Perspektivrahmens sollte transparent erfolgen und allen Mitgliedern die Möglichkeit einräumen mitzuwirken. Zu diesem Zweck wurden die Website als Forum, in dem Entwurfsfassungen zur Diskussion gestellt wurden sowie das GDSU Info zur regelmäßigen detaillierten Berichterstattung über den Stand der Arbeiten genutzt.

Nach der Berliner Jahrestagung (2009) und anschließend auf dem Treffen der Kommission in Kassel wurden die Grundrichtung der Überarbeitung abgestimmt und erste Überarbeitungsergebnisse vorgelegt. Auf dieser Basis wurde in den einzelnen Arbeitsgruppen zu den Perspektiven intensiv weiter gearbeitet. Dies war die Voraussetzung dafür, dass in Vorbereitung auf die Oldenburger Jahrestagung (2010) zu einer breiten Diskussion aufgerufen werden konnte. Diese Diskussion wurde dann auf der Sitzung der Kommission im Juni 2010 in Bamberg ausgewertet, was zu einer Präzisierung der Arbeitsrichtungen und des Arbeitsplanes führte.

Im Rahmen der Diskussion innerhalb der GDSU, welche besonders intensiv auf den Foren anlässlich der Jahrestagungen (2009-2011) stattfand, schälten sich folgende Schwerpunktfragen heraus:

- Wie sind die Perspektiven möglichst konsistent zu benennen?
- Wie und vor allem wie konkret (z.B. Kennzeichnung von Niveaustufen) soll das Problem der Sicherung der Anschlussfähigkeit in Richtung Elementar- und Sekundarbildung Berücksichtigung finden?
- Wer sind die Adressaten des Perspektivrahmens (Wissenschaft, Lehreinrichtungen, Schule)?
- Wie detailliert sollen die Angaben zu den Perspektiven ausformuliert werden, ohne redundant zu werden?
- Wie können möglichst alle Mitglieder noch besser in die Arbeit einbezogen werden?

Zur Jahrestagung in Bamberg (2011) konnte eine Entwurfsfassung vorgelegt werden, in der eine Reihe der aufgeworfenen Fragen entschieden wurden. Dies betraf z.B. die Beibehaltung der fünf bewährten Perspektiven, wobei die Suche nach einer konsistenten Bezeichnung noch nicht abgeschlossen war, sowie die Entscheidung für eine Niveaukennzeichnung ausschließlich für das Ende der Klasse 4 (allerdings sollen Hinweise auf Niveaustufungen im Zusammenhang mit beispielhaften Lernsituationen erfolgen, die zudem die Funktion haben, die damit zusammenhängenden didaktischen Ansprüche an den Sachunterricht transparent zu machen). Nach einer intensiven Diskussion wurde zudem ein Abschnitt zur Elementarbildung aufgenommen und gleichzeitig der Aspekt des Anknüpfens an die kindlichen Erfahrungen stärker betont. Ferner wurden perspektivenübergreifende Denk-, Arbeits- und Handlungsweisen sowie perspektivenvernetzende Themen und Fragestellungen skizziert.

Im Anschluss daran gelang es, für alle Perspektiven exemplarische Aufgabenbeispiele (jeweils eines für die Jahrgangsstufe 1/2 und für die Jahrgangsstufe 3/4) zu erarbeiten. Diese konkretisieren vor allem die Intentionen des Perspektivrahmens und dienen andererseits dazu, seine praktische Bedeutsamkeit für die Hand von Lehrerinnen und Lehrern zu gewährleisten.

Auf dieser Arbeitsgrundlage wurde vom Vorstand der GDSU in Kooperation mit der Kommission „Perspektivrahmen" am 10. und 11. November 2011 eine Tagung in Fulda organisiert, an der Vertreterinnen und Vertreter von zwölf Kultusministerien der Länder teilnahmen. Im Ergebnis dieser wichtigen Beratung, auf der die Grundintention, Rahmung und der Aufbau des neuen Perspektivrahmens sowie die fünf Perspektiven einschließlich der beispielhaften Lernsituationen diskutiert wurden, konnte eine grundsätzliche Zustimmung zur Weiterentwicklung im vorliegenden Entwurf des Perspektivrahmens konstatiert werden. Vor allem wurde seine Bedeutung als Orientierungsgrundlage für zeitgemäße Bildungsansprüche des Sachunterrichts herausgestellt. Gleichzeitig machten die Landesvertreter auf einige Probleme aufmerksam. Diese betrafen vor allem die Gefahr der Überfrachtung mit Kompetenzen und Themen, die sich durch die Detailliertheit der Angaben ergibt und ggf. dazu verleitet, diese additiv zu deuten. Deshalb sollte bei der Implementierung des Perspektivrahmens beachtet werden, dass die Lehrkräfte vor Ort bei der Weiterentwicklung des Sachunterrichts mitgenommen werden müssen – auch um zu verhindern, dass sich ein Spalt zwischen Anspruch und Wirklichkeit des Sachunterrichts öffnet oder größer wird. Schließlich wurde gewünscht, dass den Problemen der großen Heterogenität der Schülerschaft, den Bezügen zu Bildungsansprüchen, die über den Sachunterricht hinausweisen (z.B. Sprache und Medien) sowie der Ausarbeitung der perspektivenvernetzenden Themenbereiche sowie der perspektivenübergreifenden Arbeits-, Denk- und Handlungsweisen (diese lagen zu diesem Zeitpunkt noch nicht ausgearbeitet vor) größere Beachtung geschenkt wird.

Daraufhin wurde in der Arbeitsgruppe beschlossen, die Themen Gesundheit (Hartmut Giest), Medien (Markus Peschel), Mobilität (Philipp Spitta) und nachhaltige Entwicklung (Marco Adamina) als perspektivenvernetzende Themen aus-

zuarbeiten. Zudem wurde festgelegt, die Implementierung des weiterentwickelten Perspektivrahmens durch Fortbildungsveranstaltungen vor allem für die 2. Phase der Lehrerbildung zu begleiten.
Auf der Jahrestagung in Berlin 2012 fand kein Forum zum Perspektivrahmen statt, allerdings stand die zu diesem Zeitpunkt aktuelle Version allen Mitgliedern der GDSU im Netz zur Verfügung. Bei der Mitgliederversammlung wurde kurz über die Aktivitäten des Jahres berichtet, zudem wurden die Mitglieder gebeten, ihre Anmerkungen an die Arbeitsgruppe zu senden.
Zudem traf sich die Kommission auf der Tagung zu einer gemeinsamen Sitzung mit dem Vorstand der GDSU, auf der die abschließenden Arbeiten koordiniert und ein detaillierter Terminplan beraten wurde, der sichern sollte, dass der Perspektivrahmen zur Tagung 2013 in guter Qualität gedruckt vorliegt. Der Perspektivrahmen 2013 wird, wie bereits die Fassung von 2002 wieder im Klinkhardt-Verlag publiziert; der Verlag hat der GDSU hierfür günstige Konditionen angeboten. Ferner wurde beschlossen, dass die Druckfassung des Perspektivrahmens durch Bände für die Hand der Lehrkräfte begleitet werden soll, in denen weitere Aufgabenbeispiele veröffentlicht werden, um den Transfer der Überlegungen in die Schulwirklichkeit und die Realisierung eines kompetenzorientierten Sachunterrichts zu unterstützen. Neben den ab 2013 geplanten Fortbildungen für Lehrende der zweiten Phase (einmal eher im Süden, einmal eher im Norden Deutschlands) wurden erste Überlegungen für eine empirische Evaluation zur Implementation des Perspektivrahmens angestellt, wobei im Weiteren zu prüfen ist, was – mit Blick auf die Mittel und Ziele der Gesellschaft – machbar und sinnvoll ist.

3 Zentrale Aspekte des neuen Perspektivrahmens

Im Folgenden sollen nun vier Punkte kurz skizziert und beschrieben werden, in denen sich der neue Perspektivrahmen von der Fassung von 2002 unterscheidet.

3.1 Kompetenzmodell

Das Kompetenzmodell kann als eine Art 4-Felder-Schema interpretiert werden, in dem auf der einen Ebene (heuristisch) zwischen eher inhaltlichen und eher prozeduralen Aspekten unterschieden wird (in der Terminologie des Perspektivrahmens ist das die Unterscheidung zwischen *Themenbereichen* auf der einen und *Denk-, Arbeits- und Handlungsweisen* auf der anderen Seite). Dies ergibt sich aus der Logik des Kompetenzbegriffs, in dem Kompetenzen als Fähigkeiten definiert sind, bestimmte Anforderungen zu bewältigen. Dazu muss gleichermaßen (inhaltlich-fachliches) Wissen und Können (als Fähigkeit, dieses Wissen auch umzusetzen) vorhanden sein. Auf der zweiten Ebene – und dies ist ein Spezifikum des vielperspektivischen Faches Sachunterricht – werden die Themenbereiche einerseits und die Denk-, Arbeits- und Handlungsweisen andererseits sowohl *perspektivenbezogen* als auch *perspektivenübergreifend* (bzw. *perspektivenvernetzend*) ausgearbeitet. Die perspektivenübergreifenden Denk-, Arbeits- und Handlungsweisen (*erkennen/ verstehen; eigenständig erarbeiten; evaluieren/ reflektieren; kommunizieren/ mit anderen zusammenarbeiten; den Sachen interessiert begegnen; umsetzen/ handeln*) bilden dabei die abstrakteste Ebene. Sie können als grundlegende Ziele des (Sach-) Unterrichts gesehen werden und sollten sich letztlich immer in der Formulierung von einzelnen Kompetenzen sowie im konkreten Unterricht wiederfinden lassen. Die perspektivenbezogenen Denk-, Arbeits- und Handlungsweisen entstammen dagegen vorrangig aus der Tradition des jeweiligen Bezugsfaches, verknüpft mit den Zugangsmöglichkeiten und Fähigkeiten von Kindern im Grundschulalter. Ähnliches gilt für die perspektivenbezogenen Themenbereiche. Hier werden zentrale (und gleichermaßen altersangemessen verstehbare) Konzepte aufgeführt, die aus der Fachtradition die Struktur des jeweiligen Faches prägen (vgl. dazu auch Lohrmann/ Hartinger/ Schwelle 2013).

Perspektivenübergreifend – bzw. sprachlich genauer: perspektivenvernetzend – können dann aber auch Themen oder Fragestellungen gedacht werden, wenn zu ihrer kompetenten Bearbeitung Kompetenzen aus den unterschiedlichen Perspektiven erforderlich sind. Dies gilt z.B. für sämtliche Schlüsselprobleme im Sinne Wolfgang Klafkis, deren Bearbeitung klar im Sachunterricht möglich und angemessen ist (vgl. dazu Klafki 1992), die sich jedoch nicht ausschließlich in eine der genannten Perspektiven einordnen lassen.

Damit ergeben sich aus dem Kompetenzmodell zentrale Gliederungsaspekte des Perspektivrahmens. Die das Kompetenzmodell prägenden Unterscheidungen sind jedoch nicht als trennscharf oder gar als sich gegenseitig ausschließend zu interpretieren. In konkreten Umsetzungssituationen werden immer die verschiedenen Ebenen zusammen spielen. Dennoch liegt unseres Erachtens nun ein Modell vor, das speziell die Situation des Faches Sachunterricht berücksichtigt, dabei anschlussfähig an allgemeine Kompetenzdefinitionen ist und das nun Schwerpunktsetzungen und Verdeutlichungen ermöglicht.

3.2 Einbezug des vorschulischen Lernens/ Bezug auf Anschlussfähigkeit

Der Sachunterricht ist zunächst einmal auf die Grundschule bzw. auf die Schuljahre 1 bis 4 beschränkt. Damit hat er eine spezielle Stellung. Im Unterschied zu den weiterführenden Schulen ist er als vielperspektivisches Fach angelegt und im Unterschied zur elementaren Bildung in Kindertagesstätten u.ä. ist er im Normalfall systematischer und stärker auf formelle Lehr- Lerntätigkeit orientiert angelegt. Daher steht er – bezogen auf die Lernbiographie der Grundschulkinder – nicht isoliert, sondern muss anschlussfähig nach „oben" und „unten" sein. Der Anschlussfähigkeit an die stärker einzelfachlich ausgerichteten Fächer der weiterfüh-

renden Schulen (bzw. der Klassen 5 und 6) wird v.a. durch die sich aus der Fachlogik entwickelten Themenbereiche und Denk-, Arbeits- und Handlungsweisen der einzelnen Perspektiven Rechnung getragen. Um Anschlüsse an die elementare Bildung transparent zu machen, wurde das Kapitel „Erfahrungsbezogenes Reflektieren und grundlegendes Denken und Handeln im Elementarbereich“ formuliert. Hier werden Lernchancen aufgelistet, die Kinder im vorschulischen Lernen haben sollten und die eine anschlussfähige Grundlage für sachunterrichtliches Lernen in der Grundschule bilden können. Mit *Explorieren und Erfahren; Nachdenken und Reflektieren; Erfahrungen objektivieren, Ko-Konstruieren und Ordnen* wird hier zugleich der Blick auf die Gestaltung von Lerngelegenheiten gelenkt. *Implizites Wissen und Begriffsbildung* kann als durch diese Lerngelegenheiten entwickelte Grundlage für ein systematischeres und dann auch explizierbares Wissen gesehen werden.
Damit orientiert sich der Perspektivrahmen explizit auf eine doppelte Anschlussaufgabe, in der sowohl der Einbezug vorschulischen Lernens als auch der Bezug zur Anschlussfähigkeit nach Klasse 5 und 6 zum Ausdruck kommen: Die – in Familie, Kindertagesstätten oder anderswo erworbenen – Erfahrungen, Fähigkeiten und (Er-)Kenntnisse der Kinder bilden den Ausgangspunkt des sachunterrichtlichen Lernens, von dem aus die in den Perspektiven und in den perspektivenübergreifenden Teilen formulierten Kenntnisse, Konzepte und Kompetenzen von der Kindern erworben werden, welche dann Anknüpfungspunkte für das weiterführende Lernen bilden.

3.3 Perspektivenvernetzende Themenbereiche

Es wurde bei der Beschreibung des Kompetenzmodells bereits argumentiert, dass verschiedene komplexe Fragestellungen der Lebenswelt nicht bearbeitbar oder gar lösbar sind, wenn man sie ausschließlich aus dem Blickwinkel einer Perspektive (oder einer akademischen Denktradition) betrachtet. Hinzu kommt, dass sich auch die Sichtweise der Kinder mit dieser Lebenswelt nicht diesen einzelnen Perspektiven oder gar den akademischen Fachtraditionen zuzuordnen lässt. Vielmehr stellt sich der Sachunterricht als vielperspektivisches Fach dar, in dem aus den Anforderungen der Sache heraus die jeweiligen Kompetenzen zu vernetzen sind (vgl. dazu auch Köhnlein 2012, S. 341ff.; Thomas 2009, S. 112ff.).
Aus diesem Grund werden exemplarisch in einem eigenen Kapitel vier perspektivenvernetzende Themenbereiche (*Mobilität; Gesundheit; nachhaltige Entwicklung; Medien*) ausgearbeitet. Analog zu den Perspektiven geschieht dies inklusive der Darstellung des jeweiligen Bildungspotenzials sowie mit der Beschreibung von Kompetenzzielen, die die Kinder erreichen sollten. Diese Kompetenzformulierungen sind nicht identisch mit den Formulierungen aus den einzelnen Perspektiven. Dies wäre aus der Logik der Vernetzung zwar möglich – praktisch und umsetzbar erschien jedoch die Formulierung aus der Tradition des jeweiligen Lernbereichs.

Bei genauerer Betrachtung ist allerdings feststellbar, dass sie durchgängig mit Kompetenzen der perspektivenbezogenen Denk-, Arbeits- und Handlungsweisen bzw. der perspektivenbezogenen Themenbereiche korrespondieren.
Entschieden wurde, solche perspektivenvernetzende Themenbereiche exemplarisch auszuarbeiten, bei denen aufgrund der hier vorliegenden Fragestellungen und Anforderungen eine Vernetzung unumgänglich ist. So sind z.B. beim Thema Mobilität zunächst geographische bzw. raumbezogene Aspekte wichtig; ohne die Berücksichtigung sozialwissenschaftlicher oder technischer Facetten lassen sich allerdings die Folgen und Auswirkungen der Mobilität sowie Anforderungen zum sicheren Umgang im Verkehr nicht lösen.
Daneben wäre es noch möglich gewesen, Inhalte oder Konzepte, die vordergründig klar einer Perspektive zugeordnet werden können, mit anderen Perspektiven zu vernetzen, um somit einen breiteren Blick zu erhalten. Im neuen Perspektivrahmen werden dazu folgende Beispiele genannt: „Lebensräume wie der Wald oder die Wiese, die Beschäftigung mit Zeit oder mit Konsumgewohnheiten, Fragen der Mitwirkung in der Gesellschaft, Arbeit und Lebensweisen von Menschen oder technische Erfindungen und Entwicklungen" (GDSU 2013, S. 73). Da eine solche Auswahl allerdings noch stärker den Charakter der Beliebigkeit aufweisen würde (die ausgearbeiteten perspektivenvernetzenden Themenbereiche lassen sich dagegen allesamt durch die Orientierung an Schlüsselproblemen begründen) wurde darauf jedoch verzichtet.

3.4 Beispielhafte Lernsituationen

Es wurde oben bereits dargestellt, dass die zentrale Überarbeitungsidee für den Perspektivrahmen war, ihn stärker als bisher für die Umsetzung in die Unterrichtspraxis fruchtbar zu machen. Als wichtigste Maßnahme dazu wurden daher je zwei beispielhafte Lernsituationen für die fünf Perspektiven (eine für die Jahrgangsstufen 1/2 und eine für 3/4) sowie je eine für die vier perspektivenvernetzenden Themenbereiche erarbeitet. Rein quantitativ nimmt die Beschreibung dieser 14 Beispiele nun den größten Raum im neuen Perspektivrahmen ein. Zentrales Ziel dieser Beispiele ist es aufzuzeigen, dass es möglich ist, Unterricht so zu gestalten, dass die genannten Kompetenzen auch tatsächlich unterstützt werden. Aus diesem Grund werden im Anschluss an jede beispielhafte Lernsituation auch die Kompetenzen aufgelistet, die durch den beschriebenen Unterricht gefördert werden. Dabei wird auch deutlich, dass dies bei einer entsprechenden kompetenzorientierten Planung von Unterricht in einer Unterrichtssequenz viele verschiedene Kompetenzen sein können. Damit soll auch gezeigt werden, dass der Bildungsanspruch, der durch die durchaus erhebliche Anzahl der im Perspektivrahmen beschriebenen Kompetenzen gesetzt wird, durchaus unterrichtspraktisch realisierbar und nicht etwa utopisch ist. Mit diesem Anspruch zeigt der Perspektivrahmen auf, welches Potenzial das Fach Sachunterricht für das Lernen von Kindern haben

kann – wenn ihm angemessener Raum (z.B. durch entsprechende Stundenzuweisungen) gegeben wird.
Im Zentrum dieser beispielhaften Lernsituationen steht die Beschreibung der Aufgaben und Aufträge, die die Kinder bearbeiten. Alternative Ideen zum Unterricht sollen dabei auch zeigen, dass diese Vorschläge nicht als einzige Möglichkeit gesehen werden, sondern als eine Orientierung, die je nach (Klassen-)Situation variiert werden kann und sollte. Vorab werden Hinweise auf zu erwartende Vorerfahrungen oder -konzepte der Kinder gegeben. Im Anschluss finden sich (nach der Beschreibung der unterstützten Kompetenzen) auch noch einige Hinweise dazu, woran die angezielten Kompetenzentwicklungen sichtbar werden und wie sie beurteilt werden können. Eine Auflistung zentraler Materialien beendet jedes Beispiel.
Im Rahmen des Perspektivrahmens ist es natürlich nur möglich, exemplarisch Vorschläge zu machen. Aus diesem Grund ist von den Autorinnen und Autoren, wie weiter oben bereits erwähnt, geplant, stärker unterrichtspraktisch ausgerichtete Bände zu veröffentlichen, in denen dann systematisch für die verschiedenen Themenbereiche bzw. Denk-, Arbeits- und Handlungsweisen beispielhafte Lernsituationen als Anregung enthalten sind.

4 Erhoffte Impulse

Die Weiterentwicklung des Perspektivrahmens erfolgte einerseits als Reaktion auf die sich im Bildungswesen nicht nur der Bundesrepublik vollziehenden Prozesse einer stärkeren Orientierung an konkret zu erreichenden schulischen Lernergebnissen und Kompetenzen. Andererseits und damit verbunden sollte ein Beitrag geleistet werden, deutlich gewordene Problembereiche (z.B. stringenter Kompetenzbezug, Verhältnis von perspektivenbezogenen und perspektivenübergreifenden Themen sowie Denk-, Arbeits- und Handlungsweisen) zu bearbeiten sowie insgesamt den Sachunterricht zu stärken. Damit ist die Hoffnung verbunden, dass die Ziele und Aufgaben des Sachunterrichts noch klarer erkennbar werden und sein inhaltliches und methodisches Profil weiter geschärft wird. Dies einerseits deshalb, um seine Bildungsbedeutsamkeit in der Schule wirksam zu demonstrieren und so die Orientierungswirkung – u.a. mit Blick auf die curricularen Entwicklungen in den einzelnen Bundesländern – zu erhöhen und andererseits, um die erforderlichen Bedingungen für einen ertragreichen Sachunterricht klarer kenntlich zu machen.
Daher erhoffen sich die Autorinnen und Autoren des Perspektivrahmens und mit ihnen die GDSU, dass die *Position des Sachunterrichts* in (u.a. der Stundentafel) der Grundschule, in der Lehreraus-, -fort- und -weiterbildung positive Impulse

erhält. Hierzu zählen natürlich auch eine durch die Ansprüche an das Fach deutlich werdende adäquate fachliche und didaktische Qualifikation der Lehrkräfte sowie die materielle Absicherung des Sachunterrichts mit entsprechenden Unterrichtsmitteln.

Ferner wird erwartet, dass auch die sachunterrichtsdidaktische Forschung Impulse erhält, indem die sich nun deutlicher abzeichnenden Ansprüche an den Unterricht durch Forschung begleitet werden. Mögliche Forschungsfelder wären z.B. Lernvoraussetzungen, Lernmöglichkeiten und -bedingungen, Entwicklungsförderung, die detaillierte Beachtung der Heterogenität der Lernenden – auch, aber nicht nur aus den Anforderungen der Inklusion –, effektive Formen der unterrichtlichen Aneignung von Kompetenzen, wirkungsvolle und effektive Formen der Ausbildung oder das Zusammenspiel von Aus-, Fort- und Weiterbildung der im Sachunterricht wirkenden Lehrkräfte. Schließlich sollten empirische Forschung mit Blick auf die Implementation des Perspektivrahmens initiiert werden sowie von ihm insgesamt Impulse für die Stärkung der akademischen Disziplin „Didaktik des Sachunterrichts" ausgehen. Dazu gehört auch, dass auf der Basis des weiterentwickelten Perspektivrahmens ein intensiver Diskurs zu den hieran noch sichtbar werdenden offenen Fragen geführt wird. Auf diese Weise ist dann schließlich der nächste Schritt seiner Fortschreibung vorzubereiten.

Literatur

Gesellschaft für Didaktik des Sachunterrichts (GDSU) (2002). Perspektivrahmen Sachunterricht. Bad Heilbrunn.

Gesellschaft für Didaktik des Sachunterrichts (GDSU) (2013). Perspektivrahmen Sachunterricht. Bad Heilbrunn.

Giest, H.; Hartinger, A.; Kahlert, J. (Hrsg.) (2008): Kompetenzniveaus im Sachunterricht. Bad Heilbrunn. (Forschungen zur Didaktik des Sachunterrichts, Bd. 7)

Götz, M.; Kahlert, J.; Fölling-Albers, M.; Hartinger, A.; von Reeken, D.; Wittkowske, S. (2007): Didaktik des Sachunterrichts als bildungswissenschaftliche Disziplin. In: Kahlert, J.; Fölling-Albers, M.; Götz, M.; Hartinger, A.; von Reeken, D.; Wittkowske, S. (Hrsg.): Handbuch Didaktik des Sachunterrichts. Bad Heilbrunn, S. 11-30.

Klafki, W. (1992): Allgemeinbildung in der Grundschule und der Bildungsauftrag der Grundschule. In: Lauterbach, R.; Köhnlein, W.; Spreckelsen, K.; Klewitz, E. (Hrsg.): Brennpunkte des Sachunterrichts. Kiel, S. 11-31.

Köhnlein, W. (2012): Sachunterricht und Bildung. Bad Heilbrunn.

Lohrmann, K.; Hartinger, A.; Schwelle, V. (2013): Exemplarisches Lehren und Lernen durch das Arbeiten mit Beispielen – theoretische Bezüge zwischen Allgemeiner Didaktik, Fachdidaktik und Lehr-Lernpsychologie. In: Zeitschrift für Grundschulforschung, H. 1, S. 158-171.

Thomas, B. (2009): Der Sachunterricht und seine Konzeptionen. 3. Aufl. Bad Heilbrunn.